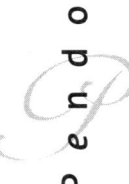
Pendo

Katrin Wiederkehr

Lieben ist schöner als siegen

Verrat und Versöhnung bei Paaren

Pendo München und Zürich

Inhalt

Vorwort 9
Einleitung 13

1. Der Liebesverrat
Die paradoxe Wahrheit 21
Es darf nicht wahr sein – der Liebesverrat 24
Alles gerät aus den Fugen 44
In der Hölle der Lieblosigkeit – der Dauerverrat 50
Tanz der Vampire 56
Ist Verrat ansteckend? 62
Jenseits der Arche Noah 68

2. Das Böse
Schuld und schuldig werden 71
Die heile Welt wird verteidigt 78
Das Böse 80
Fürchte deinen Nächsten wie dich selbst 84
Wer ist schuld an der Schuld? 86
Der Machtmissbrauch im Namen der Moral 89
Führt das Böse zum Guten? 91

3. Kooperation als Ermächtigung
Machtzuschreibungen machen mächtig 93
Die Macht von Frau und Mann 95
Vertrauen ist kühn 97
Der Trend zur Kooperation 100

Lieben ist schöner als siegen 102
Lieben heißt aufmerksam hinschauen 105
Die Kooperation mit Gott 110

4. Die Vertrauensbasis von Paaren
Fairness in der Paarbeziehung 113
Zuverlässigkeit im Alltag 115
Deine Regeln sind nicht meine Regeln 118
Die moralische Mitgift 120
Regeln zwischen unverbindlich und stur 124
Vielseitige Verpflichtungen:
   Paare und ihr Beziehungsnetz 131
Erotik: Festigung und Auflösung der Regeln 135

5. Die Versöhnung
Die Versöhnung 139
Schlimmer als keine Versöhnung –
   die falsche Versöhnlichkeit 144
Unversöhnlichkeit kann ethisch vertretbar sein 148
Der Versöhnungsprozess 150
Vom Täter zum Bittsteller 154
   Ich bin unschuldig 154
   Reue 156
   Ich bin es gewesen 157
   Kannst du mir verzeihen? 158
Der Weg des Opfers: Von der Schwäche zur Stärke ... 160
Schritte des Verzeihens 164
   Das kann nicht sein 164
   Es ist tatsächlich geschehen 166
   Im Schraubstock des Leidens 167
   Du hast mir geschadet 169
   Es war auch mein Fehler 170
   Die Wende zur Würde 173
   Wir sind alle nur Menschen 177

Verzeihen als Befreiung 178
Versöhnung mit dem Leben 179
Die Versöhnung von Eltern und Kindern 189
Die kollektive Versöhnung 194
Versöhnung und Spiritualität 199

6. Ethik als tanzender Wegweiser
Ethik und der Kurs auf den Eisberg 205
Von der wertfreien zur verantwortungs-
  vollen Wissenschaft 207
Ethik als tanzender Wegweiser 212
Selbstverwirklichung und Zugehörigkeit 214
Von der Triebverdrängung über die
  Moralverdrängung zur Verantwortung 217

7. Die sieben Paradoxa der Liebe
Es ist, was es ist: die Liebe 222
Die Liebe ist ein Geschenk –
  für die Liebe muss man etwas tun 226
Die Liebe braucht das Gespräch –
  die Liebe kann zu Tode geredet werden 227
Die Liebe verändert –
  Menschen sind letztlich nicht veränderbar 229
Die Liebe verlangt Opfer –
  wer sich selbst aufgibt, hat nichts zu geben 230
Die Liebe ist wichtiger als die Wahrheit –
  ohne Wahrheit keine Liebe 232
Die Liebe schafft Nähe – die Liebe stößt
  an die Grenzen der existentiellen Einsamkeit 234
Die Liebe macht blind – die Liebe macht sehend 236

Anmerkungen 238
Literatur 243

Vorwort

Der Teufel kennt die Wege des Himmels besser als die Engel, die dort in ahnungsloser Selbstverständlichkeit lustwandeln. Das Unerreichbare schiebt sich ununterbrochen vor sein inneres Auge, und so ist er mit jedem Winkel des Himmlischen vertraut.

Eigentlich wollte ich ein Buch über Versöhnung schreiben. Ich begann also zu recherchieren. Bald darauf geriet ich selber in Turbulenzen, die meinen Versöhnungsbedarf stark erhöhten und mir gleichzeitig jede Versöhnungsbereitschaft nahmen. Das Versöhnungsthema stieg vom Reißbrett und verwandelte sich von einem Gegenstand theoretischer Überlegungen in eine persönliche Herausforderung. Nachdem Krisen bekanntlich Entwicklungsanstöße sein können, schienen die idealen Voraussetzungen für einen inneren Reifeschub mit dem Thema Versöhnung als Vehikel gegeben, sozusagen als direkter Weg zur Erleuchtung.

Nun, es kam anders. Ich verlor mich in Ideenskizzen und in den Massen der Literatur über Versöhnung und damit zusammenhängend über Paar-Ethik, und bei mir persönlich wollte sich die weise Milde der Versöhnlichkeit partout nicht einstellen. Nach mehreren vergeblichen Anläufen ließ ich das Ganze lange liegen in der Annahme, dass meine Zeit für diese Art der Produktivität abgelaufen sei. Doch irgendwann entwickelte der vernachlässigte Haufen von Buchauszügen und halbfertigen Texten hinter meinem Rücken eine erstaunliche Eigendynamik. Er blockierte meinen Weg und verlangte imperativ, entweder verwendet oder anständig verabschiedet zu werden. Es gab kein Ausweichen. Das Ethikthema ließ mir keine Ruhe, weder privat noch beruflich. Ich entschied, dem gesammelten Versöhnungsmaterial nochmals meine volle Aufmerksamkeit zu widmen.

Es galt, die durcheinander liegenden Teile auf einen Faden aufzureihen. Da ich mich dem Thema über Jahre von ganz verschiedenen Seiten angenähert hatte, stand ich unzähligen Gedankengängen und Aspekten gegenüber, die jeder Systematisierung einen hartnäckigen Widerstand entgegensetzten. Zudem entdeckte ich erst bei dem Versuch einer schriftlichen Festlegung, dass sich über die Jahre mein Standpunkt still und leise verändert hatte. Meine Erfahrungen sprengen die Grenzen psychologischer Einordnungsmöglichkeiten. Das Leben ist unordentlich und lässt sich von keiner Disziplin disziplinieren, weder von der Psychologie, noch von der Philosophie oder der Theologie. Der Nahkampf mit dem widerspenstigen Texthaufen forderte meinen Willen zum Sinn heraus. Ich war entschlossen, das Material so zu bändigen, dass es freigab, was in ihm lag. Mitten im Getümmel überfiel mich die Einsicht, dass die Ausrichtung des Textes auf die Versöhnung falsch wäre. Das Thema verführt zu einer Versöhnungspropaganda, die der falschen Versöhnlichkeit Vorschub leistet. Falsche Versöhnlichkeit dient nur zu häufig als Deckmantel für die Vermeidung anstehender Veränderungen. Ein heikles Thema mit Zuckerguss zu überziehen, wäre nicht nur falsch, sondern schädlich.

Wieder war ich nahe daran, das ganze Projekt aufzugeben. Diesmal aber kam mir meine eigene Unversöhnlichkeit zu Hilfe, die sich echter anfühlte als all meine ersehnte Gelassenheit. Sie verwies mich auf den Gegenpol der Versöhnung, auf den dunklen Ursprung ihrer Notwendigkeit. Versöhnung ist das wichtigste Ziel, aber sie setzt die Beschäftigung mit dem Verrat, mit der eigenen Destruktivität, kurz, mit dem Bösen, voraus. Diese Einsicht führte zu einer Neuorganisation und Erweiterung der Texte, die sich als fruchtbar erwies. Das gezähmte Material begann sich mit mir zu verbünden. Der Computer verwandelte sich von einem Gegenstand der Selbstdisziplin zu einem Ort der Begegnung mit meinen Gedanken. Die Lust am Schreiben, an der damit verbundenen Freiheit und Gestaltungsmöglichkeit und vor allem die Lust am Spielerischen kehrte zurück.

Happyend? Ich bin in vielem unversöhnt. Und doch: Ich stoße immer wieder auf Inseln der Versöhnlichkeit, in mir und in anderen. Und sie wachsen. Das wünsche ich allen.

Einleitung

Im Verrat und in der Versöhnung, im Aus-der-Liebe-Fallen und Von-ihr-wieder-gefunden-Werden erfahren wir Grundbewegungen des Lebens. Der Verrat – vom nicht erwiderten Blick bis zur lebensbedrohenden Verneinung mitmenschlicher Zugehörigkeit – schneidet uns von der Liebe ab. In der Versöhnung hingegen wird weich, was erstarrt war, und fließt zusammen, was getrennt war und doch zusammen gehört, und die Liebe durchpulst die Wiedervereinten. Kälte und Wärme, Verkrampfung und Lösung, Dissonanz und Harmonie, Verzweiflung und Friede folgen aufeinander und binden uns in ihre Rhythmen.

Verrat und Versöhnung erfahren die unterschiedlichsten Einordnungen. Sie können als Folge früherer Prägungen verstanden, als Ausdruck eines freien Willens gesehen oder als Schicksal ertragen werden. Die Erklärung des Geschehens durch frühere Prägungen erlaubt es, intellektuell befriedigende Kausalketten zu konstruieren. Die Idee des freien Willens kommt dem menschlichen Kontroll- und Machtbedürfnis entgegen. Sowohl die Idee der Prägung wie auch die des freien Willens haben etwas für sich, reichen aber nicht aus. Die Lebenserfahrung zeigt uns die Grenzen rationaler Erklärungen und erweitert unser Bild der Realität so, dass der Blick auf einen schicksalsmäßigen Einfluss frei wird. Prägung, freier Wille und Schicksal wirken gleichzeitig. Wir können dieselben Geschehnisse unter diesen logisch nicht vereinbaren Gesichtspunkten betrachten. Wenn wir eine umfassende Realität nicht verdrängen wollen, müssen wir es aushalten, in einem paradoxen Feld unauflösbarer Widersprüche zu leben.

Wir möchten in der Liebe bleiben. Es wäre schön, in liebevoller Heiterkeit durch die Tage zu gehen. Das gelingt immer wieder, aber nie definitiv. Wir entwickeln Theorien über das Geschehen, die uns helfen sollen, die Ursachen und Verläufe unserer Befindlichkeit unter Kontrolle zu bringen. Wir legen uns die Dinge zurecht und manchmal bleiben sie ein Weilchen so liegen und gönnen uns eine Atempause bis zur nächsten Veränderung. Trotz aller Bemühungen lässt sich aber die Harmonie auf Dauer nicht halten. Wir verlieren die Liebe, den liebevollen Umgang mit uns selbst und den anderen und geraten ins Dunkel der Lieblosigkeit. Wir leiden und fügen Leid zu. Wir verraten das Wichtigste und werden schuldig. Das Dunkel holt mehr Dunkel und die Nacht bricht herein und macht jeden Ausweg unsichtbar. Im schwarzen Loch der Verzweiflung verwischen sich unsere Konturen und wir verlieren uns selbst aus den Augen. Wir zappeln in hektischen Veränderungsversuchen oder frieren resigniert vor uns hin – bis zur nächsten Wende, der zum Guten. Die Liebe braucht uns, um zu wirken. Sie sucht uns als ihre Instrumente und findet uns oft. Sie heilt uns, indem sie uns ergreift.

Wir sind aber nicht nur Ergriffene, sondern auch Handelnde. Jede Kultur und jedes Rechtssystem formuliert ethische Gesetzmäßigkeiten, Leitlinien, wie Menschen miteinander umgehen sollen. Die Paar-Ethik befasst sich mit den individuellen Paarregeln. Im Prinzip beschreibt die Ethik die grundsätzlichen Wertausrichtungen, während sich die Moral auf deren Umsetzung in einem gegebenen kulturellen Kontext bezieht. Ich schließe mich dem alltäglichen Sprachgebrauch an, der es mit dieser Unterscheidung nicht so genau nimmt und »ethisch« und »moralisch« oft synonym verwendet. »Ethisch« hat ein positives Assoziationsfeld und wird also nicht nur wertneutral, sondern auch zur Charakterisierung von guten Handlungen verwendet. Das gilt auch für das Wort »moralisch«, das indessen einen leicht rechthaberischen und einengenden Beiklang haben kann. Die Liebe, dieses allumfassende Unfassbare, belebt und inspiriert die moralischen Regelungen und hebt sie dort auf, wo der Buchstabe des Gesetzes eine höhere Wahrheit verhindert. Liebe und Gerechtigkeitssinn scheinen im Menschen auf. Ihr Ursprung liegt außerhalb des Menschen. Der Mensch ist Durchfluteter, nicht Quelle.

Die sieben Kapitel dieses Buches spannen den Bogen vom Liebesverrat zur Versöhnung. Wie bei einem Hologramm enthält das einzelne Paar das ganze Bild der Gesellschaft und umgekehrt spiegeln gesamtgesellschaftliche Prozesse die Dynamik der Zweierbeziehung. Die Darstellung des Paargeschehens erfolgt vor dem Hintergrund theoretischer Überlegungen, denn Verrat und Versöhnung wollen verstanden sein.

1. Der Liebesverrat zerstört das Vertrauen.
Ob ein großer, dramatischer Verrat eine Beziehung schlagartig verändert oder ob der stete Tropfen unzähliger kleiner Lieblosigkeiten sie langsam aushöhlt – der Liebesverrat zersetzt die Geborgenheit. Die Liebe schwindet. Der Liebesverrat setzt mit der Zeit oder schlagartig die Paarregeln außer Kraft. All die feinen gegenseitigen Signale verhallen nun ungehört und die vertrauten Steuerungen greifen nicht mehr. Die alten Wegweiser bringen in der veränderten Landschaft keine Hilfe. Die Orientierung geht verloren und mit ihr eine alte Identität. Die Zugehörigkeit löst sich auf und die Unge-

bundenen stürzen im freien Fall ins Leere. Die Trennung eines Paares schickt ihre Schockwellen in den ganzen Bekanntenkreis.

2. Das Chaos der Beziehungsauflösung zieht das Böse an.
Die schwarze Brühe der Negativität überschwemmt alles. Das Potenzial zur Destruktivität gewinnt Oberhand und führt zur Schuld des Verrats an der Menschlichkeit. Die Verletzten schlagen um sich, hassen sich und die anderen und erstarren im Eismeer der Lieblosigkeit. Die Schattenseiten machen sich breit und erzwingen eine Auseinandersetzung mit dem Negativen. Woher kommt das Böse? Weshalb sind wir dem Schlechten ausgesetzt? Psychokausale Einordnungen böser Handlungen genügen nicht: Der Umgang mit dem Bösen erfordert eine ethische Stellungnahme. Das Negative muss verantwortet werden, obschon es nicht nur Wahl, sondern auch Schicksal ist.

3. Die Heilung, die Ermächtigung zum Guten erfolgt über die erneute Kontaktaufnahme mit der Menschlichkeit.
Es geht nicht mehr um den Sieg, sondern um das kooperative Realisieren gemeinsamer Ziele. Dominanz und Kooperation sind gegensätzliche gesellschaftliche Ordnungssysteme. In dominanten Gesellschaften herrscht eine hierarchische Struktur, und die Macht wird zur Vermehrung der eigenen Macht eingesetzt. In kooperativen Gesellschaften dient die Macht der Ermächtigung der anderen, und die Beteiligten begegnen einander auf gleicher Ebene. Der durch die ganze abendländische Geschichte wirkende Trend von der Dominanz zur Kooperation ist bis zu den westlichen Demokratien und den gegenwärtigen Anstrengungen zur Gleichstellung der Geschlechter gediehen. Glücklicherweise fühlt sich lieben besser an als siegen, und so ist die Lust auf der Seite der Kooperation.

4. Vertrauen als Basis zwischenmenschlicher Verbundenheit nährt sich aus der Zuverlässigkeit, mit der die Beteiligten für einander da sind.

Bei jedem Paar entsteht ein individueller, mehr oder weniger bewusster ethischer Grundkontrakt, an dem es sich orientiert. Der Umgang des Paares mit seinen Verpflichtungen erhöht oder senkt den Vertrauenspegel. Das Netz der Zugehörigkeit knüpft sich aus den Fäden von Solidarität und gegenseitig eingehaltenen Verpflichtungen. Liebe ist mehr als das Honorieren von Verpflichtungen, aber Unzuverlässigkeit bei der alltäglichen gegenseitigen Unterstützung gräbt der Liebe das Wasser ab. Liebevolle Erotik schmückt, umspielt und untermauert das Paarvertrauen.

5. Im Versöhnungsprozess heilen die Beteiligten die Verletzung, die durch den Verrat an der Liebe entstanden ist.

Der Versöhnungsprozess vereint die beiden Stränge, den von Schuld und Sühne und den des Verzeihens, zu einem neuen Ganzen. Beide Betroffenen erleben einen inneren Transformationsprozess, der zwar individuell ist, aber doch in der Regel bestimmte Stadien durchläuft. Das Überraschende auf dem Weg vom Verrat zur Versöhnung ist die innere Wende, die den bedrohlichen Täter zum verzeihungsbedürftigen Bittsteller macht, und das geschwächte, wütende Opfer wieder in die Kraft seiner einfühlungsfähigen, generösen Menschlichkeit zurückführt.

Die falsche Versöhnung, die Vorspiegelung nicht vorhandener Gefühle und Einsichten, verhindert den Heilungsprozess und schwächt das Vertrauen. Bei der ethisch begründeten Versöhnungsverweigerung geht es um den Schutz von wichtigen, der Versöhnung übergeordneten Werten.

Die Versöhnung verwandelt das Unvereinbare in Zusammengehöriges, das Feindselige in Zugewandtes und das Böse in Gutes. Das Wunder der Versöhnung reinigt die Beziehungen von den unvermeidlichen Schlacken des Zusammenlebens und schafft immer wieder Raum für die Liebe. Der Friede der Versöhnung nimmt bei der Selbstversöhnung seinen Anfang. Versöhnungsbedarf besteht überall, wo Menschen miteinander zu tun haben: zwischen Eltern und Kindern, zwischen Frau und Mann und zwischen Verfolgergruppen und Angefeindeten. Viele Religionen enthalten den Versöhnungsgedanken. Die Versöhnung von Gott und von Menschen und die Versöhnung der Menschen untereinander hängen zusammen. Versöhnung ist sowohl Gnade als auch Frucht eigener Anstrengungen. Das akzeptierende Aushalten des Paradoxes, dass wir für die eigenen Handlungen verantwortlich sind, während wir gleichzeitig von außermenschlichen Gesetzmäßigkeiten abhängen, ist die Voraussetzung zur Versöhnung mit dem Schicksal.

6. Nicht nur beim einzelnen Paar, sondern auch gesamtgesellschaftlich empfiehlt sich ein ethisch vertretbarer Umgang mit Ressourcen.

Wir haben erstmals den Punkt in der Menschheitsgeschichte erreicht, an dem die kollektive Selbstvernichtung möglich ist. Sowohl die Atombombe als auch die ökologischen Konsequenzen der technischen Entwicklungen bergen ein Zerstörungspotenzial, das nur mit einer am Wohl des Ganzen orientierten Einstellung eingedämmt werden kann. Dieses Bewusstsein setzt sich zunehmend durch: Das Ideal der wertfreien Forschung weicht langsam dem der verantwortungsvollen. Ethik ist kein Luxus, sondern eine Überlebensstrategie, die im Kleinen, beim einzelnen Paar, wie im Großen, in der Politik, angesagt ist. Die Paar-Ethik befasst sich mit dem lebenserhaltenden, lebensfreundlichen Umgang von Paaren miteinander.

7. Die Liebe ist in sich widersprüchlich und gleichzeitig die Vereinigung dieser Widersprüche.

Die sieben Paradoxa der Liebe illustrieren die Widersprüchlichkeit der Liebe und gleichzeitig das Paradox des Paradoxes: die Liebe als Absolutes über den Widersprüchen.

1. Der Liebesverrat

Die paradoxe Wahrheit

Die Aufgabe, richtig zu leben, verantwortungsvolle Wahlen zu treffen und gute Spuren zu hinterlassen, ist wie eine Gleichung mit zu vielen Unbekannten. Angetrieben von Gutem und Schlechtem versuchen wir, den Kopf über Wasser zu halten und irgendwie anständig durchzukommen. Und doch verfügen wir jenseits aller Widersprüche und Ungereimtheiten über einen inneren Kompass, der die Richtung zeigt. Er ist oft nicht zugänglich, aber immer vorhanden.

»Wenn etwas wahr ist, muss notgedrungen auch das Gegenteil wahr sein, denn die Welt wird von Paradoxen regiert.« Dieser Satz, vor so langer Zeit gelesen, dass ich nicht mehr weiß wo, blieb haften. Er begleitet und ermahnt mich, wenn ich mich in meinem Eifer, die Welt zu verstehen, wieder einmal vorschnell festgelegt habe. Er lehrt mich, im Spannungsfeld gegensätzlicher Wahrheiten zu leben. Dox hat mit dem griechischen doxa, das heißt die Meinung, die Lehre, zu tun, und das Paradox ist die Gegenlehre. Die Lehre und die Gegenlehre heben sich nicht auf, sondern wirken beide und verlangen von uns bei jeder Einsicht den Schritt über sie hinaus. Auch Liebesverrat und Versöhnung enthalten Paradoxa. So sind sie sowohl Schicksal als auch Resultat unserer Prägungen und Entscheidungen. Einerseits können wir nichts dafür und tragen paradoxerweise anderseits doch ein Stück Verantwortung für das, was geschieht.

Der Satz: »Wenn etwas wahr ist, muss notgedrungen auch das Gegenteil wahr sein, denn die Welt wird von Paradoxen regiert«, ist auch noch generös genug, sich selbst aufzuheben. Der Widerspruch des Widersprüchlichen führt zum Absoluten. Wenn die Welt von Paradoxa regiert wird, muss auch das Gegenteil davon wahr sein: Es gibt absolute Wahrheiten. C. G. Jung schreibt: »Die Relativität von ›gut‹ und ›böse‹ oder ›schlecht‹ bedeutet keineswegs, dass diese Kategorien ungültig seien oder nicht existierten. Das moralische Urteil ist immer und überall vorhanden mit seinen charakteristischen psychologischen Folgen. Wie ich schon andernorts betont habe, wird sich wie bisher auch in alle Zukunft hinaus getanes, beabsichtigtes und gedachtes Unrecht an unserer Seele rächen [...] Es sind nur die Inhalte des Urteils, die zeitlichen und örtlichen Bedingungen unterliegen und sich dementsprechend ändern.«[1] Ein angemessenes moralisches Urteil zu finden ist schwer; wir müssen es aber trotzdem anstreben, weil wir aufgerufen sind, das Unrecht zu meiden und dem Guten Raum zu geben. Das gilt besonders auch in der Paarbeziehung – gegenüber dem Menschen, bei dem Liebe, Verantwortlichkeit, Vertrauen, Abhängigkeit und Macht ins Spiel kommen. Ethisch verantwortbares Verhalten basiert auf einer inneren Ausrichtung, deren konkrete Umsetzung von Situation zu Situation, von Sekunde zu Sekunde neu gefunden werden muss. Es gibt keine festen Regeln.

Wenn es schief geht, wenn die Liebe erkaltet und das Leiden beginnt, stellt sich die Frage nach der Moral besonders deutlich. Wer schuldet wem was? Wie steht es um das Einhalten von Verpflichtungen, um die Balance von Geben und Nehmen? Beurteilungen können jetzt leicht in *Ver*urteilungen umkippen. Glücklicherweise erschwert das psychologische

Verständnis moralische Verurteilungen. Das ist gut so. Der differenzierende Blick auf das widersprüchliche Motivationsbündel, aus dem Handlungen entstehen, das Wissen um unbewusste Einflüsse und der Einbezug der Impulse aus dem Beziehungsnetz wird menschlichem Verhalten oft eher gerecht als das strenge Messen mit der moralischen Messlatte. Und doch ist auch der zu verständnisvolle, zu akzeptierende Blick ein Verrat an der essenziell menschlichen Gabe der Willensfreiheit, die dem Menschen Würde und Verantwortung gibt. Dass sowohl die verständnisvolle Einfühlung wie auch die beurteilende Forderung auf dieselbe Situation angewendet werden kann, bringt uns in Spannung.

Widersprüchliche Prinzipien wirken gleichzeitig. So schließen sich in der letzten Konsequenz die Idee der frühkindlichen Prägung und die eines freien Willens aus, und doch haben beide ihren berechtigten Platz im Bild menschlichen Verhaltens. Frühkindliche Erfahrungen und Erziehung prägen, was aber paradoxerweise die Verantwortlichkeit des Menschen für seine Handlungen nicht aufhebt. Menschen sind gleichzeitig verantwortlich und ohnmächtig. Das muss immer im Auge behalten werden. Einseitigkeit schadet. Eltern, die dem Kind in selbstloser Einfühlung jeden Widerstand aus dem Weg räumen, verfehlen ihr Ziel ebenso wie die, deren allzu konsequente Forderungen das lebendige Wachstum beengen. Wer in einer Partnerschaft anständiges Verhalten nicht einfordert, verrät sie ebenso wie der kleinliche Rechthaber, der vor lauter moralischer Erbsenzählerei für das Geschenk der Präsenz des anderen blind wird. Eine menschliche Haltung fordert die Integration von Einfühlung und Beurteilung. Menschen, die Entwicklungen und Veränderungen begleiten, wissen es längst: Erziehen, therapieren und lieben verlangen nichts weniger als die Quadratur des Kreises, die Verbindung des Widersprüchlichen im Aushalten des paradoxen Lebens. Eine lebendige Paarbeziehung verändert sämtliche vernünftigen Regeln und wirft die Buchhaltung von Geben und Nehmen immer wieder ungestraft über den Haufen, weil sie eben mehr ist als die Summe ihrer korrekten Verhaltensweisen. Es ist letztlich der Grundstrom der Zusammengehörigkeit, des Vertrauens und der Liebe, der die Dissonanzen auflöst und die Töne wieder in Harmonie zusammenklingen lässt.

Es darf nicht wahr sein – der Liebesverrat

SEISMOGRAPH

Ich erwache ins Dunkel.
Kein Albtraum. Schlimmer.
Er ist fort.
Seine Berührung nährt eine andere.
Ich sehe seine Hände auf ihren weißen Brüsten.
Ich spüre sein Drängen zwischen ihren Schenkeln.
Das Trockeneis der Einsamkeit versengt meine Haut.

Ein Stein, der durch ein Spinnennetz fällt: Der überraschende Verrat aus der Nähe ist brutal. Dieser gefährliche Schock erschüttert die Fundamente der Persönlichkeit. »Ich bin wie gestorben, als mir klar wurde, dass er definitiv gegangen ist. Mein Körper streikte. Ich konnte nicht mehr essen und nicht mehr schlafen und schleppte mich erschöpft durch die endlosen, qualvollen Tage. Das Weinen war mir immer zuvorderst. Tabletten haben schließlich das Schlimmste aufgefangen. Es ist jetzt ein Jahr her und ich habe immer noch das Gefühl, mein Leben habe nichts mit mir zu tun. Ich habe keine Wünsche, keine Ziele und keine Interessen, sondern absolviere meine Aufgaben halt, wie es gerade kommt«, sagt eine untröstliche Frau. Selbstmord als Folge eines Liebesverrats findet sich nicht nur in der Literatur, sondern auch im Leben. Der Liebesverrat zerstört mit einem Schlag die Behausung der Geborgenheit und die verwundete Seele ist schutzlos den scharfen Winden der Verzweiflung ausgeliefert.

Es gibt so viele Arten, die Liebe zu verraten, wie es Arten der Liebe gibt: unzählige. Der Faden, an dem man nicht ziehen darf, weil sonst die Maschen auseinander schlüpfen und das Ganze sich auflöst, ist bei jedem Paar ein anderer. Etwas, das im Rahmen der einen Paarbeziehung kaum negative Auswirkungen hätte, bringt eine andere zu Fall. Der ehescheue Mann, der es nicht über sich bringt, der Beziehung einen formalen Rahmen zu geben, zerstört mit der Zeit die Liebe einer Frau, die in hohem Maße auf klare Verhältnisse angewiesen ist, während seine Einstellung einer bindungsängstlichen Frau entgegenkommt und ihr ermöglicht, die Nähe zu ihm auszuhalten. Die diskutierfreudige Wahrheitssucherin regt ihren lebhaften, wortmächtigen Partner an, und die beiden erleben intellektuelle Höhenflüge miteinander. Die gleiche Frau wurde für einen anfänglich von ihr faszinierten Mann mit der Zeit so bedrohlich und mühsam, dass er sie schließlich verließ. Was bei einem Partner als unerträgliche Rechthaberei angekommen war, inspiriert einen anderen.

Eine einfache und doch umfassende Definition des Liebesverrats liefert Peter von Matt: »Liebesverrat als schwerer Verstoß gegen alles, was recht ist, ereignet sich dort, wo er erfahren wird.«[2] Der Liebesverrat ist eine subjektive Erfahrung. Es gibt keinen objektiven Maßstab, wie viel es braucht, um ein Herz zu brechen. Die Intensität und die Dauer der Reaktion auf eine Verletzung ist nicht nur durch das Ausmaß der Verletzung allein bestimmt, sondern auch davon, was die

Verletzung im Rahmen eines individuellen Lebens bedeutet. So dient eine Trennung in jungen Jahren in der Regel als Ausgangspunkt für eine nächste Beziehung, während eine späte Trennung eher in ein freiwilliges oder unfreiwilliges Alleinsein mündet. Wo ein Liebesverrat auf ein schwaches Selbstwertgefühl trifft, sind die Folgen viel verheerender.

Dem Paukenschlag des großen, unübersehbaren Liebesverrats sind in der Regel unzählige Mückenstiche vorausgegangen. Die Abweichung vom gemeinsamen Weg erfolgt oft im spitzen Winkel. Kleinigkeiten können sich häufen, bis schließlich der Tropfen zu viel das Fass zum Überlaufen bringt. Neben dem sichtbaren, aktiven, fassbaren Pol des Liebesverrats gibt es aber auch den passiven Liebesverrat: die Erschlaffung der Aufmerksamkeit, die mangelnde Wachsamkeit negativen Einflüssen gegenüber, die Gleichgültigkeit, die die Liebe erkalten lassen. Die Phantasie hört auf, den Geliebten oder die Geliebte neu zu erfinden und ihre Fähigkeiten auszuschmücken. Sicher gehören auch in guten und dauerhaften Beziehungen Distanzierungen wie innere Abwesenheit, das nicht beachtete Kontaktangebot und das ungeöffnete Geschenk zum Alltag. Wenn diese Vorkommnisse nicht durch ein darunter liegendes Wohlwollen immer wieder kompensiert werden und überhand nehmen, verdichten sie sich zu einem schleichenden Verrat an der Liebe. Wo die Bemühung um Verständnis, um neue Harmonie nach einer Verletzung wiederholt ausbleibt, wird es gefährlich. Lieblosigkeiten, die nicht mehr gutgemacht werden, verleugnete Spannungen und vermiedene Aussprachen dünnen die Paarsubstanz langsam aus. Die alltäglichen, aber äußerst wichtigen Spannungsbereinigungen verhindern das Entstehen von Schuldenbergen, die das Beziehungsgeschehen immer mehr überschatten. In einer unaufgeräumten Beziehung finden sich die Werkzeuge für Beziehungsreparaturarbeiten nur noch schwer. Vor dem Hintergrund unbeglichener Rechnungen gestaltet sich das Feststellen und Ausgleichen der jüngsten Schulden und Guthaben zunehmend mühsam. Unproduktive Streitigkeiten, bei denen es nicht mehr um das Benennen von Differenzen mit dem Ziel der Spannungsbereinigung geht, sondern darum, den Frust über das Ungelöste loszuwerden, verschlechtern die Stimmung. Das Ja zum Partner verliert seine kräftige, fraglose Entschiedenheit, wird leiser, ambivalenter, und droht in ein Nein zu kippen. Eine neue Entscheidung für oder gegen den Partner steht an. Nachdem sie im Bemühen, zu retten, was zu retten ist, tausendmal für die Partnerschaft ausgefallen ist, schiebt die zunehmende Hoffnungslosigkeit die Beziehung über den Rand des Ja in den Abgrund des Nein. Das Nein zerstört die Zugehörigkeit, das Geflecht der Rechte und Pflichten, die Verantwortlichkeit, die Zuwendung, die Wärme und die Freude an der Beziehung. Meistens geschieht dieser Auflösungsprozess nicht bei beiden gleichzeitig und auf die gleiche Art. Der Partner, der zuerst ins Nein kippt, wird vom anderen als Verräter an der gemeinsamen Welt erlebt. Der Paarpflug schiebt immer größere Massen von Unbereinigtem vor sich her, bis er schließlich stecken bleibt.

Das Erlöschen der Liebe bedroht unsere Lebensfundamente. Es darf einfach nicht sein, dass der Boden unter unseren Füßen sich auflöst, dass alles unsicher wird und wir nirgends mehr hingehören. Sicher ist alles nur ein Albtraum, und wir werden in der nächsten Sekunde warm und geborgen in den Armen des Geliebten erwachen. Wir erfinden die abenteuerlichsten Erklärungen, um das Offensichtliche nicht als das zu sehen, was es ist: Lieblosigkeit. Die Rationalisierungen, mit denen wir das Bedrohliche weginterpretieren, scheinen uns völlig einleuchtend, während wir uns verzweifelt an sie klammern; erst im Rückblick werden sie fadenscheinig. »Sie hatte eigentlich keine Zeit für mich, und wenn ich endlich eine Verabredung erkämpft hatte, vergaß sie sie häufig. Und wenn sie kam, dann sicher zerstreut und zu spät. Ich entschuldigte sie immer und erklärte ihr schlechtes Benehmen mit ihrer Bindungsangst und mit den schlimmen Erfahrungen, die sie mit Männern gemacht hatte. Ich wollte ihr durch meine Ausdauer und Zuverlässigkeit mehr Sicherheit bieten. Ich habe sie wirklich geliebt und ging durch die Hölle, bis mir klar wurde, dass diese Frau für mich einfach nichts fühlte«, sagt ein Mann.

»Er hat sich um nichts gekümmert und für nichts interessiert: Ich hatte für die familiären Entscheidungen absolut keinen Gesprächspartner. Ich hätte mir die Haare grün färben können, er hätte es nicht bemerkt. Der Gipfel war, als er in einem Gespräch mit Freunden nicht einmal das Alter unseres Zweitjüngsten wusste. Ich erklärte mir alles mit seiner beruflichen Überlastung und war überzeugt, dass er mich eigentlich liebt, aber es einfach nicht ausdrücken kann. Erst als ich herausfand, dass er für eine Freundin sehr wohl Interesse und Zeit aufbringen kann, gingen mir die Augen auf«, sagt eine Frau.

In der Angst vor dem Liebesverlust klammern wir uns an die Illusion des Geliebtwerdens und der Beziehungszerfall wird möglichst lange übersehen. »Meine Träume zupften mich immer wieder am Ärmel und lenkten meine Aufmerksamkeit auf etwas, das ich nicht zu verstehen wagte. Sie zeigten eigentlich sehr früh, dass es aus war zwischen uns. Aber ich war nicht bereit hinzuschauen«, sagt eine Frau. Eine andere bestätigt: »Ich kann es nicht glauben, wie viele Warnlichter ich ignoriert habe. Geflunkert hat er immer, aber ich entschuldigte und verklärte das als fantasievolle Ausschmückungen. Ihn zu einer klaren Aussage zu bewegen, war eine Herkulesarbeit. Er wollte sich nie festlegen und log, wenn es ihm einmal nicht gelang, rechtzeitig im Nebel zu verschwinden. Es brauchte mehrere handfeste Wortbrüche bei wichtigen Themen wie Scheidung von seiner Frau, Zusammenleben und Heirat, bis mir dämmerte, dass er nicht mit offenen Karten spielte. Warum ich das Offensichtliche nicht gesehen habe? Ich bin geborgen und geliebt aufgewachsen, man könnte auch sagen, gefühlsmäßig bis zur Lebensuntüchtigkeit verwöhnt worden. Mir ging jedes natürliche Misstrauen ab, und wenn er mir etwas versprach, nahm ich es trotz wiederholter schlechter Erfahrungen für bare Münze. Ich brauchte ein halbes Leben, um zu lernen, einem geliebten Menschen nicht zu trauen. Ich habe viel von meiner Heiterkeit und Wärme verloren.«

Dem Liebesverlust, der Lieblosigkeit, dem Verrat am Ideal der großen Liebe ins Auge zu schauen, ist dermaßen schmerzhaft, dass die Hoffnung, es sei alles nicht so schlimm, mit massivsten Verleugnungen aufrechterhalten wird.

»Ich wollte es einfach nicht wissen. Ich wollte die tausend gescheiterten Klärungsversuche vergessen und nur das Gute sehen. Die gegenseitigen Lieblosigkeiten zu übersehen war so einfach, wie einen Elefanten im Wohnzimmer zu ignorieren, aber ich schaffte es immer wieder wegzuschauen. Ich stumpfte mehr und mehr ab und wurde so beziehungsdumm, dass es kaum zu fassen ist. Der Elefant hat unterdessen das ganze Lügengebilde zertrampelt, aber es ist erstaunlich, wie lange er sozusagen inkognito bleiben konnte«, sagt ein Mann.

Es darf nicht sein, dass die Liebe versiegt ist. Diese Leere ist nicht auszuhalten.

Ein *Selbstverrat* bildet oft den Anfang der Kette von Ereignissen, die schließlich zum Liebesverrat führen. Wer sich selbst verrät, erhöht die Wahrscheinlichkeit, verraten zu werden. Sie getraut sich nicht, ihn abzuweisen, sondern schläft mit ihm mit gespielter Leidenschaft, auch wenn es für sie überhaupt nicht stimmt. Falsche Signale unterminieren das Vertrauen – auch das Selbstvertrauen.

Eigentlich liebt er sie nicht, versucht sich aber vom Gegenteil zu überzeugen, weil die Verbindung mit ihr unter anderen Gesichtspunkten wünschenswert ist. So plump wie die pragmatische Heirat mit der unattraktiven reichen Erbin muss es nicht einmal sein. Wer sich mit einem gebundenen Herz in eine neue Beziehung einlässt in der Hoffnung, durch die neue Liebe von der alten geheilt zu werden, verrät die alte und die neue Liebe. Ein halbes Herz ist weniger als keines.

»Ich habe Konzessionen gemacht, die ich nicht hätte machen dürfen«, sagt ein Mann, »Ich bin ein ausgesprochener Familienmensch, und für mich war von Anfang an klar, dass ich Kinder haben wollte. Sie erklärte sich damit einverstanden – aber der richtige Zeitpunkt dafür kam für sie nie. Ich wartete und wartete und suchte sie zu überzeugen. Schließlich hat sie mich nach zwölfjähriger Ehe verlassen, und meine Unzufriedenheit mit der Situation war sicher eine der Ursachen. Ich hätte von ihr viel früher eine klare Stellungnahme fordern müssen.«

Eine Frau beschreibt ihren Weg aus dem Selbstverrat: »Ich habe es zugelassen, dass er mich mehr und mehr verunsicherte. Ich konnte machen, was ich wollte: Es war alles nicht recht. Wir haben uns beim Bergsteigen kennen gelernt. Wenn ich eine Tour organisierte, fühlte er sich gedrängt und verplant und machte mich schließlich auch noch für das Wetter verantwortlich, und wenn nichts lief, fand er es langweilig. Je schlechter er mich behandelte, desto mehr wollte ich es ihm recht machen. Er musste mich einfach klein haben und verstand es, in jedem zweiten Satz eine Entwertung mitzuliefern. Ich duckte mich immer mehr, um keine Ablehnung zu provozieren, bis schließlich unser Zusammenleben aus einem Eiertanz um seine Empfindlichkeiten bestand. Ich bin einfach nicht für mich eingestanden, sondern duldete seine Respektlosigkeiten – was natürlich nicht die erhoffte Zuwendung brachte, sondern seine Achtung vor mir erst recht verminderte. Eines Tages, als er mich vor meiner Freundin verspottete, wurde mir schlagartig klar, dass es so nicht weitergehen konnte. Meine Abhängigkeit von ihm sank in sich zusammen wie eine Marionette, deren Fäden man durchschnitten hat. Es ist erstaunlich, wie schnell ich wieder stark wurde. Die Betonwände meines Beziehungsgefängnisses erwiesen sich als Papierwände. Mein Mann traute seinen Augen nicht, als ich ihn verließ. Ich begreife immer noch nicht, wie es dazu kam, dass ich mich derart schlecht behandeln ließ, aber letztlich bin ich einfach froh, dass ich es hinter mir habe, und heute läuft mir jeder ins Messer, der eine falsche Bewegung macht.«

Jede Beziehung erfordert Anpassungen und Verzichte. Wo liegt die Grenze zwischen einem sinnvollen Beziehungsopfer im Interesse der Gemeinschaft und einem Selbstverrat? Leider wird das, was als beziehungsförderndes Anpassungsgeschenk gemeint ist, manchmal blind als eine wertlose Selbstverständlichkeit konsumiert. Wann ist das Entgegenkommen nicht mehr ein konstruktiver Beitrag an die Gemeinschaft, sondern eine auf Verlustangst basierende Lüge? Der Hunger nach Zärtlichkeit, nach Geborgenheit und Liebe verführt uns zum Selbstverrat. Aber wer sich die Ferse abhackt, weil der Schuh zu klein ist, lockt nicht einmal im Märchen Prinzen an.

Obwohl das Eigentliche, das Schicksalhafte des Scheiterns einer Liebe nie voll begriffen werden kann, suchen wir nach Gründen, und wir finden sie auch. Es beruhigt uns, das überwältigende Trennungsgeschehen in Kausalketten zu legen. Eine Trennung resultiert aus einem Bündel bewusster und unbewusster Ursachen. Männer und Frauen gewichten unterschiedlich. Als Ursache von Scheidungen geben Frauen verbale und körperliche Misshandlungen, Mangel an Liebe, finanzielle Probleme und Alkoholismus am häufigsten an, während für Männer sexuelle Probleme und Schwierigkeiten mit der Schwiegerfamilie im Vordergrund stehen. Einige Paare überleben den Abstieg aus dem siebten Himmel nicht. In der Phase des ersten Verliebtseins erstrahlt die Geliebte in den schönsten Farben. Sie ist die Erfüllung aller Wünsche, das Wunder, das man nicht mehr zu erhoffen wagte. Die erste Begeisterung spült fürs erste jegliche Kritikfähigkeit weg. Soll die Beziehung von Dauer sein, müssen später auch weniger berauschende Eigenschaften zur Kenntnis und in Kauf genommen werden. Unrealistische Erwartungen gefährden die Beziehung. Wenn ein Mann eine Frau als vertrauenswürdig erlebt, weil er das braucht, und nicht, weil sie es ist, erwartet ihn eine Enttäuschung. Die Auflösung derartiger Projektionen kann sich wie ein Liebesverrat anfühlen. Auch der Verrat an gemeinsam hochgehaltenen Idealen gefährdet die Zweierbeziehung. Wenn aus einem von beiden ersehnten und freudig empfangenen Kind in kurzer Zeit ihr Kind wird, das bei ihm nur noch als Störung vorkommt, steht eine Neuorientierung an.

Ein Paar lernte sich als engagierte Grüne bei einer Demonstration kennen. Das Ideal des umweltbewussten, achtsamen Lebens mit weitgehendem Konsumverzicht war ein wichtiger Bestandteil der Partnerschaft. Unterdessen hat er den Idealismus seiner Jugend verlassen, möchte auf das Auto nicht mehr verzichten und erlebt die umweltschonende Haltung seiner Frau als einigermaßen sektiererisch. Die beiden haben sich in diesem Punkt auseinander entwickelt, was bei der Frau als Verrat ankommt.

Wer herauszufinden sucht, was nun genau die Liebe wirklich vertreibt, muss immer wieder feststellen, dass dieselbe Handlung je nach Umständen eine völlig andere Wirkung hat. Selbst die »klassische« Form des Liebesverrats, die Zuwendung zu einem anderen Partner, wird nicht von allen Beteiligten als Verrat erlebt. Außenbeziehungen beleben, verlängern, vertiefen, stören oder zerstören die Paargemeinschaft – je nachdem. Die Auswirkungen eines Seitensprungs reichen von einer praktisch vernachlässigbaren Irritation bis zur Erschütterung der Grundfesten des Paarkontraktes. Im lebendigen, schöpferischen Chaos allgegenwärtiger Anziehungen fällt es einem Paar oft schwer, sich darauf zu einigen, was nun eine akzeptable und was eine inakzeptable Außenbeziehung ist. Für viele ist Sexualität die Grenze, die nicht überschritten werden darf. Da gibt allerdings Jürg Willi zu bedenken: »An sich kann eine intensive geistige Verbindung oder persönliche Freundschaft die Exklusivität einer Zweierbeziehung weit mehr gefährden als eine sich auf die Sexualität beschränkende Außenbeziehung.«[3] Manche Paare werden durch einen Treuebruch herausgefordert, sich auf die Essenz der Beziehung zu besinnen.

Auch ein Vertrauensbruch in Geldangelegenheiten kann die Partnerschaft schwer belasten. Einer Gemeinschaft mit getrennten Kassen fehlt ein wichtiges Element der Verbindlichkeit und des gegenseitigen Vertrauens. Die getrennte Kasse verringert vorerst die Reibungsflächen, aber schon junge zusammenlebende Doppelverdiener müssen finanzielle Minimalvereinbarungen über die Beteiligung an gemeinsamen Kosten treffen. Je mehr sich ein Paar auf die Beziehung einlässt, desto stärker wird die Abhängigkeit vom Finanzverhalten des anderen. Geld ist in der Regel eine beschränkte Ressource, mit der der Grundbedarf, aber auch individuelle Ansprüche und Wertvorstellungen befriedigt werden. Die finanziellen Aufwendungen machen die Gewichtungen und die Machtverhältnisse in der Partnerschaft sichtbar. Eine aufwändige Garderobe, die neuesten Errungenschaften der Computertechnologie oder teure Ferien schlucken Geld, und wenn über diese Ausgaben keine Übereinstimmung besteht, wird es spannungsvoll. Früher war es gang und gäbe, dass die finanziell abhängige, über ihre finanziellen Verhältnisse nicht informierte Frau mit einem festen Betrag als Wirtschaftsgeld zurande kommen und oft für größere Ausgaben ihren Mann um zusätzliches Geld bitten musste. Gesellschaftliche Moralvorstellungen, individuelle Verantwortlichkeit und Liebe bestimmten das Ausbeutungspotenzial innerhalb dieser Situation. Aber schon damals war die Spielwiese groß. Der Ernährer wurde bei Laune gehalten, um ihn in spendable Stimmung zu bringen. Sex gegen Geld war in vielen Ehen der unausgesprochene Handel. Die Frau sabotierte den Ehemann unter Umständen mit einem verschwenderischen Umgang mit Geld in seiner Ernährerrolle, während er sie mit seinem Geiz und dem Ausspielen seiner finanziellen Macht auf den Zehenspitzen halten konnte. Eigenes Geld ist auch heute eine der wichtigen Motivationen für die Berufstätigkeit von Frauen. Beide Partner haben Vorstellungen von einem bestimmten Lebensstandard und fühlen sich verraten, wenn sich die finanzielle Realität allzu weit von ihren Hoffnungen entfernt. Heute ist das Verdienstpotenzial von Frauen auch bei Männern ein Faktor bei der Partnerwahl, und viele Männer fühlen sich im Stich gelassen, wenn eine Frau ihren finanziellen Beitrag an die Gemeinschaft verringert, auch wenn das durch Mutterschaft motiviert ist. Partner belügen einander durch falsche Angaben über ihre finanziellen Verhältnisse. So werden vielleicht vor der Ehe aufgenommene Kredite verheimlicht, die dann plötzlich unerwartet das Budget durcheinander bringen. Als Absicherung gegen Ansprüche bei einer Scheidung werden Vermögenswerte nicht deklariert oder Gelder auf einem geheimen Konto angelegt, um eine Trennung finanzieren zu können. Verheimlichte Ausgaben gehen nicht nur an die finanzielle Substanz. Ein finanzieller Vertrauensbruch hat ähnliche Folgen wie sexuelle Untreue und verlangt eine analoge Beziehungsarbeit, um das Vertrauen wieder aufzubauen. Die Folgen finanzieller Unzuverlässigkeit überdauern manchmal die Beziehung, wenn ein liebevoll ausgestattetes Zuhause unter den Hammer gerät, die Ausbildung der Kinder nicht mehr sichergestellt ist oder Schulden über lange Jahre abgezahlt werden müssen. Es gibt gute Gründe, die finanziellen Verhältnisse nicht offen zu legen, und genau diese Gründe sprechen gegen eine Lebensgemeinschaft. Ohne Vertrauen keine Liebe.

Auch das Bloßstellen des Partners vor anderen zehrt an der Vertrauenssubstanz. Das »Wir gegen den Rest der Welt« wird verraten. Wer sich für seine Partnerin geniert, wechselt vom Lager der Verbündeten ins Feindeslager und lässt den anderen im Stich. In einer unvertrauten, gleichgültigen oder gar feindseligen Öffentlichkeit, dann nämlich, wenn unsere eigene Selbstkritik zum Sprung ansetzt, sind wir in besonderem Maße auf das schützende Wohlwollen des Partners angewiesen. Wenn er uns da in den Rücken fällt, sind wir verraten. Es braucht viel Selbstvertrauen, neben einem kritischen Partner entspannt und souverän aufzutreten. In angstvoller Sorge bereitet sich die Ehefrau eines unsicheren Spitzenmanagers auf die Einladung von Geschäftsfreunden vor. Ihr Mann nimmt sie nur noch insofern wahr, als sie seinen Berufszielen nützlich ist. Ihr Wert für ihn hat sich auf ihre Fähigkeit zu repräsentieren reduziert. Mit der Zeit hat sie das so ausgehöhlt, dass sie diesem fremdbestimmten Bild nichts mehr entgegenzusetzen hat. Als Gastgeberin zu bestehen ist die wichtigste Quelle ihres schrumpfenden Selbstvertrauens, und ihre Lebensenergie fließt in den verzweifelten Kampf um ein jugendliches Aussehen und die perfekte Orchestrierung von Einladungen. Mit jeder ihrer Anstrengungen führt sie die Fehlinvestition in eine falsche Richtung fort. Verrat und Selbstverrat engen sie immer mehr auf eine einzige Farbe ihrer Persönlichkeitspalette ein. Drastisch illustriert Birgit Vanderbeke eine Variante dieser Konstellation in ihrem Roman »Das Muschelessen«. Die Tochter schildert die Situation: »… denn wenn meine Mutter gesagt hat, alles habe ich falsch gemacht, oder, alles ist meine Schuld, dann ist es auch meistens so weitergegangen, und hinterher hat sie auch noch gesagt, dass sie alt ist und hässlich und unscheinbar, eine graue Maus, und dass mein Vater mit ihr keinen Staat machen kann, was er aber dringend hat machen müssen, alle Herren haben immer ihre Damen mitgebracht, wenn die Firma Betriebsfeste gemacht hatte, nur mein Vater hat meine Mutter nicht mitbringen können, weil mit ihr kein Staat zu machen war … sie hat auch die Umgangsformen nicht gut gekannt, und mein Vater hat sich einmal fürchterlich für sie schämen müssen, als er sie doch mitgebracht hatte, und gleich, wie es losging, ist meine Mutter gefragt worden, ob sie einen Martini will, und sie hat gesagt, ja gern, und dann ist sie weiter gefragt worden, wie sie diesen Martini denn will, ob sie ihn trocken will, und sie hat gesagt, ich kenne Martini eigentlich eher nass, und mein Vater war total blamiert, dass so ein weltgewandter Mann eine Frau hat, die nicht einmal weiß, was ein trockener Martini ist, hat er hinterher bitter gesagt, müssten die Leute gesagt haben, wir haben zu Hause auch niemals Besuch gehabt, das hätte den günstigen Eindruck, den mein Vater seiner Firma gemacht hat, mit der Tüchtigkeit und dem geselligen Charme, und weil er intelligent dazu war, sofort zerstört …«[4]

Dieser Mann schämt sich für seine Frau und versteckt sie, weil sie seinen gesellschaftlichen Ambitionen schadet. Sie ist die Versagerin, die sich nicht zu benehmen weiß. Er setzt sie unvorbereitet einer Situation aus, der sie nicht gewachsen ist, und verachtet sie dafür. Seine Lieblosigkeit zerstört ihr Selbstvertrauen.

Es gibt Sünden wider den Paargeist, die selbst die Betroffenen nicht richtig begreifen, weil vieles am »Grundkontrakt« nicht ausgesprochen, ja vielleicht nicht einmal voll bewusst ist. Wer zuhört, warum *sie* sich von *ihm* getrennt hat, staunt: Das ist doch kein Trennungsgrund – und es ist auch nicht der Grund. Das Opfer ist selbst erstaunt über den Stich ins Herz, den es bei einem von außen gesehen so geringen Anlass erleidet. Die Reaktion scheint übertrieben zu sein und nicht betroffene Zuschauer können sich erst recht nur wundern. Die engsten Freunde sind bass erstaunt, dass sich ein Musterpaar plötzlich trennt.

Der eigentliche Verrat geschieht oft jenseits des Bewusstseins und entzieht sich der Sprache. Peter von Matt illustriert: »Die Phrase steckt nicht in dem, was der Mann sagt, die Phrase ist sein Schweigen. Als Lautlosigkeit erscheint, was (sonst) tönt und schrillt. Wie dort die Wahrheit zwischen Mann und Frau in falschen Floskeln erstickt, erstickt sie hier im Verschweigen, in einer Verweigerung des Redens, die tut, als gäbe es gar nichts zu sagen. Das falsche Gefühl zur Verhüllung eines anderen Interesses erscheint als die lockere Munterkeit, die keiner weiteren Äußerungen bedarf. [...] Man denkt fast mit Sehnsucht zurück an die Zyniker, über deren eisige Sätze man sich doch so heftig empört hat. Hier wäre die Frau froh um eine einzige offen ausgesprochene Bosheit.«[5] Ob sprachgetarntes Verschweigen oder Verschweigen im Schweigen: Die Sprache dient nicht mehr der Verständigung.

VERSCHWEIGEN

Das Schweigen drückt und unverrückt
steht hart die Wand

Das Schweigen stockt und alles blockt
es und erstickt's

Das Schweigen droht, macht alles tot
was leben möcht

Der Liebesverrat geschieht oft jenseits fassbarer Handlungen. In den »Buddenbrooks« von Thomas Mann sitzt der alternde, um die Fassade seiner Intaktheit kämpfende Thomas Buddenbrook unten am Schreibtisch seines Privatkontors, während seine Frau oben im Salon mit einem Offizier, der im Hause gesellschaftlich verkehrt, musiziert.

Thomas wartete, »bis über ihm […] die Harmonien aufwogten, die unter Singen und Klagen und übermenschlichem Jubel gleichsam mit krampfhaft ausgestreckten, gefalteten Händen empor drangen und nach allen irren und vagen Ekstasen in Schwäche und Schluchzen hinsanken in Nacht und Schweigen. Mochten sie doch rollen und brausen, weinen und jauchzen, einander aufschäumend umschlingen und sich so übernatürlich gebärden, wie sie nur wollten! Das Schlimme, das eigentlich Qualvolle, war die Lautlosigkeit, die dann dort oben im Salon so lange herrschte, und die zu tief und unbelebt war, um nicht Grauen zu erregen. Kein Schritt erschütterte die Decke, kein Stuhl ward gerückt; es war eine unlautere, hinterhältige, schweigende, verschweigende Stille. […] Dann saß Thomas Buddenbrook und ängstigte sich so sehr, dass er manchmal leise ächzte. […] Was fürchtete Thomas Buddenbrook? Nichts … Nichts Nennbares. Ach, hätte er sich gegen etwas Handgreifliches,

Einfaches und Brutales zur Wehr setzen dürfen! Er neidete den Leuten dort draußen die Schlichtheit des Bildes, das sie sich von der Sache machten; aber während er hier saß und, den Kopf in den Händen, qualvoll horchte, wusste er allzu wohl, dass ›Betrug‹ und ›Ehebruch‹ nicht Laute waren, um die singenden und abgründig stillen Dinge beim Namen zu nennen, die sich dort oben begaben.«[6] In die weiten, ihm nicht zugänglichen Räume ihrer Seele hat Thomas Buddenbrooks Frau einen anderen eingeladen. Die beiden begegnen sich in der Musik und erfahren einander dort in einer Weise, die Thomas Buddenbrook ahnt, die aber zwischen ihm und seiner Frau undenkbar wäre. Das, was ihn an ihr anzog, war genau das rätselhaft Fremdartige gewesen, das sie ihm jetzt entzog.

Er kann nur leiden.

Die gegenseitige Verpflichtung, den psychischen Intimraum zu schützen, ist eine Basis des Paarvertrauens, und ein Verrat daran geht ans Eingemachte. Der Intimraum wird gestärkt durch die Diskretion und die Vertrautheit regt die Experimentierfreude an. Es ist wunderbar, mit einem risikobereiten, fantasievollen Du im Garten der Lüste herumzustrolchen. Das Geheimnis eines Paares, die Freuden und Schrecken seines seelischen und körperlichen Intimraums verflüchtigen sich jedoch durch undichte Grenzen gegen außen. Und: Nähe macht verwundbar. Es ist die Begegnung mit der warmen, ungeschützten Haut, die Geborgenheit schenkt. Intimität heißt Rüstungen ablegen. Paare kennen die Schwachstellen des anderen sehr gut – in einer Partnerschaft können auf Dauer keine Fassaden aufrechterhalten werden. Der Nähe des Zusammenlebens hält keine Maske stand. Trotz aller Bemühungen werden eines Tages auch die Schattenseiten sichtbar. Die Unordentliche zieht eine Schleppe herumliegender Dinge hinter sich her, der Unpünktliche macht Verabredungen zu einem Geduldsspiel und die Perfektionistin verbreitet Forderungsdruck. Beschämende Neigungen wie die zum Starrsinn, zu nörgelnden Anschuldigungen, zu hysterischen Verzweiflungsanfällen, zu sarkastischen Entwertungen oder zur hypochondrischen Selbstbeobachtung, bei der jedes Wehwehchen zu lebensbedrohenden Proportionen aufgebauscht wird, sind in besonderem Maße auf die schützende Diskretion des Partners angewiesen. Eine gute Beziehung erträgt gelegentliche Ausrutscher, und man muss sich im privaten Rahmen auch einmal gehen lassen können in der Sicherheit, dass nichts davon nach außen getragen wird.

Eine drastische Variante des Verrats an einem gemeinsamen Geheimnis zeigt Edward Albee in seinem Stück »Wer hat Angst vor Virginia Woolf …?« Ein in Hassliebe verbundenes, aneinander verzweifelndes kinderloses Paar schafft sich in der Fantasie eines gemeinsamen Kindes eine Insel der Zusammengehörigkeit. Das fantasierte Kind ist ein wohlgehütetes Geheimnis. Auf einer alkoholdurchtränkten nächtlichen Party mit einem anderen Paar zerfleischen sich die beiden Protagonisten gegenseitig. Die Frau erniedrigt ihren Mann wegen seiner missglückten Karriere, wirft sich dem anderen Mann an den Hals und verrät das Geheimnis, indem sie den anderen das Fantasiekind als Realität darstellt. Sie bricht damit die Regel der Diskretion, die die beiden zum Schutz ihrer Geheimwelt miteinander vereinbart haben. Ihr Mann rächt sich, indem er das Kind sterben lässt. Grausam erfindet er eine Nachricht vom Tod des Kindes, die er nun seinerseits in die Runde trägt. Seine Frau steht fassungslos weinend vor den Trümmern ihrer gemeinsamen Fiktion. Der doppelte Verrat an ihrer fantasierten Geheimwelt raubt diesem Paar einen Ort der Begegnung und die Möglichkeit eines zärtlichen Trostes für alles Missglückte.

Die Paaressenz verdunstet, wenn die Grenzen des Intimraums durchlässig werden.

Eine wichtige Variante ehelichen Verrats zeigt Peter von Matt auf:

»Die Ehe erstarren zu lassen, ist der tatsächliche Ehebruch. Es gibt einen strukturellen Verrat innerhalb der Ehe. Und so kann es dann geschehen, dass der konventionelle Ehebruch des Mannes seiner verlassenen Frau jene Wandlung ermöglicht, welche die konventionelle Treue unmöglich gemacht hat.« Und er fährt fort: »Hier wird Treue definiert als Arbeit an der Wandlungsfähigkeit des Partners. Insofern ist sie wieder ein Gebot, eine Pflicht, eine klare sittliche Norm. Liebesverrat ist nicht der Beischlaf außer Haus, auch nicht das Fortlaufen und Sitzenlassen, sondern die praktizierte Blockierung der natürlichen Veränderbarkeit des Partners, die lautlose Verhinderung, dass aus dem Menschen, mit dem man lebt, von Zeit zu Zeit ein neues Wesen wird.«[7]

Eine liebevolle Vision vom anderen hilft diesem, in sein Potenzial hineinzuwachsen. Die engagierte Aufmerksamkeit spürt die Knospen auf und bringt sie zum Blühen. Umgekehrt erfriert das Wachstumspotenzial in der Kälte der Gleichgültigkeit. Es besteht die Gefahr, dass das Bild des anderen mit der Zeit erstarrt. Der wirkliche, lebendige Mensch verschwindet hinter dem Bild, das sich festgesetzt hat, und eine Veränderung wirkt nur noch als Störung. Eine Klientin berichtet resigniert: »Ich hätte seine Unterstützung gebraucht. Ursprünglich war er mit meiner Weiterbildung einverstanden und hat sich bereit erklärt, während der Ausbildungsmodule am Wochenende unseren Sohn zu übernehmen. Aber dann kam ihm immer etwas dazwischen und ich musste oft in Feuerwehrübungen Ersatz für ihn organisieren. Da unser Sohn noch klein ist und ich ihn nicht irgendwem anvertrauen will, war das schwierig. Weil ich natürlich neben dem Unterricht auch noch Zeit für die Aufgaben brauchte, mussten wir bei gemeinsamen Aktivitäten zurückstecken. Mein Mann wurde immer unzufriedener. Er interessierte sich überhaupt nicht für das, was ich lernte, und machte oft ironische Bemerkungen, wenn ich ihm etwas erzählen wollte. Meine Arbeit konnte ich auch nicht aufgeben, weil wir das Geld brauchten. Ich kam immer mehr unter Stress und wurde immer wieder krank. Schließlich wuchs mir das Ganze über den Kopf, da habe ich aufgegeben. Ich mache mir Vorwürfe, dass ich nicht durchgehalten habe, ich bereue es wirklich, aber ich schaffte es einfach nicht mehr. Nun werde ich wohl auf meiner Stelle sitzen bleiben.«

Eine persönliche Entwicklung, die vom Partner nicht mitgetragen wird, ist gefährdet. Wenn die Treue zu sich selbst mit der Treue dem Partner gegenüber in Konflikt gerät, muss genau hingeschaut werden. Einem bequemen, fantasielosen oder eigensüchtigen Partner einen Lebenstraum zu opfern, ist eine Wahl, die auf lange Sicht die Partnerschaft schwächt. Wer vom Allernächsten in das Gefängnis eines unpassenden oder einengenden Bildes gesteckt wird, kann nur erlöschen oder ausbrechen. Den anderen mit gewohnheitsstumpfen oder gar hassverseuchten Augen zu übersehen, blind werden für sein Potenzial: Das ist der Liebesverrat. Max Frisch formuliert das so: »Unsere Meinung, dass wir das andere kennen, ist das Ende der Liebe, jedes Mal, aber Ursache und Wirkung liegen vielleicht anders, als wir anzunehmen versucht sind – nicht weil wir das andere kennen, geht unsere Liebe zu Ende, sondern umgekehrt: weil unsere Liebe zu Ende geht, weil ihre Kraft sich erschöpft hat, darum ist der Mensch fertig für uns. Er muss es sein. Wir können nicht mehr! Wir kündigen ihm die Bereitschaft, auf weitere Verwandlungen einzugehen. Wir verweigern ihm den Anspruch alles Lebendigen, das unfassbar bleibt, und zugleich sind wir verwundert und enttäuscht, dass unser Verhältnis nicht mehr lebendig sei.«[8]

Wir haben Mühe zu unterscheiden, ob der Andere uns freiwillig verlassen hat, oder ob er durch die Umstände dazu gezwungen wurde. Der Schmerz des Verlassenseins spült Differenzierungen mit sich fort und so können Krankheit und Tod eines Partners durchaus als Verrat erlebt werden. Die Vernunft kommt nicht immer gegen die irrationale Enttäuschung auf. Wenn eine Krankheit die Qualität der Beziehung und der Präsenz des anderen verändert, mischt sich in die Sorge manchmal eine Irritation, die mehr ist als eine Reaktion auf die zusätzliche Belastung: Wie kann der andere es wagen, nicht mehr er selbst zu sein? Wie kann er mich so im Stich lassen? Das führt gerade auch bei älteren Paaren zu tragischen Situationen. Der kranke Partner ist mit den Ansprüchen, denen er nicht mehr genügen kann, überfordert, und die Enttäuschung über sein »Versagen« belastet die Situation zusätzlich.

Eine Tochter erzählt: »Meine Mutter war nach einem Oberschenkelhalsbruch gehbehindert. Mein Vater besorgte den Haushalt und trug sie auf Händen. In ihrer Angst vor der eigenen Hilflosigkeit wurde sie immer fordernder und versuchte, wenigstens etwas unter Kontrolle zu behalten: meinen Vater. Als er krank wurde, weckte das bei ihr nicht etwa das Gefühl der Fürsorglichkeit; im Gegenteil: ihre Ansprüche wuchsen noch mehr, als hätte sie sich beweisen müssen, dass er immer noch stark genug war, sie zu erfüllen. Ihre Panik, mit ihm ihren Schutz gegen die Welt zu verlieren, machte sie blind für seine Bedürftigkeit, und sie reagierte auf sein Schwächerwerden wie auf einen Verrat. Mit seinem Tod erlosch ihr Lebenswille, und sie starb kurze Zeit nach ihm.«

Der Liebesverrat lässt sich durchaus nicht immer mit einem Beziehungszerfall erklären. Der Einbruch des Unerwarteten in eine geordnete, etablierte und befriedigende Beziehung geschieht manchmal völlig unerklärlich. Irrational, gefährlich und wunderbar bricht sich der Urhunger nach Leben seine Bahn. Sich verlieben, lieben, leben! Eine neue Begegnung elektrisiert, bringt alles in Bewegung und wischt das Gewesene zur Seite. Die Gewalt des Eros katapultiert die Ergriffenen aus allen Bindungen hinaus ins Überwältigende. Und wo bleibt die Moral? Auf der Strecke, wo sie meist später wieder abgeholt werden muss, denn auch die neue Zugehörigkeit schafft ihre Verpflichtungen, und der Umgang mit Altlasten erfordert moralisches Fingerspitzengefühl.

Alles gerät aus den Fugen

UNCOOL

Herz, Schmerz, Scherz.
Aber es ist keiner.
Es tut weh.

Der Liebesverrat sprengt die Kapsel der Geborgenheit. Er hebt die gemeinsame Welt aus den Angeln, mehr noch: die ganze Welt. Die Erschütterung greift über die Beziehung hinaus. Die Grundannahmen über das Leben geraten ins Wanken. Angriffe aus der Nähe attackieren die Basis und zwingen zu einer Neubewertung zentraler Erwartungen und Voraussetzungen. Die eigene Liebesfähigkeit und Liebenswürdigkeit steht in Frage, das tragende Gefühl, in einer ordentlichen Welt in Ordnung zu sein, weicht dem Chaos heftiger, unbeherrschbarer Emotionen. Die angenehme Überzeugung, dass alles mit rechten Dingen zugeht, löst sich auf. Das Vertrauen in einen Partner ist zugleich das Vertrauen ins Leben. Der Liebesverrat lässt die heile Welt auseinander brechen. Er erzwingt die Einsicht, dass Menschen einander schaden, ungeachtet der Versprechungen, die sie einander gegeben haben, und dass das Unglück einfach zuschlägt – auf eine nicht vorhersehbare, unkontrollierbare Weise. Aus dem Liebling der Götter wird eine Zielscheibe der Dämonen; die Frage, was vom Schicksal zu erwarten ist, stellt sich neu.

Vom Geliebten angegriffen, verlassen oder betrogen zu werden, verunsichert im Kern. Der Liebesverrat beweist, dass wir nicht einmal den Menschen, der uns am nächsten steht, kennen, dass wir nicht einmal wissen, was von ihm zu erwarten ist. Damit schwindet auch der Glaube an die Loyalität von Freunden oder die Liebe von Kindern und Eltern. »Wem kann ich vertrauen, wenn nicht der Frau, die ich jede Nacht in den Armen hielt und die ich in- und auswendig zu kennen glaubte? Mit der Beziehung zu ihr stürzte alles zusammen«, sagt ein Mann, den seine Frau verlassen hat. Die eigene Menschenkenntnis hat versagt, sonst hätte man sich nicht einem Verräter hingegeben. Der Liebesverlust trifft ins Mark. Die eigene Intelligenz, die Urteilskraft, die Begabungen und Werte sind in Frage gestellt. Wie kann man sich liebenswert finden, wenn der wichtigste Mensch auf der Welt sich abwendet? Das Opfer des Verrats erlebt sich als klein und ohnmächtig, schwach und bedeutungslos. Oberflächliche Kränkungen tangieren die Eitelkeit. Wer bei einer Beförderung übersehen, bei einer Einladung nicht berücksichtigt, bei einem öffentlichen Anlass ignoriert wird oder einen gedankenlosen Kommentar über die eigene Arbeit zu hören bekommt, mag sich ärgern, aber derartige Irritationen sind vergleichsweise leicht zu verschmerzen. Der Liebesverrat hingegen verletzt im Zentrum.

»Es ist grauenhaft. Ich realisiere erst jetzt, wie sehr er für mich das Maß aller Dinge war. Ich habe nur für ihn gelebt. Eigentlich habe ich mit allem, was ich unternommen habe, um seine Anerkennung geworben. Er war das Publikum all meiner Handlungen. Die Sucht nach seinem anerkennenden Blick war mein Motor. Wenn wir es gut hatten miteinander, war alles gut. Innere Trennungen von ihm habe ich überhaupt nicht ausgehalten. Deshalb musste ich Spannungen zwischen uns sofort ausräumen. Ohne ihn gibt es mich nicht mehr«, klagt eine Frau.

Die Sprengkraft des Liebesverrats jagt alle Konventionen in die Luft. Die klaffende Wunde des Liebesverrats bringt neue, befremdende Verhaltensweisen ans Licht. Desorientiert stolpert man durch die Trümmer und kennt sich selbst nicht mehr. Die Eckpfeiler der Existenz versinken im Schlamm einer verzweifelten Verwirrung und das ganze subtile Geflecht gegenseitiger Steuerungen, Verpflichtungen und Freuden mit ihnen. Der Sturz in den Strudel von Hoffen und Bangen, Liebe und Hass, Sehnsucht und Wut ist schwer auszuhalten. Denn der Verrat aus der Nähe vernichtet die Liebe nicht – zumindest nicht gleich. Um den Angriff eines deklarierten Feindes aufzufangen, braucht es Standfestigkeit. Der Angriff durch Nahestehende hingegen zieht den Boden unter den Füßen weg; der freie Sturz in die Leere setzt alles Bisherige außer Kraft. Der saubere Hass auf den bösen Feind von außen ist viel einfacher auszuhalten als der Sturm gegensätzlicher Gefühle, den eine Verletzung aus der Nähe auslöst. Die schlimmsten Wunden werden nicht in der feindlichen Außenwelt zugefügt, sondern im trauten Heim, und der gefährlichste Angreifer ist nicht der Fremde nachts im Parkhaus, sondern es sind Ehepartner, Kinder, Eltern und Freunde, denen wir uns vertrauensvoll geöffnet haben und denen wir deshalb schutzlos ausgeliefert sind. Wo einmal Liebe im Spiel war, sind die Spitzen der verletzenden Pfeile in das Gift des Vertrauensbruchs getaucht. Wut und Abscheu vermischen sich mit Sehnsucht und Verlustangst zu einem verwirrenden, spannungsvollen und schmerzhaften Gebräu.

Herumgeworfen von widersprüchlichen Gefühlen weiß man nicht mehr, was oben und was unten ist. Der Verräter hat kein würdiges Gegenüber, sondern ein kreischendes Bündel Schmerz.

»Ich habe nicht nur ihn verloren, sondern, was viel schlimmer war, auch mich selber. Der Schock hat etwas aus mir herausgeholt, von dem ich nicht wusste, dass es da ist. Es ist mir immer noch unerträglich, daran zurückzudenken, wie ich mich benommen habe. Der eigentliche Verlust war der Verlust meiner Würde«, sagt eine Frau.

Die ursprüngliche Verletzung wird mit der Scham über eigene Extremreaktionen gepfeffert. Ein Trennungsopfer gesteht: »Ich darf nicht daran denken, wie ich mich vor ihr im Staub gewälzt habe. Ich hielt den Gedanken, sie verloren zu haben, einfach nicht aus, nur schon körperlich nicht. Meine Rückenschmerzen peinigten mich, mein Hirn drückte gegen meinen Schädel. Die einzige Linderung in dieser Hölle waren die kurzen Momente der Hoffnung, wie sie manchmal in unseren Marathongesprächen aufglänzten. Es ist mir grauenhaft peinlich, mich an mein Schluchzen, meine Selbstmorddrohungen und mein Betteln zu erinnern.«

Eine liebenswürdige und umgängliche Frau sagt: »Ich bin wirklich froh, dass ich damals keine Pistole gehabt habe. Ich war außer mir über seine Affäre, und der Schmerz darüber hämmerte Tag und Nacht in meinem Körper. Eine Explosion schien die einzige Möglichkeit, die Tortur zu beenden. Es erleichterte mich, mir vorzustellen, mit vorgehaltener Pistole in ihr Liebesnest einzudringen und sie in Angst und Schrecken zu versetzen. Ich hätte zur Mörderin werden können. Ich weiß nun, dass diese Möglichkeit in mir liegt.«

Das Verhalten im ersten rohen Schmerz unmittelbar nach dem Verrat hat so viele Formen wie Verwundete. Der

Schmerz ist so unerträglich, dass zu seiner Beendigung alle Hebel in Bewegung gesetzt werden. »Ich habe ihr verboten, den Typen jemals wiederzusehen – und sie hat mir einfach gesagt, dass sie mir das nicht versprechen könne. Ich kenne sie nicht mehr. Sie hintergeht mich, blamiert mich vor allen und hat die Frechheit, sich nicht einmal zu schämen. Ich bin dann einfach ausgerastet und habe den Tisch mitsamt dem ganzen Frühstück umgekippt«, sagt ein betrogener Ehemann. Es ist hart, sich einzugestehen, dass man in der Verzweiflung unter das eigene Niveau gegangen ist.

»Plötzlich schaute ich mir zu, wie ich an ihrem Computer saß und in ihrer E-Mail-Ablage herumklickte. Natürlich war alles da, weil eine derartige Schnüffelei so gar nicht zu mir passt, und deshalb hatte sie auch nichts gelöscht. Was ich ihr nicht verzeihen kann, ist das, was sie aus mir gemacht hat«, sagt ein Mann im ersten Schmerz eines jähen Verlustes.

Die nächste Verzweiflungswelle nach dem ersten Schock wird ausgelöst, wenn klar wird, dass die bisher gültige Beziehungssteuerung nicht mehr greift. Der Verrat setzt die Paarsprache mit ihren vertrauten Gesten, Handlungen und Worten außer Kraft.

»Wir haben immer mit verschränkten Beinen geschlafen, und ich kann anders gar nicht schlafen. Jetzt stellt sie bei jeder auch nur zufälligen Berührung die Stacheln auf, und ich musste ins Gästebett flüchten, um auch nur eine entfernte Chance auf Schlaf zu haben«, erzählt ein Mann. Das ganze subtile Gleichgewicht von Nähe und Distanz, von Zuwendung und Abgrenzung und von Geben und Nehmen ist aufgehoben.

Eine andere Trennung wird so geschildert: »Ich habe zuerst versucht, die Sache ruhig zu nehmen, ihn nicht zu bedrängen und für ihn da zu sein wie immer. Er sollte meine Liebe spüren und sich bei mir wohlfühlen. Wir haben eine lange und gute gemeinsame Geschichte und es schien mir das Beste zu sein, ohne Aufhebens zu warten, bis er wieder bei sich ist. Ich dachte, er habe einfach den Kopf verloren und würde von selber wieder vernünftig werden. Das ging über mehrere Monate so, und es fiel mir immer schwerer, seine schlecht entschuldigten Abwesenheiten und seine Zerstreutheit, wenn er einmal da war, auszuhalten. Eines Abends sagte er wieder einmal, er müsse nochmals ins Büro und es könne spät werden. Das war der Tropfen, der das Fass zum Überlaufen brachte. Ich hatte plötzlich absolut genug vom ewigen Zwang zur Selbstbeherrschung, von all den oberflächlichen Gesprächen und dem pseudoentspannten zivilisierten Ton zwischen uns, genug von der ganzen Lügerei. Ich habe meine Beherrschung verloren und ihn angeschrien, wenn er jetzt gehe, müsse er nicht mehr zurückkommen. Aber das Schlimmste kommt erst: Er, der Vater unserer Kinder, er, auf den man im Ernstfall immer zählen konnte, hat mich in diesem Moment im Stich gelassen und von da an immer mehr. Er sagte kühl, ich solle mich zusammennehmen, und verschwand. Ich versuchte später, mit ihm zu sprechen. Aber die Verbindung zwischen uns war abgebrochen, als wenn es sie nie gegeben hätte. Nicht, dass er das Gespräch verweigert hätte. Das wäre erträglicher gewesen. Er war da, aber nicht mehr erreichbar. Ich wartete noch eine Zeitlang vor seiner verschlossenen Tür und habe dann schließlich aufgegeben. Gestern wurden wir geschieden. Was die Scheidung angeht, ist er sehr anständig gewesen mit mir – wenn man davon absieht, dass alles sinnlos geworden ist«, sagt eine schlecht ausgebildete Familienfrau, die von ihrem Mann zu einem Neubeginn gezwungen wurde.

In der Hölle der Lieblosigkeit – der Dauerverrat

LEBENSLÜGE

Die Seelenfenster sind trüb geworden.
Die Lebenslüge duldet kein Licht.
Unter dem Teppich des Selbstbetrugs
vermodert die Wahrheit.
Gefangen in der Sicherheit des vertrauten Elends
welkt der Mut zur Einsicht.

Ein Liebesverrat muss nicht zur Trennung führen. Manche Beziehungen schleppen sich jahre- und jahrzehntelang durch Kälte und Hass. Oft ist es der Funken Hoffnung auf eine Wiedererwärmung, der eine Trennung verhindert. Vielleicht konstelliert sich auch eine in der Kindheit gewonnene Überzeugung, nicht liebenswert zu sein, aufs Neue. Es ist nichts anderes vom Leben zu erwarten als Lieblosigkeit. Oder die negative Veränderung, das Schwinden der Aufmerksamkeit und des gegenseitigen Wohlwollens geschieht so graduell, so unmerklich, dass man sich daran gewöhnt und den Punkt des Ausstiegs verpasst. Zwar erstickt Resignation die Seele, aber das Ungute ist nirgends festzumachen. Die fassbare, eindeutige Ursache für das langsame Sterben fehlt und damit ein klarer Trennungsimpuls.

Ein einmaliger Verrat lässt sich verkraften. Oft aber folgen dem ersten Verrat weitere, bis das Gift des Dauerverrats schließlich Wirkung zeigt. Beverly Flanigan[9] unterscheidet drei Verläufe einer Verletzung aus der Nähe:
1. Beide Beteiligten sind sich einig, dass eine Verletzung der Beziehungsprinzipien stattgefunden hat. Beide, insbesondere der Verletzende, fühlen sich schlecht. Beide halten ihre Beziehungsprinzipien, die sie miteinander entwickelt

haben, nach wie vor für richtig. Reue, Verzeihen und Versöhnen schaffen der Liebe zwischen beiden wieder mehr Raum und vertiefen sie vielleicht sogar.
2. Die Folgen des Verrats führen zum Bruch der Beziehung. Die Trennung schafft eine klare Ausgangslage.
3. Von außen gesehen geschieht ein Versöhnungsprozess. In Tat und Wahrheit aber ist es nur einem Partner ernst mit den alten Beziehungsprinzipien, während der andere heimlich beschlossen hat, diese Regeln nicht mehr einzuhalten. Die Frau, die nach einem Seitensprung Treue verspricht und im Versteckten neue Affären eingeht, wäre ein Beispiel dafür. Oft ist die Veränderung subtiler: Ein Partner lockert das innere Engagement für die Beziehung, während der andere wieder voll dabei ist. Die Moralgeschichte eines Paares gabelt sich an diesem Punkt in zwei Richtungen: die von einem Partner gelebte und gefühlte offizielle Version und den heimlichen Verrat des anderen, der aber vorgibt, die Regeln zu befolgen. Lügen und Verheimlichungen höhlen das Vertrauen zwischen den Partnern aus, eine offene Kommunikation wird immer unmöglicher. Der erste Verrat konnte nicht aufgefangen werden, weil ihm weitere folgten, was schließlich in einer Zerstörung des Grundvertrauens endet. Es ist nicht die ursprüngliche eine Lüge, die das Ganze so schlimm macht, sondern das, was durch dauerndes Hintergehen mit den Werten des Paares geschieht. Der ursprüngliche Verrat ist der erste Dominostein, der fällt. Dann stürzt die ganze Reihe weiterer Gemeinsamkeiten um, bis schließlich kein Vertrauen mehr da ist. Intimität geht verloren, oder, was noch schlimmer ist, wird vorgespielt. Die gegenseitige gefühlsmäßige Unterstützung schwindet. Vielleicht hält das Paar unter Vorspiegelung falscher Tatsachen an alten Routinen und Gesten fest, aber ein essenzielles Element zwischen ihnen, das Vertrauen, ist abhanden gekommen. Ein

langer Aufenthalt im Ungeklärten wirkt sich verheerend aus.

Der Dauerverrat löst mit der Zeit die moralischen Paarregeln auf, negative Gefühle setzen sich ungehindert in beziehungsfeindliche Handlungen um. So bietet sich das erlittene Unrecht dem Opfer als Freipass für Regelverletzungen von seiner Seite an. Zurückschlagen scheint berechtigt. Böses ist gleichsam ansteckend. Misstrauen, Neid, Schadenfreude und Rachsucht machen sich breit. Im Windschatten der bösen Tat des anderen wuchert das Unkraut eigener liebloser Verhaltensweisen. Die wesentliche Schädigung ist häufig nicht der ursprüngliche Angriff, sondern vielmehr der Hemmungsverlust des Opfers und die daraus folgenden Untaten. Das Opfer lässt seinerseits die Rücksichtnahme fahren.

Bei gutem Einvernehmen hält das Gleichgewicht von Geben und Nehmen gemeinschaftsfeindliche Tendenzen in Schach. Der Verrat erschüttert den Damm, der im Normalfall zurückhält, was die Beziehung gefährdet, und die giftige Brühe überschwemmt die Beziehungslandschaft. Zivilisierte Umgangsformen, Anstand und Respekt können verloren gehen. Die Bereitschaft, auf den anderen einzugehen, schwindet, und Gespräche, sofern sie überhaupt stattfinden, werden zu einem frustrierenden Leerlauf. Ein Mann sagt: »Es war Sisyphus im Quadrat. Die Diskussionen mit ihr erledigten mich völlig. Sie stritt vehement alles ab, und wenn sie sich meiner Beweisführung nicht mehr entziehen konnte, wurde sie wütend. Ich war entweder im Unrecht oder so bedrohlich, dass es erst recht nicht zu einem sachlichen Gespräch kommen konnte. Wenn es mir ganz selten einmal gelang, ihr etwas klarzumachen, was sie eigentlich nicht wissen wollte, hatte sie es am nächsten Tag vergessen. Abmachungen, die ich in mühsamster Gesprächsarbeit schließlich erreichte, wurden nicht eingehalten, und wehe wenn ich es wagte, sie daran zu erinnern. Mit der Zeit gab ich meine Versuche, bei ihr etwas zu erreichen, auf, und damit hörte sie auf, für mich eine ernstzunehmende Partnerin zu sein.«

Manchmal sind die Folgen eines stillen Entschlusses, sich nach wiederholten unbereinigten Regelverletzungen unverwundbar zu machen, diskret, aber verheerend. Der »Sünder« wird innerlich ausgesperrt, Aufmerksamkeit und Zuwendung erlöschen. Die Entzweiung erschwert die gegenseitige Einfühlung. Der innere Seismograph ist ausgeschaltet. Der andere zieht nun alle negativen Projektionen an und wird nur noch als Täter wahrgenommen. Stete Vernachlässigung ist eine Tortur: »Es war die diskrete Hölle. Wir stritten nicht und lebten in oberflächlicher Freundlichkeit nebeneinander her, aber ich wusste, dass ich für sie eigentlich nicht mehr existierte. Ihr Blick war abwesend und in Gesellschaft zählten nur die anderen. Ich hörte auf, mit ihr über meine Pläne zu sprechen, weil ich ihre geistesabwesende Anteilnahme nicht mehr ertrug«, erzählt ein Mann. Wo vorher in subtiler Balance von gegenseitiger Zuwendung und Abgrenzung eine lebendige Beziehung vibrierte, erdrückt nun die Last des Dauerverrats jede Schwingung. Eine differenzierte Beziehungslandschaft verwandelt sich in Ödland.

Der Dauerverrat weckt die eigenen Schattenseiten und erzwingt unangenehme Selbsteinsichten. Er ist eine unerwünschte Gelegenheit, sich besser kennen zu lernen. Eine Frau findet es schwierig, ihre Selbstentwertung anzuschauen: »Was ich mir schwer verzeihen kann, ist die Unterwürfigkeit, mit der ich alles geschluckt habe, wirklich wie ein triefäugiger Spaniel, der getreten wird und dann schwanzwedelnd auf dem Bauch ankriecht und die Hand leckt, die ihn geschlagen hat. Ich machte jeden Morgen einen dreifachen Rückwärtssalto durch den Feuerreif seiner unausgesprochenen Forderungen, immer bestrebt, meinerseits nicht zu viel zu fordern, um ihm zu beweisen, dass ich keine lästige, d. h. keine selbstbewusste Frau bin. Wie schnell und gründlich er das begriffen hat, sehe ich erst im Nachhinein. Ich glaubte natürlich, ihm mit meinen Anpassungsvorleistungen seine Bindungsangst zu nehmen. Was ich erreichte, war die Beziehungsregel, dass alles, was nicht vollständig nach seinen Wünschen lief, einen untolerierbaren Eingriff in seine Freiheit darstellte. Wenn ich mir heute meinen vorauseilenden Gehorsam und all den Verzicht auf Grundlegendes wie ein gemeinsames Kind vor Augen halte, dann schäme ich mich ganz einfach.« Ähnlich traurig klingt es hier: »Es macht mich fertig, wie ängstlich und mutlos ich war! Ja, ich wollte auf Nummer sicher gehen und scheute vor jedem Risiko zurück. Ich habe mich noch an sie geklammert, als sie mich längst wie Luft behandelte und mich kaum mehr beachtete. Ich wollte das bisschen Sicherheit und Vertrautheit, das trotz allem noch da war, um keinen Preis verlieren. Und der Preis war hoch: Ich war ständig gedrückter Stimmung und immerzu krank. Meine depressive Stimmung wirkte sich auch auf meine Berufstätigkeit aus. Mir war einfach alles zu viel. Ich war nur noch müde. So habe ich Jahre meines Lebens eigentlich verschwendet, nur um meine Frau am Ende doch noch zu verlieren.«

Es ist hart, sich mit der eigenen Abhängigkeit vom anderen, mit dem eigenen Selbstverrat zu konfrontieren. Eine Frau sagt: »Er hat mich zu einem eiskalten Roboter gemacht. ›Dienst nach Vorschrift‹ war mein inneres Motto für die Ehe. Ich gab ihm zu spüren, wie es ist, nicht zur Kenntnis genommen zu werden. Nachdem alle meine Anstrengungen, über uns zu sprechen und die Situation zu verbessern, als Nörgeleien abgetan wurden, habe ich aufgegeben. Ich fühlte mich nicht mehr zuständig. Er musste selber schauen, wie er zurechtkommt. Meine Zeit als Gratishaushälterin war abgelaufen. Seine ständigen körperlichen Beschwerden nahm ich mit

grimmiger Befriedigung zur Kenntnis. Wer nicht hören will, soll fühlen. Wenn ich mir jetzt vor Augen halte, wie grausam ich damals gewesen bin, muss ich mich wirklich zwingen, hinzuschauen. Ich bin entsetzt über mich, aber so ist es nun einmal. Und er hat mich auch so erlebt. Er hat meine dunklen Seiten aus mir herausgeholt und ist Zeuge davon.«
Oftmals begleitet Reue die verspäteten Einsichten. So sagt ein nachdenklicher Mann: »Ich brauchte lange, bis ich mir eingestehen konnte, dass es letztlich nicht ihre Affäre war, die unsere Beziehung zerstört hat, sondern mein darauf folgender Rückzug, der über die Jahre immer mehr zur schlechten Gewohnheit wurde, bis zwischen uns jede Lebendigkeit erloschen war. Ich bin mir selbst fremd geworden in meiner Gleichgültigkeit und meiner hämischen Freude am langsamen Erkalten ihrer Affäre und ihrem Leiden. Ich genoss es, ihr überlegen zu sein, verachtete sie innerlich und ließ mich nicht mehr verletzen. Ich schaute schadenfroh zu, wie sie sich in Situationen verhedderte, vor denen ich sie hätte bewahren können. Vorher hatte ich nur dafür gelebt, sie zu verwöhnen und sie strahlen zu sehen. Ich hielt mich für einen liebevollen Mann. Sie hat mir das alles genommen. Ein Hass, den ich vorher nicht gekannt hatte, füllte mich vollständig aus. Ich habe jede Unschuld verloren.«
Der Beziehungszerfall macht lieblos und führt rundherum zum Verrat an allem, was wesentlich ist.

DANEBEN

Hier verschweigen, aber dort munter plaudern.
Hier nicht spüren, aber dort Betroffenheit markieren.
Hier verweigern, aber dort die große Geste machen.
Lügenlächeln.
Besänftigungssex.
Danebenleben.

Der Dauerverrat spült destruktive Verhaltensvarianten an die Oberfläche. Zurückschlagen ist menschlich, kann sich aber bei Paaren, die nach einer unbereinigten Verletzung zusammenbleiben, zu einem Dauerkrieg ausweiten, einem Krieg, in dem es nur Verlierer gibt, der beiden den Lebenssaft absaugt und sie in die schlimmstmögliche Variante ihrer selbst verwandelt. Das Leiden am anderen vertieft sich mit der Wiederholung der Verletzungs-, Bereinigungs- und Versöhnungsschlaufen. Der Rückfall in die alten Verhaltensmuster nach einem aufrichtigen Versöhnungsprozess zehrt an der Beziehungssubstanz. Mit jeder missglückten Versöhnung schwindet Hoffnung. Der Verrat an der Versöhnung erodiert das Vertrauen in die Beziehung. Mit der Zeit wird die Humusschicht zu dünn, als dass die Hoffnung wirklich Wurzeln fassen könnte. Die ursprüngliche Verletzung ist eine Bagatelle, verglichen mit dem Schaden, der durch den durch sie ausgelösten Prozess angerichtet wird. Der Dauerverrat kann tiefgreifende und dauernde Persönlichkeitsveränderungen nach sich ziehen. Der Prinz wird zum Frosch und die Prinzessin zum jüngsten Gericht.

Tanz der Vampire

Wenn es unfair zugeht, wenn zuvor liebevoll Gehegtes achtlos zertrampelt und durch den Schmutz gezogen wird, wenn alle Bemühungen nichts fruchten und alles aus den Fugen gerät, dann verdichten sich Machtlosigkeit und Wut zum Hass. Hass »ist der Versuch, durch die Vernichtung des Anderen in seinem Anderssein die eigene Bedürftigkeit nicht erleben zu müssen und damit auslöschen zu können in der Vorstellung, dann in sich vollkommen und unabhängig zu sein. Hass baut die Illusion auf, dass man selbst ganz heil und ganz ist.«[10] Wir klammern uns an den Hass, weil wir glauben, dass er uns stark macht. Er isoliert uns aber auch von der Trauer. Menschen halten hartnäckig am Hass fest, weil sie spüren, dass unter dem Hass der Schmerz und die Schwächung verborgen liegen, die sie lieber nicht wahrhaben wollen.

Der Hass schneidet im Extremfall jede Verbindung zum Guten im Partner ab. In friedlichen Zeiten entschuldigen wir seine Schwächen und versuchen, seine Fehler möglichst zu übersehen. Im Gegensatz dazu rückt nun das grelle Schlaglicht des Hasses alles ins Negative. Der Mann, der seine Geschichten gerne mit spannungssteigernden Pointen ausschmückte, ist nun ein abgefeimter Lügner. Die charmante Glamourfrau, die unterhaltsam und anregend nach Bestätigung suchte, wandelt sich in den Augen des Enttäuschten zur billigen Hysterikerin. Die gut organisierte, ordentliche Berufsfrau wird zur zickenden Pedantin und der sichere, verantwortungsbewusste Partner zum Kontrollfreak. Die andere Seite der Medaille liegt plötzlich oben. In diesem Stadium ist aus der Mördergrube kein Herz zu machen.

Die Wut hingegen hat wesentlich positivere Seiten als der Hass und ist ein großer Transformator. Wenn die Grenze des Tolerierbaren überschritten ist, passiert etwas. Nach dem Motto »Bis hierher und nicht weiter!« wehrt sich die verletzte Integrität. Das ist durchaus ein positives Zeichen von Selbstrespekt. Wer einfach duldet, unfair behandelt zu werden, schwächt sich. Wut durchbricht das Gefühl der Ohnmacht und des Ausgeliefertseins an das Unberechenbare. Sie stellt eine Veränderungsenergie bereit, die nicht durch Verdrängung verloren gehen sollte. Wut hilft, die Angst zu überwinden und die Wände des Kerkers einzuschlagen. Die Wut jagt die schwarze Seite der Wahrheit ins Tageslicht, und man hört sich Dinge sagen, die erschrecken. Die Wut schwemmt alle Kompromisse mit sich fort, sie schafft aber auch reinen

Tisch für einen Neubeginn. Wut ist ein Energieschub in Richtung Veränderung. Sie reißt die glatte Oberfläche eines Lebensarrangements auf, pflügt sie um und bereitet den Boden für eine neue Saat.

Rache entspringt dem archaischen Wunsch, zurückzuschlagen, um das durch die Regelverletzung gestörte Gleichgewicht wieder herzustellen. Die Rache ahndet die verletzte Ordnung. Die Empörung über eine Regelverletzung hat durchaus eine nützliche soziale Funktion: Sie wehrt sich für die Verbindlichkeit dessen, was mit Fug und Recht zu erwarten ist. Rache hängt auch mit dem Glauben an den gerechten Verlauf der Dinge zusammen: Regelbrecher müssen, sollen und dürfen bestraft werden, sonst nimmt das Unrecht überhand. Während Verletzungen, die das Gefühl der Gleichwertigkeit mit dem Angreifer nicht gefährden, integrierbar sind, rufen Verwundungen, die dieses Gleichgewicht verletzen, nach Rache. »Das Erlittene hat nicht nur Schmerz und Leiden, sondern auch ein Gefühl des Ausgeliefertseins, der Schwäche und der Minderwertigkeit aufkommen lassen. Rache üben heißt dann vor allem, die eigene Selbstachtung wiederherzustellen, den Verlust auszugleichen, Stärke, Macht, Energie zurückzugewinnen, das Gefühl wiederzuerlangen, etwas bewirken zu können, nicht ausgeliefert zu sein.«[11]

Rache ist süß, weil sie den ersten Wundschmerz lindert. Jeder möchte anfänglich der Qual der Verletzung durch Zurückschlagen für eine Sekunde entrinnen. Der Gedanke an Rache ist wie ein Notventil, das den Druck der Verzweiflung senkt. Rachephantasien bieten der gestauten Wut eine Abflussmöglichkeit. Sich im ersten Schmerz vom Täter abzuwenden, sich zu verweigern und ihm die Unterstützung zu entziehen, dient nicht nur dem Selbstschutz, sondern enthält oft mehr als nur ein Quäntchen Rache. Rache kann das Beziehungsfeld so verändern, dass Versöhnung möglich wird. Die durch die Regelverletzung hervorgerufene Wut braucht zu ihrer Transformation in eine versöhnlichere Haltung manchmal in einem ersten Schritt eine Manifestation, eine Rachehandlung. Die Einwohner eines idyllischen südenglischen Dorfes staunten nicht schlecht, als sie eines Morgens vor ihrer Tür ausgewählte Spitzenweine fanden. Die betrogene Frau eines ortsansässigen Weinliebhabers hatte die besten Flaschen aus seinem Keller kurzerhand verschenkt und damit der ohnehin informierten Öffentlichkeit so ihre Meinung zu den Geschehnissen kundgetan.

Die beste Form der Rache ist es allerdings, sich ein gutes Leben zu machen. Vorerst sind die Inszenierungen den inneren Tatsachen voraus, aber sie bahnen den Weg in die richtige Richtung. Die Freundlichkeit, mit der die Verlassene dem neuen Paar, das zur Hälfte aus ihrem ehemaligen Mann besteht, begegnet, mag ein Stück weit gespielt sein, aber sie schützt, stützt und gibt Selbstvertrauen. Eine Frau erzählt über eine derartige Begegnung anlässlich einer Einladung bei gemeinsamen Freunden: »Du kannst sicher sein, dass ich mir gut überlegt habe, wie ich auftrete, von der Aufmachung bis zu dem, was ich sagen wollte. Er hat mir den Boden unter den Füßen weggezogen und es ging lange, bis ich mich aufgefangen hatte. Wacklig fühlt es sich oft immer noch an – aber nicht an diesem Anlass. Da wusste ich genau, was ich wollte: zeigen, dass ich mit mir mehr anfangen kann, als seine Frau zu sein. Mein Ex schaute überrascht und interessiert – und ich genoss es, nicht mehr von seiner Anerkennung abhängig zu sein. Meine Nachfolgerin habe ich beinahe bemitleidet. Nun kann sie versuchen, mit diesem Autisten eine Gemeinschaft aufzubauen!« Es gibt eine Art von Rache, die durchaus zu empfehlen ist, nämlich die Demonstration des wieder hergestellten Selbstvertrauens. Vom Standpunkt der Psychohygiene aus ist kontrollierte Rache zu befürworten.

Weil sie das Opfer wieder mit seiner Kraft in Verbindung bringt, kann sie durchaus einen Neubeginn einleiten, der letztlich zur Versöhnung führt.

Allerdings kann das Rachebedürfnis leicht außer Kontrolle geraten. Eskalierende Aggressions- und Vergeltungshandlungen schaukeln das Böse hoch. Individuen, Familien, Sippen und Nationen machen sich über Generationen hinweg durch gegenseitige Rache das Leben zur Hölle. In der unkontrollierten, blinden Rache verliert der Rächer alle Hemmungen.

Eine häufige und äußerst destruktive Form von Rache ist der Missbrauch der Kinder als Waffe gegen den Partner. Wenn schon das Kind den Vater aufgrund einer Scheidung verliert, ist es umso wichtiger, dass es ihn vermissen darf und dass die innere Verbundenheit von Vater und Kind und das gute Vaterbild des Kindes möglichst unterstützt werden. Es sind heroische, aber absolut notwendige psychische Leistungen, mit denen verletzte Mütter den Wachstumsraum ihrer Kinder schützen, wenn sie klar trennen zwischen ihren eigenen unbeglichenen Rechnungen mit dem Vater ihrer Kinder und seiner Funktion als Rollenmodell und Held im Herzen der Kinder. Ein Kind zum Verbündeten gegen den Vater machen heißt, es in sich zu spalten und ihm Schaden zufügen. Diese Form der Rache ist aufs Schärfste zu verurteilen.

Das Strafgesetzbuch lenkt in bestimmten Fällen den Zorn der Geschädigten in ordentliche Bahnen und ermöglicht dem Opfer, in einer öffentlich anerkannten Form Genugtuung zu verlangen. Das Bedürfnis nach Vergeltung wird so an die Leine genommen und trotzdem erfüllt.

Wenn der Hass nicht weichen will, empfiehlt es sich, nicht nur seine Ursachen, sondern auch seine Funktionen anzuschauen. Der sekundäre Feindschaftsgewinn besteht in der Illusion der moralischen Überlegenheit. Der Täter wird auf seiner Schuld festgenagelt und bleibt so in der unterlegenen Position. Die Opfermentalität, die Wunde, die offen gehalten wird, um die Schuldgefühle des Täters ja nicht einschlafen zu lassen, schwächt am Ende das Opfer. Die Erpressung des Täters durch aufoktroyierte Schuldgefühle ist aufwändig. Das Opfer, das auf dem Nerv des Täters parkt, macht sich selbst immobil. Indem es sich am geschehenen Unrecht festklammert, verliert es die eigene Bewegungsfreiheit. Wer sich selbst als wehrloses Opfer sieht, lebt in einer bedrohlichen Welt. Die durch den Opferstatus verursachte Selbstschwächung mündet schlimmstenfalls in eine bleibende Hilflosigkeit, die ein ewiges Gefühl des Zu-kurz-gekommen-Seins nach sich zieht. Nachtragende Menschen begraben sich in einem unproduktiven Grübeln, das den Blick auf Einsicht und Hoffnung versperrt.

Wer in Hassgefühlen stecken bleibt, setzt sich weder mit dem Erlebten auseinander, noch wird er das versteckte Gefühl der Hilflosigkeit los. Hass versperrt den Blick auf die eigene Mittäterschaft.

Und es gibt noch einen Grund, am Hass festzuhalten: Hass bindet manchmal stärker als Liebe. Verzeihen kann zur Trennung führen. Einer oder beide Beteiligte entlassen sich aus dem Kampf um Verständnis, um Gerechtigkeit oder um Zuwendung. Das ist ein Grund, warum manche zerstrittenen Paare keine Versöhnung ins Auge fassen: Sie wissen, dass nur noch der Krieg sie zusammenhält.

Aber die Unversöhnlichkeit hat schlimme Folgen. Die ursprüngliche Verletzung wirkt jedes Mal aufs Neue, wenn sie ins Bewusstsein kommt. Der Hass und die Forderung nach Rache halten sie am Leben. Eine nicht verarbeitete Verletzung bindet Energien. Eine Wunde kann nicht heilen, wenn sie immer wieder aufgerissen wird.

Im besten Fall bündeln Krisen psychische Kräfte. Wut entwickelt sich, wenn wir einen inneren Bulldozer brauchen –

und sollte entlassen werden, wenn die neuen Fundamente ausgehoben sind. Früher glaubte die Psychologie, es reiche, an die Wut heranzukommen und sie auszudrücken, um sie abbauen und für die Entwicklung nutzbar machen zu können. Das hat sich als Irrtum erwiesen. Blindes Ausagieren der Wut schadet. Entfesselte Wut schafft Verletzte. Wut lässt sich durchaus zügeln und trotzdem gezielt als Veränderungsenergie einsetzen.

Es braucht Mut, sich den eigenen Schattenseiten zu stellen. Eine Stärke, die unmittelbar nach der Verletzung fehlt und die wir erst nach einer Zeit der psychischen Rekonvaleszenz wieder aufbringen. Verleugnung, Wut, Rache, die Abwehr jeglicher Wahrnehmung von eigenem Verschulden sind die erste Kruste, die sich über der Wunde bildet. Sie fällt ab, wenn sich darunter die Haut einer neuen Einsicht gebildet hat. Die Energie sollte aber nicht zu lange an Wut und Rache gebunden bleiben. Wer auf die Länge seine Energie darauf verschwendet, dem Täter zu schaden, bewegt sich irgendwann in die falsche Richtung, nämlich in die der verletzenden Vergangenheit statt in die der zu gestaltenden Zukunft.

Ist Verrat ansteckend?

Eine Trennung sendet ihre Schockwellen in den Freundeskreis des Paares aus. Das Paar als vormals sicherer Knoten des Beziehungsnetzes reißt nun ein Loch ins Gewebe. Es trägt nicht mehr zum Zusammenhalt bei, sondern spaltet das Ganze. Ein Freund sagt über ein Paar, das sich getrennt hat: »Beide sind gute alte Freunde. Beide habe ich sehr gern. Eigentlich will ich nicht wissen, dass oder warum die beiden sich trennen. Wir waren mehrmals zu viert in den Ferien und haben uns prächtig ergänzt: Ich konnte mit ihm fachsimpeln, die beiden Frauen wanderten, und wir genossen alle miteinander die Wärme und Heiterkeit der gemeinsamen Abendessen. Es kommt mir vor, als wenn eine Familie auseinander gerissen würde, und ich bin entsetzt, wenn ich mir vorstelle, was sich hinter der Fassade bei den beiden abgespielt haben muss, ohne dass ich etwas davon merkte. Wenn ich versuche, ihre Anklagen gegen ihn abzuschwächen, findet sie mich illoyal. Er hat den Kontakt zu uns abgebrochen, weil er sich schuldig fühlt und annimmt, dass wir auf ihrer Seite stehen. Wenn wir ihn einladen, behauptet er, keine Zeit zu haben.«

Die Trennung eines Paares weckt bei anderen Paaren Ängste und vielleicht schlafende Hunde. Wie sicher ist die eigene Partnerschaft, wenn so etwas einfach passieren kann? Dort, wo niemand hinter die Kulissen gesehen hat und die Trennung überraschend kam, wird das Ereignis besonders bedrohlich. Es fühlt sich an, als wenn der Blitz zehn Zentimeter neben dem eigenen Haus eingeschlagen hätte. Eine Trennung im Freundeskreis ist wie eine Krankheit, von der man nicht weiß, ob sie ansteckend ist. Früher wurde der Bote, der die schlechte Nachricht brachte, geköpft, weil man mit ihm das Übel loswerden wollte. Menschen, die eine Liebesbeziehung auflösen und damit auf die Fragilität menschlicher Bindungen hinweisen, laufen Gefahr, gemieden zu werden. Unglück macht einsam.

Eine Trennung versetzt uns in einen Ausnahmezustand. Der innere Aufruhr, die Orientierungslosigkeit, der Schmerz und die Schuldgefühle sind schwer auszuhalten. Gute Gesprächspartner sind jetzt Gold wert.»Meine Freundin war wie das festmontierte Drahtseil im Steilhang. Alles war zusammengebrochen. Sie war da. Die Trennung stellte alles in Frage und raubte mir den Glauben an mich selbst. Ihre zuverlässige, wohlwollende Präsenz bot immer wieder eine Atempause im Chaos. Mit Geduld und Verständnis trug sie meine Verzweiflung mit mir, über Wochen, Monate und Jahre. Ich hatte Glück im Unglück: Meine Freundin hatte eine vergleichbare Trennungserfahrung hinter sich und wusste, wovon ich redete. Ich weiß nicht, wie ich ohne sie durchgekommen wäre.« Nicht immer sind so zuverlässige Freunde da. Der Leidensdruck lässt einen manchmal die Vorsicht bei der Wahl der Zuhörer missen. Aber im Allgemeinen sind es die engen Freunde, die zuverlässig erste Hilfe leisten.

Ein Paar in der Krise ist oft auf der Suche nach Verbündeten. Der Partner, der die Trennung verlangt, fühlt sich schuldig und hat das Bedürfnis, sich zu rechtfertigen. Das Opfer benötigt Zuhörer, damit es seinem Schmerz Luft machen kann. Sympathie und Stellungnahme sind nicht dasselbe. Sympathie, Mitleid und Unterstützung müssen nicht mit einer Stellungnahme zugunsten des einen oder anderen zusammenfallen. Es ist durchaus möglich, mit einem Menschen mitzufühlen, dessen Sicht der Dinge man gleichwohl nicht teilt. An der Verdammungsorgie, in der sich die Betroffenen manchmal lustvoll wälzen, sollte man nicht teilnehmen: bei einer etwaigen späteren Versöhnung singt man sonst schnell ein unerwünschtes Solo und wird als unliebsamer Zeuge vergangener Pein gemieden.

Trennungen im Bekanntenkreis fordern unsere Objektivität heraus. Wenn bei einem befreundeten Paar die Fetzen fliegen und die beiden Entzweiten Mitstreiter suchen, ist es uns nur noch peinlich und wir gehen auf Distanz, bis das Schlachtgetöse abgeklungen ist. »Die können mir mit ihrem Gedusel den Buckel runterrutschen. Sie hat mich mit den Kindern einfach sitzen gelassen. Und nun bekomme ich psychologische Erklärungen dafür serviert. Wer bin ich denn? Ich will mit dem Luder nichts mehr zu tun haben, und ich werde alles daran setzen, dass sie die Kinder nicht kriegt«, sagt ein Mann. Als Freunde fühlen wir uns unkomfortabel, wenn die Wut hoch schäumt und versuchen, die Sache herunterzuspielen. Wir sagen uns: Wer kann denn schon wissen, wie die Dinge wirklich liegen? Können wir denn Partei für den einen oder den anderen ergreifen, wenn uns doch klar ist, dass die uns aufrichtig geklagte Leidensgeschichte vielleicht nur der rationalisierte Deckmantel eines Tathergangs ist, bei dem man die Fakten auch ganz anders gewichten könnte?

Partnerschaftliche Besitzansprüche genießen keine öffentliche Unterstützung mehr. Beziehungen gelten als Privatangelegenheiten. Das kirchliche Treuegelöbnis »bis dass der Tod euch scheidet« klingt eher verstaubt. Die Verbindlichkeit der Ehe schmilzt wie Schnee in der Sonne. Der gegenwärtige Konsens im Familien-, Freundes- und Bekanntenkreis geht dahin, sich bei einer Trennung jeder Stellungnahme zu enthalten und geschaffene Fakten zu akzeptieren. Aber diese allgemeine Neutralität schwächt auch die Verbindlichkeit von Paarbeziehungen. Selbst wenn offensichtlich Unrecht geschieht, wehrt sich kaum ein Außenstehender für ein Opfer. Freunde benehmen sich manchmal wie Scheidungskinder, die einfach hoffen, dass Mami und Papi einander endlich wieder gern haben und der ganze grässliche Trennungsspuk sich in Minne auflöst. Indessen ist es nicht immer edler, zur Versöhnlichkeit zu mahnen und darauf hinzuweisen, dass beide Seiten beteiligt waren. Manchmal ist nicht die höhere moralische Warte, sondern im Gegenteil die moralische Feigheit der Grund, dass von Außenstehenden eine klare Stellungnahme vermieden wird. Menschen schaden einander und werden aneinander schuldig. Mit der Vermeidung einer Stellungnahme um jeden Preis lässt man unter Umständen einen verletzten Menschen im Stich.

Trennungen belasten Freundschaften, und zwar gerade dann, wenn wir sie am nötigsten haben. Dünnhäutige Trennungsopfer sind anspruchsvolle Mitmenschen, die mit ihrer überreizten Sensibilität überall Verrat wittern. Verletzungen machen egozentrisch, und irgendwann ist es auch den geduldigsten Freunden zu viel, mit den Leidenden in ihrer verzweifelten Düsternis zu sitzen und zum x-ten Mal die Klagelitanei anzuhören. Man tut also gut daran, die Freunde nicht zu überfordern, sonst gibt es weitere Enttäuschungen. Wenige Menschen haben die Lebenserfahrung, die Motivation und die innere Substanz, die es braucht, um einen anderen auf einem vielleicht Jahre dauernden Genesungsprozess zu begleiten. Wer keine traumatische Trennung erlebt hat, wird vermutlich nicht verstehen, was eine Trennung auslöst, und kann mit bestem Willen nicht geben, was der Leidende sich wünscht. Viele gut gemeinten Ratschläge vergrößern die Einsamkeit noch. Niemand lässt sich gern durch traurige Menschen selbst in Trauer und Depression hinunterziehen. Es wird von ihnen erwartet, dass sie die Trennung schnell überwinden und bald wieder lächeln. Wunden sind hässlich und schlagen auf die Stimmung der anderen. Deshalb müssen sie versteckt werden. Wer leidet, ist ein Verlierer, der bestenfalls den Kontrasthintergrund für die Souveränitätsinszenierungen der anderen abgeben kann und schlimmstenfalls als Versager im Optimismuswettlauf ausscheidet.

Eine Trennung schwächt doppelt: Das Selbstvertrauen ist angegriffen und die soziale Stellung verschlechtert sich in vielen Fällen. Bei einer nicht mehr jungen Frau kommt zur Altersentwertung, die in unserer Gesellschaft bei Frauen früher einsetzt als bei den Männern, der Statusverlust durch die Trennung hinzu. Die Frau verliert nicht nur ihren Mann, sondern auch ihren Platz in der Paarwelt, was das soziale Netz erheblich verändert. In dieser Situation zeigt sich die menschliche Substanz der Freunde und Bekannten. Es schmerzt, bei Einladungen und Anlässen, bei denen man früher selbstverständlich dabei war, übergangen zu werden. Eine vormals selbstverständliche Zugehörigkeit wird in Frage gestellt, was einen Identitätsverlust bedeutet. Eine Frau in den Fünfzigern sagt: »Der Horror hörte nicht mehr auf und vernichtete alles, was mein Leben ausgemacht hatte. Es reichte nicht, dass er mich verlassen hatte. Es stellte sich heraus, dass unseren Freunden sein Verhältnis seit langem bekannt war. Niemand hat mir etwas gesagt. Niemand hat mich gewarnt. Alle schauten zu. Ich schäme mich für die gutgläubige Naivität, mit der ich seinen Ausreden geglaubt habe. Schlimm war, wie selbstverständlich seine neue Eroberung überall willkommen war. Er besitzt Geld und Status. Schon das macht die Beziehung zu ihm interessanter als die zu einer geschiedenen älteren Hausfrau. Diese Scheidung hat die Spreu vom Weizen getrennt. Ich habe gelernt, wer meine Freunde sind.«

Bei den Tieren ist es eindeutig: Ein geschwächtes Rudelmitglied verliert an Rang und wird bei der Beuteverteilung verjagt. Bei Menschen stellt sich dieser Effekt manchmal auch ein. Vor allem dann, wenn das Paar zuvor beneidet wurde. Jetzt können alte Rechnungen gefahrlos beglichen und alte Rivalitäten entschieden werden. »Ich habe den Kontakt zu einer langjährigen Freundin abgebrochen. Sie hat offensichtlich nur darauf gewartet, mir gegenüber in der stärkeren Position zu sein. Ihre gönnerhaften Ratschläge und ihre herablassenden Ermutigungen sind mir unerträglich geworden«, sagt eine Frau.

Jenseits der Arche Noah

ENTSCHEIDUNG

Du warst der Regen in der Wüste,
der tausend schlafende Samen weckte.

Du warst die Wärme im Frost,
die die erstarrte Erde erlöste.

Du warst das Licht im Dunkel,
das die verlorene Hoffnung fand.

Du warst zu viel.
Ich war zu wenig.

Du bist gegangen.

Entweder
ich verdurste in der eisigen Nacht

oder
ich werde mehr: Regen, Wärme und Licht

In der ersten Verzweiflung nach einer Trennung ist die Versuchung groß, das Verlorene rasch zu ersetzen. Den Verlust nach einer Trennung möglichst schnell durch eine neue Partnerschaft wettzumachen, empfiehlt sich nicht. Wer den dunklen Tunnel des Leidens in seiner ganzen Länge durchschreitet, verändert sich. Der Identitätsverlust, so schmerzhaft er anfänglich ist, öffnet die Tür zu einer neuen Welt. Langsam steigt der Energiepegel, weil keine hoffnungslosen Beziehungskompromisse Anstrengungen erfordern und weil die Verleugnung einer aussichtslosen Situation, die so viel

Disziplin verlangte, nun nicht mehr aufrechterhalten werden muss. Die Notwendigkeiten der Rücksichtsnahme auf den anderen fallen weg als Ausrede für alles, was man nicht wagt. Eine eigene, von anderen unabhängige Selbstdefinition zu erreichen ist eine lebenslängliche Entwicklungsaufgabe, deren Lösung die Nebenerscheinungen einer Trennung längerfristig durchaus vorantreiben kann. Man kann sich selbst viel weniger ausweichen und ist aufgefordert, die eigene Lebensgestaltung selbstverantwortlich an die Hand zu nehmen.

Jenseits der Arche Noah, wo nur Paare eingelassen werden und je zwei Giraffen, zwei Krokodile und zwei Faultiere im Schiffsbauch der Konventionen, Anpassungen und Kompromisse verschwinden, eröffnen sich andere Beziehungsmöglichkeiten. Das Alleinleben gibt Freiheit. Das folgende Zitat steht für viele: »Ich hätte nie erwartet, in meinem Alter so viel Neues erleben zu müssen und zu dürfen. Nichts ist, wie es war. Wenn ich an die Anlässe zurückdenke, bei denen ich für irgendeinen Tischnachbarn möglichst viel Anregung und Charme versprühte oder irgendwelche wohlkomponierten Tafelrunden anständig bewirtete, staune ich, dass das einmal meine Welt gewesen ist. Früher, als Teil eines Paares, war ich in Gesellschaft immer damit beschäftigt, es meinem Mann recht zu machen. Ich war nicht imstande, mich außerhalb seiner Erwartungen zu bewegen, und nahm mich sofort zurück, wenn ich spürte, dass ihm mein Verhalten nicht behagte. In der Folge wurde ich immer passiver, und die Gespräche gingen mich schließlich so wenig an, dass ich an geselligen Anlässen oft buchstäblich gegen den Schlaf ankämpfen musste. Das hat sich gründlich geändert. Mein Verhalten muss nur noch mir gefallen, und was mir gefällt, sind spannende Gespräche, Gespräche, in denen Offenheit, Nähe und auch Verwundbarkeit möglich sind. Ich riskiere viel mehr als früher. Gute Begegnungen regen mich so an, dass ich nachts lange nicht einschlafen kann.«

Wer sich nach einer Trennung wirklich dem Abenteuer des Alleinseins zuwendet, nimmt anderen ein Stück weit die Angst vor der Zukunft, die für viele früher oder später ins Alleinsein mündet.

Die Frage, inwiefern Geborgenheit nur in der Beziehung zu einem anderen Menschen erlebt werden kann, stellt sich bei Verrat und Trennung neu. Ist es nicht vielmehr so, dass ein in sich selbst ruhender und geborgener Mensch etwas von dieser Grunderfahrung an andere abgibt? Nicht das Du wäre dann die Voraussetzung für Geborgenheit, sondern eine innere Geborgenheit die Voraussetzung für die Entstehung des Du. Für Erich Fromm ist die Liebe nicht eine Beziehung, sondern eine Einstellung: »Liebe ist in erster Linie nicht Bindung an eine besondere Person, sie ist vielmehr eine Haltung, eine Orientierung des Charakters, die das Verhältnis einer Person zur Welt als Ganzes, nicht aber zu einem einzigen ›Objekt‹ der Liebe bestimmt.«[12] Die Zweisamkeit: In ihr wird zu Beginn in den Armen der Mutter die Liebe erstmals erfahren. Dort wird sie später in Partnerschaften wieder gesucht. Und dort geht sie auch so oft verloren, im Sarg der Zweierkapsel, die die Durchlässigkeit für die Liebe abtöten kann. Vielleicht hängt der Aufenthalt in der Liebe gar nicht vom Aufenthalt in der Zweierkapsel ab. Im Gegenteil: Ohne sie trifft die Liebe direkt auf die lebendige Haut.

2. Das Böse

Das Böse. Der Verrat. Die Schuld: Diese düsteren, archaischen Brocken stehen unverrückbar in der mit psychologischen Einsichten kultivierten Landschaft. Sie stören. Die Idee des Guten ist noch etwas akzeptabler als die des Bösen. Und doch: Ohne das Böse kann das Gute nicht gedacht werden. Wo die Liebe fehlt, breitet sich das Böse aus. Der Verlust der Liebe, aber auch der eigenen Liebesfähigkeit lässt uns leer zurück. Mit der Liebe entschwinden Hoffnung, Sinn und Lebenswille. Der Liebesverlust raubt dem Leben Farbe und Freude. Sind wir dem Liebesverlust ohnmächtig ausgeliefert? Lässt sich dieser Verlust vermeiden? Inwiefern können wir den Verlauf der Dinge beeinflussen? Haben wir uns falsch verhalten oder hat uns Schlimmes unverschuldet getroffen? Was ist Schuld? Was ist Schicksal?

Schuld und schuldig werden

Wer ist schuld am Liebesverrat? Wer ist Täter und wer ist Opfer? Beim Wort »Täter« sieht man einen schwarz maskierten Verbrecher mit gezückter Pistole vor sich. Ein Täter ist ein verurteiltes Subjekt. Wer das Wort gebraucht, drückt ein negatives Urteil aus. Das Wort »Täter« zeigt an, dass wir uns im Bereich der moralischen Stellungnahme befinden. Bei der Verwendung des Begriffspaares Täter und Opfer ist die Schuldzuweisung klar. Diese oft trügerische Klarheit deckt subtile Provokationen, diskrete Unterlassungssünden und leisen Verrat durch das Opfer zu. Wenn ein Vergewaltiger auf nächtlicher Straße eine ihm unbekannte Frau anfällt, sind die Verhältnisse eindeutig und die Zuordnung von Täter und Opfer problemlos. Bei den alltäglichen gegenseitigen Schuldverstrickungen von Paaren ist das entschieden weniger der Fall. Die beidseitige Schuld von Täter und Opfer ist oft so dicht ineinander verwoben, dass kaum mehr auszumachen ist, wer Täter und wer Opfer ist. Täter und Opfer sind gerade bei stark miteinander verbundenen Paaren schwer zu lokalisieren. Wer Feinde braucht, kann Feinde erzeugen. Wir sind durchaus dazu in der Lage, eigene negative Gedanken zu verdrängen und sie an andere zu delegieren: Der andere ist es, der sich destruktiv verhält! Es ist nicht besonders schwer, jemanden zu provozieren, bis er aggressiv wird. Die Täterin im Verborgenen schafft einen offensichtlichen Täter, demgegenüber sie das unschuldige Opfer markieren kann. Wie schuldig ist der Täter, wenn das Opfer die Verletzung konstelliert? »Du glaubst es nicht, aber ich war nahe daran, diese Frau zu schlagen«, gesteht mir ein zurückhaltender und zivilisierter Freund, der eine neue Frau kennen gelernt hatte. »Sie hat mich in einem Ausmaß gekränkt und provoziert, dass ich mich kaum noch beherrschen konnte. Sie ist immer wieder von Männern geschlagen worden, und ich begreife inzwischen, warum. Ich habe die Beziehung abgebrochen. Ich bin kein Schläger und will auch keiner werden.« So klar ist die Beteiligung des Opfers beim Zustandekommen der Verletzung meistens nicht. Oft verwischt sich die Grenze zwischen Täter und Opfer, was es den Außenstehenden erleichtert, auf eine Stellungnahme zu verzichten. Aber auch die ethische Bewertung eigener Handlungen hat ihre Tücken. Weil im Dickicht der Paarverstrickung Schuld so schwer festzumachen ist, wird es für den Täter einfach, sich durch Rationalisierung und Verleugnung der Selbstkonfrontation mit der Schuld zu entziehen. Es sind so viele Variablen im Spiel, dass das Ganze sehr unübersichtlich werden kann. Die Verbindlichkeit der Beziehungsregeln, die augenblickliche Situation des Paares und Einwirkungen von außen wirken zusammen und erschweren die Beurteilung. Und doch: Obschon sie manchmal kaum zu beantworten ist, stellt sich die Schuldfrage.

HARFENSPIELER

Wer nie sein Brot mit Tränen aß,
Wer nie die kummervollen Nächte
Auf seinem Bette weinend saß,
Der kennt euch nicht, ihr himmlischen Mächte.

Ihr führt ins Leben uns hinein,
Ihr lasst den Armen schuldig werden,
Dann überlasst ihr ihn der Pein;
Denn alle Schuld rächt sich auf Erden.
J. W. Goethe[1]

Schuldig werden wir alle. Es gibt kein Leben ohne Schuld. aber wie soll Schuld definiert werden? Am liebsten würden wir die Dimension der Schuld überhaupt negieren. Im modernen Scheidungsrecht löst das Konzept der Scheidung ohne Schuldzusprechung die Täter-Opfer-Dyade ab. Das verhindert entwürdigende Scheidungsprozesse; die Schuldfrage ist damit aber keineswegs aus der Welt geschafft. Das lässt sich schon aus der Tatsache ableiten, dass sich trotzdem bei Scheidungen oft irrationale Kämpfe entzünden, bei denen mit großem Aufwand um einen Pappenstiel gestritten wird und die hohen Anwaltskosten in keinem Verhältnis zum geringen Wert des Streitobjekts stehen. Hier geht es offensichtlich um etwas anderes: Um Rache, um Genugtuung, um Gerechtigkeit – um Schuld und Sühne. Wie alle aus dem Bewusstsein verdrängten Inhalte finden auch diese Mittel und Wege, sich zu manifestieren. Die Schuldfrage für irrelevant zu erklären, lässt sie nicht verschwinden, sondern erschwert einfach den Umgang mit ihr.

Nicht, dass es leicht wäre, Schuld zu begreifen. Nehmen wir einmal an, Schuld entstehe aus einer Handlung, die durch die bewusste Absicht, dem anderen zu schaden, motiviert ist. Dann stellt sich sofort die Frage: Wie bewusst? Wir sind manchmal blind und wissen nur, was wir wissen wollen. Susan Neiman, die Autorin des bahnbrechenden Buches »Das Böse denken«, schreibt: »Gedankenlosigkeit kann gefährlicher als Böswilligkeit sein; was uns bedroht, ist häufiger die egoistische Weigerung, die Folgen gewöhnlicher Handlungen zu sehen als der trotzige Wunsch nach Zerstörung.«[2] Sind achtlos begangene Unterlassungssünden auch Sünden? Ist Lieblosigkeit Schuld oder Schicksal?

Schädliche Verhaltensweisen gehen oft auch auf die kritiklose Übernahme von herrschenden Meinungen zurück. Ein Beispiel dafür sind die Beziehungen ohne Besitzansprüche. Nach der Erfindung der Anti-Baby-Pille fand eine sexuelle Revolution statt. »Wer zweimal mit dem Gleichen pennt, gehört schon zum Establishment« hieß es damals. Das Grundbedürfnis nach Zugehörigkeit und Geborgenheit wurde im Namen des neuen Ideals besitzfreier Beziehungen verletzt. Dieser Irrtum ist unterdessen korrigiert worden, aber er zerstörte zu seiner Zeit viel Vertrauen. Eine andere Doktrin, die zu kritiklos übernommen wurde, war die einer falsch verstandenen antiautoritären Erziehung. Eine Mutter sagt: »Irgendwann wurde mir der Zusammenhang zwischen meinem allzu lockeren, gewährenden Erziehungsstil und der grenzenlosen Anspruchshaltung meines Sohnes bewusst, die seinem Fortkommen jetzt in die Quere kommt. Erst war es ein Akt der Selbstverleugnung, das Kind so auf meinen Nerven herumtrampeln zu lassen, und jetzt mache ich mir Vorwürfe, auch noch an seinem Scheitern schuld zu sein.« Diese Frau hat damals moderne Erziehungsregeln beherzigt. Wo liegt nun die Schuld? Wo liegt die Verantwortung? Sicher fühlt sich diese Mutter ein Stück weit entlastet, wenn sie begreift, dass sie als Vertreterin einer kollektiven Meinung nicht allein verantwortlich ist. Kann man bei einem Mann, der gemäß den Rechten und Bräuchen seiner Gesellschaft seine Frau schlägt, von Schuld sprechen? Wie weit bin ich schuldig, wenn ich dem Einfluss im Augenblick geltender Überzeugungen nicht kritisch genug gegenüberstehe? Bin ich einfach ein wehrloses Produkt einer Gesellschaft? Bin ich verpflichtet zu wissen, was ich wissen könnte, auch wenn ich es nicht wissen will, weil dieses Wissen nicht den Normen meiner Umgebung entspricht und mich deshalb zum Außenseiter oder gar zum Verfolgten machen könnte? Wie viel einsames Heldentum darf man bei einem Menschen voraussetzen?

Auch das Ausmaß des angerichteten Schadens ist kein Maßstab für die Schuld. Die Ärztin, die während einer Geburt eine Fehlentscheidung trifft und damit einen Hirnschaden des Kindes verursacht, hat zwar einen unermesslichen Schaden angerichtet, doch ist die Frage nach dem Ausmaß ihrer Schuld damit noch nicht beantwortet. Auch bei dem Autofahrer, der im Nebel die Sichtverhältnisse falsch einschätzt und einen Fahrradfahrer anfährt, ist der Schaden schlimmer als die subjektive Schuld.

Absicht, verursachter Schaden, Verantwortung – die Komplexität dieses Zusammenhangs lässt sich aufzeigen am Paradefall Eichmann, dem Prototyp eines Nazifunktionärs. In ihrem Buch über die Banalität des Bösen zeigt Hanna Arendt auf,»... dass Verbrechen, die so ungeheuerlich sind, dass die Erde selbst nach Vergeltung schreit, heute von Leuten begangen werden, deren Motive einfach nur banal sind ... die beispiellosesten Verbrechen lassen sich durch die gewöhnlichsten Leute begehen.«[3] Adolf Eichmann argumentierte, unter anderen Umständen hätte er sich nicht übler als andere verhalten. Sein Pech sei es, dass er an einem Schreibtisch endete, wo die Unterzeichnung eines Schriftstücks zu einer Mordtat wurde. Neiman sagt dazu: »Genau das bedeutet es, zum gewöhnlichen Komplizen zu werden – ebenso wie die Weigerung, diese Art von Pech einfach zu akzeptieren, bedeutet, sich für ein ganz gewöhnliches Heldentum zu entscheiden ... Von all denen, die zu Verbrechern hätten werden können, beteiligten sich tatsächlich nur einige wenige an der so genannten Endlösung. Von all denen, die potenziell Helden hätten sein können, widersetzten sich noch weniger tatsächlich den Machthabern. Schuld und Unschuld hängen von diesen einfachen Wahrheiten ab.«[4] Und an anderer Stelle führt Neiman aus: »Nur sehr wenige sind willens, ihr Leben zu opfern, um das Leben anderer zu vernichten. Sehr viele aber sind willens, eine kleine Funktion in einem System zu übernehmen und die Augen vor dem Bösen zu verschließen, das es hervorbringt.«[5] Eichmann ist für seine Handlungen verantwortlich und deshalb schuldig, auch wenn er nur ein Rädchen in der nationalsozialistischen Vernichtungsmaschine war.

Auch das subjektive Gefühl von Schuld ist kein zuverlässiger Indikator für das wirkliche Ausmaß der Schuld. Psychopathen halten sich für berechtigt, andere zu quälen, und handeln abscheulich, ohne den geringsten Anflug eines

Schuldgefühls. Kirchliche Dogmen schoben Sexualität in die Schuldzone und erklärten die Natur zur Sünde, um die Gläubigen mit einem lebensfeindlichen System von Verurteilung, Buße und Vergebung an sich zu ketten. Die überfällige Befreiung von diesen Schuldgefühlen leerte die Kirchen. Über Schuldgefühle lassen Menschen sich gängeln und steuern. Eltern, die perfekte Kinder brauchen, pflanzen ihnen Schuldgefühle ein, um sie lenkbar zu machen. Die viel gelobte Mutterliebe kann nicht einfach vorausgesetzt werden. Manche Mütter richten ihre Kinder dazu ab, ihre emotionalen Defizite zu kompensieren. So klagt eine Tochter, deren Mutter es meisterhaft versteht, in ihr Schuldgefühle zu wecken: »Der Anrufbeantworter nützt nichts gegen ihre Überfälle. Sie beklagt sich über alles und jeden. Bis ich nur den Beantworter abgehört habe! Und doch: Sie tut mir so Leid. Sie hat nur mich. Wenn ich nichts von ihr höre, werde ich unruhig. Ich weiß, dass ich mich von ihr tyrannisieren lasse, aber ich bringe es einfach nicht fertig, sie mir vom Hals zu halten.« Diese Frau hat es mit fünfunddreißig Jahren endlich geschafft, in eine eigene Wohnung zu ziehen, ist aber immer noch eine Marionette an den Fäden der Mutter. Hier halten Schuldgefühle die Tochter in einer Situation gefangen, die beiden schadet – ihr und der Mutter.

Die Schwierigkeit, Schuld zu definieren, hebt nicht die Schuld an sich auf. Neben allen Relativierungen der Schuld bleibt die Annahme der menschlichen Schuldfähigkeit bestehen, die sich aus dem Axiom der Willensfreiheit herleitet. Martin Buber definiert existenzielle Schuld als ein Handeln, das eine Ordnung der menschlichen Welt verletzt, die der Handelnde als Grundlage seiner eigenen und aller menschlichen Existenz begreift und anerkennt. Schuld ist nicht vollständig fassbar, und doch als Begriff notwendig und als Tatsache wirksam. Das dem Menschen eingeborene Wissen um Gut und Böse befähigt ihn, seine Handlungen zu beurteilen, und sein freier Wille macht ihn verantwortungs- und damit schuldfähig.

Psychologisches Verständnis und ethische Stellungnahme sind nicht leicht zu vereinbaren. Wenn ich mich in den Täter einfühle und seine Beweggründe verstehe, fällt es mir schwer, seine Handlungen nach ethischen Gesichtspunkten zu beurteilen. »Tout comprendre c'est tout pardonner.« (Alles verstehen heißt alles verzeihen.) Einfühlung und Verständnis auf der einen Seite und moralische Beurteilung auf der anderen gehören unterschiedlichen Systemen an, beziehen sich aber auf ein und dieselbe Handlung. Wenn wir eine Tat von verschiedenen Seiten betrachten, bekommen wir vielleicht gegensätzliche Bilder. Wir müssen mit dem Paradoxon unvereinbarer, im gleichen Feld gleichzeitig wirksamer Kräfte leben und aushalten, dass ein Einordnungssystem die anderen relativiert.

Die heile Welt wird verteidigt

Früher wurde mit dem Bösen selbstverständlich gerechnet. Mittelalterliche Bilder stellen uns das Böse drastisch vor Augen. Bedrohliche Nachtwesen lauern im Hintergrund von Heiligenbildern. Dämonen weichen den himmlischen Heerscharen und böse Lindwürmer winden sich unter den Lanzen von Helden. Bestimmte Formen psychischer Erkrankung wurden als dämonische Besessenheit eingeordnet. Heilungsrituale sollten dann die Gegenkräfte aktivieren. In traditionellen Gesellschaften beteiligt sich die ganze Gemeinschaft am Kampf gegen das Böse. In vielen Ethnien besteht das Heilungsritual in einer öffentlichen Zeremonie, bei der alle Beteiligten mit Tänzen, Gebeten und Opferhandlungen positive Energien auf den Patienten lenken. Der Gemeinschaftskörper heilt in einer oft sehr differenziert orchestrierten Anstrengung seine Wunde, die sich als Besessenheit eines Mitgliedes ausdrückt, und beugt so einer weiteren Schwächung vor. Geschichten über das Böse und Verhaltensanweisungen gegen das Böse waren allgegenwärtig. Gesten und Amulette sollen vor dem Bösen schützen, damit das Negative den Menschen nicht in Besitz nimmt. Das mal occhio, der böse Blick, wird in Italien mit einer Gabel von ausgestrecktem Zeige- und kleinem Finger abgewehrt, die die bösen Augen aufspießen soll. Magische Zeichen auf Schwellen, an Türrahmen und auf Türen versperren dem Bösen den Weg und sichern das Haus gegen seinen Einfluss. Es wurde früher angenommen, dass das im Teufel personifizierte Böse sich des Menschen ganz konkret bemächtigt. »Sie ist vom Teufel geritten«, sagt eine gebräuchliche Redewendung. Die katholische Kirche kennt das Ritual der Teufelsaustreibung und wendet es auch heute noch an. Wer etwas Gefährliches sagt oder hört, bekreuzigt sich, um das heraufbeschworene Böse unschädlich zu machen.

All die Ammenmärchen über das Böse haben wir hinter uns gelassen. Die Dimension des Bösen passt schlecht in die wunderbar erklärbare Welt der Psychokausalität, der Herleitung des Verhaltens aus frühkindlichen Prägungen. Solange der Mensch nur als von außen, von Erziehung und Umwelt geprägtes Wesen gesehen wird, gibt es kein Gut und Böse, sondern nur Handlungen als Folge von Kausalketten, die in die frühe Kindheit zurückreichen und deren Feststellung die Frage nach Gut und Böse erübrigt. »Eine Psychologisierung der Sphäre zwischenmenschlicher Verpflichtungen führt dazu, dass die ethisch-existenzielle Komponente der eigenen Verantwortlichkeit gegenüber dem Mitmenschen zunehmend geleugnet wird.«[6] Von theologischer Seite wird vor einer verharmlosenden Psychologie gewarnt, die das Mysterium des Bösen ausklammere.

Unsere Einsicht in die Komplexität innerpsychischer Zusammenhänge bringt uns mit der Idee des Bösen in Spannung. Wer möchte sich angesichts der psychokausalen Wirkungsketten noch ein Werturteil anmaßen? Wer eine Handlung als schlecht, als böse taxiert, macht sich der psychologischen Naivität verdächtig, des Mangels an Einsicht in die feinverzahnten gegenseitigen Beeinflussungen zwischenmenschlicher Interaktionen und ihre unauslotbaren auch unbewussten Beweggründe. Eine ethische Regung gerät hier in Konflikt mit unserem psychologisch aufgeklärten Bewusstsein. Deshalb wenden wir uns ratlos ab, wenn in unserer nächsten Umgebung Unrecht geschieht. Wir vermeiden, von gut und böse zu reden und brauchen Umschreibungen wie entwicklungsfördernd, wünschenswert oder reif für gut und problematisch, aggressiv, schwierig oder destruktiv für böse. Es ist mühsam, anspruchsvoll und riskant, sich ein ethisches Urteil zu bilden. Das dispensiert aber nicht von der Pflicht, es immer wieder zu tun. Da ethisch vertretbare Handlungen die Grundlage jeder tragfähigen Gemeinschaft bilden, braucht es die moralische Aufmerksamkeit und das moralische Urteil.

Das Böse

Wir möchten zuverlässige Kriterien an die Hand bekommen, mit denen wir das Böse erkennen und sein Ausmaß feststellen können. Neimann hält es für unmöglich, das Böse zu definieren, und wendet sich dem zu, was das Böse uns antut: »Etwas als böse zu bezeichnen, ist eine Weise, die Tatsache zum Ausdruck zu bringen, dass es unser Vertrauen in die Welt erschüttert ...«[7] Das Böse gefährdet die Essenz der zwischenmenschlichen Verbundenheit, wenn es die Vertrauensbasis angreift. Carola Meier-Seethaler charakterisiert das Böse, wenn sie von einer kalten, ausbeuterischen Haltung gegenüber der Mitwelt spricht, sei es die Herrschaft über andere Kulturen, die Entrechtung der Frauen oder bestimmter Schichten, sei es die blinde Ausplünderung der Natur.»Wir können auch sagen, Sünde sei die Missachtung von Lebensträgern und das Verfehlen einer lebendigen Beziehung zu ihnen im Willen zur Macht.«[8] Meier-Seethaler leitet das Böse aus einem fehlgeleiteten Umgang mit dem zwischenmenschlichen Aufeinander-angewiesen-Sein ab: »Relational lässt sich diese Abgründigkeit der menschlichen Existenz [...] so formulieren: Die Gefährdung des Menschen besteht darin, dass er seine Bedürftigkeit und sein Verwiesensein auf den anderen nicht als Herausforderung zur Wechselseitigkeit der Liebe erkennt und aufnimmt, sondern zur Unterwerfung des anderen oder zum Sichunterwerfen pervertiert. Der andere wird dadurch zum Objekt oder Subjekt der Ausbeutung. Die zwischenmenschliche Bezogenheit erhält das Stigma des Parasitären oder der zerstörerischen Rivalität. Entweder wird gegen den anderen erkämpft, was der Schöpfer der eigenen Person vermeintlich vorenthalten hat, oder am Schöpfer vorbei wird das Selbst aufgegeben, um die Zuwendung des anderen nicht zu verlieren.«[9] Das Böse pervertiert das Nährende zum Schädlichen.

Jungs Psychologie schließt das Böse mit ein: »In genialer Naivität erklärt ein Staatsmann, er habe keine ›Imagination des Bösen‹. Ganz richtig: *man* hat keine Imagination des Bösen, aber *sie hat uns*.«[10] Die Imagination des Bösen hat uns, das heißt, das Böse nimmt von uns Besitz. Das sind Vorstellungen, gegen die sich das aufgeklärte Bewusstsein wehrt.

Die Schattenseiten der Schöpfung machen uns hilflos. Hier sieht Jung ein Entwicklungsdefizit des Christentums: »Was die christlichen Völker betrifft, so ist ihr Christentum eingeschlafen und hat es versäumt, im Laufe der Jahrhunderte seinen Mythus weiter zu bauen. Es hat jenen, die den dunkeln Wachstumsregungen der mythischen Vorstellungen Ausdruck gaben, das Gehör versagt.«[11] Das Christentum hat nach Jung bei der Integration des Bösen in seine Lehre versagt. Und so sind wir mit dem bösen Ursprung der Notwendigkeit zur Versöhnlichkeit allein gelassen.

Die Anerkennung des Bösen verändert die Wahrnehmung des Guten. Jung schreibt: »Das Kriterium ethischen Handelns kann nicht mehr darin bestehen, dass das, was man als ›gut‹ erkennt, den Charakter eines kategorischen Imperativs besitzt, dass das so genannte Böse unbedingt vermeidbar ist. Durch die Anerkennung der Wirklichkeit des Bösen wird das Gute, die eine Hälfte eines Gegensatzes, notwendigerweise relativiert. Das Gleiche gilt für das Böse. Beide zusammen bilden nun ein paradoxes Ganzes.«[12] Der kategorische Imperativ, die absolute Forderung nach dem Guten, das das Böse aus der Welt schaffen soll, geht an der Realität des Zusammenspiels von Gut und Böse vorbei.

Gut und Böse sind nach Jung auch individuelle Urteile. Da aber das Individuum durch das Unbewusste mit dem Überindividuellen verbunden ist, fließt in das individuelle Urteil immer auch Überindividuelles ein. »Die moralische Bewertung gründet sich immer auf den uns sicher erscheinenden Sittenkodex, der genau zu wissen vorgibt, was Gut und Böse sei. Jetzt aber, da wir wissen, wie unsicher die Grundlage ist, wird die ethische Entscheidung zu einer subjektiven schöpferischen Tat, der wir uns nur concedente Deo versichern können, d. h., wir bedürfen eines spontanen und entscheidenden Anstoßes von Seiten des Unbewussten ...«[13] Concedente deo, das heißt, wenn Gott es erlaubt. Die ethische Entscheidung ist dem Individuum anheim gestellt, das über das Unbewusste an ein überindividuelles Wissen angeschlossen ist. Auch die Frage nach dem Wesen des Bösen wirft das Individuum auf sich selbst zurück:»Wer also eine Antwort haben will auf das heute gestellte Problem des Bösen, der bedarf in erster Linie einer gründlichen *Selbsterkenntnis*, das heißt einer bestmöglichen Erkenntnis seiner Ganzheit. Er muss ohne Schonung wissen, wie viel des Guten er vermag und welcher Schandtaten er fähig ist, und er muss sich hüten, das eine für wirklich und das andere für Illusion zu halten. Es ist beides wahr als Möglichkeit, und er wird weder dem einen noch dem anderen ganz entgehen ...«[14] Die Auseinandersetzung mit dem Bösen in sich selbst ist der erste Schritt zu seiner Erkenntnis.

Für Karl Jaspers zeigt sich das Böse als bequemer, naiver Optimismus:»Zur Wahrhaftigkeit gehört das Anerkennen des Tatbestands des Bösen. Es ist selber böse, das Böse in irgendeiner seiner Erscheinungen zu leugnen. Bequemlichkeit in glücklicher Daseinslage träumt sich eine Güte der Welt, glaubt lässig, das Wahre werde sich schon durchsetzen, das Gute werde siegen. Nein, das Böse wird sich durchsetzen, wenn ich ihm nicht jederzeit in mir und außer mir ins Auge blicke. Wo ich es nicht bekämpfen kann, muss ich es ertragen, aber darf es keinen Tag vergessen.«[15] Hier erscheint das Böse als eine aktive Macht, die ständig im Auge behalten werden muss. Und wo hat das Böse mehr Gelegenheit, sich zu manifestieren, als in der Beziehung zu den Menschen, die in unserer Nähe sind? Sie lieben uns, sie brauchen uns, sie enttäuschen uns aber auch und verraten uns. Die Paarbeziehung bietet sich an als Tummelfeld des Bösen.

Gut und böse sind Gesetzmäßigkeiten in einem umfassenden Ordnungssystem, an dem der Mensch teilhat und das er in sich enthält. Der Mensch tritt mit ihnen in Verbindung und wird von ihnen benützt. Die Ideenwelt, Gott, die Götter, kosmische Energien oder das Schicksal sind Partner des Menschen in seiner Suche nach dem Guten und in seinem Kampf gegen das Böse. Der Mensch lässt Ideen in sich wirksam werden oder er macht sich durch Meditation zum Gefäß für das, was außerhalb seiner selbst liegt. Jeder kann entscheiden, was er in sich wirksam werden lassen will, und ist daher für seine Handlungen verantwortlich. Natürlich beeinflusst unsere Lebensgeschichte das Spektrum unserer Verhaltensmöglichkeiten. Und doch stehen wir in einem größeren Zusammenhang. Der Mensch ist die Bühne auch für den Auftritt des Bösen. Eine böse Handlung resultiert aus der Aktivierung eines negativen Potenzials, für die der Mensch mitverantwortlich ist.

Fürchte deinen Nächsten wie dich selbst

Böses geschieht. Böses wirkt, wie immer wir es uns erklären. Destruktives Verhalten zu pathologisieren hilft auch nicht weiter. Sicher gibt es extrem grausames Verhalten, das als psychopathisch eingeordnet werden kann. Aber die meisten von uns sind fähig, das eigene Verhalten zu beurteilen, und müssen für das, was sie anrichten, geradestehen. Es gibt sie, die schlimmen Handlungen, die lebensfeindlichen Impulse, die die Stimmung vergiften, die Freude ersticken und die Sonne verdunkeln. Auch die glücklichste Kindheit und die beste Erziehung sind keine Garantie gegen destruktives Verhalten. Nach Geiko Müller-Fahrenholz kann die Realität des Bösen in der Krise einer Ehe zur bitteren Erfahrung werden. Ohne Druck und Not erliegen Partner der Versuchung des Bösen.»Mitten im heutigen Wohlstand spüren wir giftigen Neid, grundlose Eifersucht, Missgunst, Schadenfreude, Rachegelüste, Ausbeutungsneigungen, den Mordeffekt des Kain in unseren Herzen [...] wie ein schleichendes Gift können diese Regungen ein Liebesband zwischen Mann und Frau zersetzen. Der Mensch in sich ist zwiespältig. Deshalb stellt sich das ganze Leben des Menschen, das einzelne wie das kollektive, als Kampf dar, und zwar als ein dramatischer, zwischen Gut und Böse, zwischen Licht und Finsternis.«[16] Das Negative kann durchaus überhand nehmen. »Ich will ja nur dein Bestes«, sagt der sadistische Lehrer und quält seinen Schüler. Mit der Rechtfertigung »Es macht ihr doch auch Spaß« zerstört der Pädophile die Welt eines Kindes. Die Mutter, deren Neid ihrer Tochter die Jugend stiehlt, der Mann, der mit seinen intellektuellen Spielchen das Selbstvertrauen seiner Frau unterminiert, Eltern, die ihre Kinder gegeneinander ausspielen und so deren Chancen, geschwisterliche Solidarität zu erfahren, zerstören, oder Vorgesetzte, die vorsätzlich Mitarbeiter sabotieren – sie alle verraten einen Mangel an Einfühlung und eine Freude am Leiden der anderen, die nur als sadistisch bezeichnet werden kann. Ein grauenhaftes Bild aus dem irakischen Gefängnis Abu Graib zeigt eine lachende US-Soldatin, die einen nackten, auf allen Vieren kriechenden irakischen Gefangenen wie einen Hund an der Leine führt. Ihre Freude an der Erniedrigung dieses Wehrlosen dreht einem den Magen um. Der sadistische Zug wird nur befriedigt, wenn wir genau wissen, was wir tun, und die Auswirkung unseres Verhaltens, das Leiden unserer Opfer, genießen können.

Von einer Begegnung mit dem Bösen spricht eine alte Jüdin, die während des zweiten Weltkriegs untertauchen musste: »Jeder Mensch stößt irgendwann im Leben auf das ganz Schlimme, auf das, was nicht voraussehbar und nicht lösbar ist. Wir können von da an das Leben als geschwächte Opfer verbringen oder wir können uns trotz allem für das

Leben entscheiden.« Das ist dieser starken Frau, einer Ärztin, Mutter von vier Kindern und renommierten Therapeutin, in hohem Maße gelungen. Was aber ist mit denen, die an der Begegnung mit dem Bösen zerbrechen? Oder die den bösen Angriff als Selbstdestruktion weiterführen? Das Böse ist nicht wirklich zu fassen. Aber eine Folge muss Auschwitz, müssen andere böse Taten haben: Die Stärkung des Bewusstseins, dass ethische Kriterien als Maßstab für alle Handlungen unverzichtbar sind.

Wer ist schuld an der Schuld?

Eine Antwort auf die Frage nach dem Ursprung des Destruktiven ist seine Herleitung aus frühkindlichen Erfahrungen, eine Erklärung, der man einen gewissen Wahrheitsgehalt nicht absprechen kann. Das Neugeborene ist abhängig und beansprucht Zeit, Präsenz, Aufmerksamkeit, Nahrung und Wärme, ohne die es nicht überleben kann. Damit ist es aber auch ausgeliefert an Einflüsse von außen. Eltern, die ihr Kind liebevoll und zuverlässig versorgen, wecken sein Vertrauen. Mangelnde Sensibilität der Eltern und ein unzuverlässiges Umfeld lassen kein Vertrauen aufkommen, was tiefgreifende Folgen hat. Die Unterscheidung zwischen gut und böse ist im Frühstadium noch einigermaßen einfach: Gut ist für das Kind warm, satt und geborgen, böse ist hungrig, kalt und verlassen. Bald sind gut und böse aber nicht mehr nur passiv erlebte Befindlichkeiten; mit zunehmendem Alter und Willen entwickelt das Kind die Fähigkeit, sich für oder gegen etwas zu entscheiden. Erziehung und Entwicklung formen das Wertbewusstsein. Das Kind lernt, dass es böse ist, wenn es auf die Straße rennt, Brillen herunterreißt oder den kleinen Bruder plagt.

Es wird gelobt, wenn es seine Spielsachen mit anderen teilt oder seine Autos in die Schachtel räumt. Die Freude der Eltern an seinem Verhalten, ihr Lob und ihre Zärtlichkeit weisen ihm die Richtung zum Guten, ihre Mahnung, ihr Verbot und ihre Strafe suchen es vom Schlechten fernzuhalten. Gut und böse sind die frühesten, einfachsten und zugleich fundamentalsten Verhaltensrichtungen, aus denen sich alle späteren Verhaltensweisen ableiten. Die moralische Entwicklung führt vom Gehorsam (gut ist, was die Eltern freut) über die Erfüllung gesellschaftlicher Normen (das macht man so) zum Engagement für universale ethische Prinzipien, auch wenn sie gesellschaftlichen Normen widersprechen. Unsere Vorstellung von Erziehung und Entwicklung geht dahin, dass Menschen zu selbstverantwortlichen Wesen heranreifen, die zu ihren Erfahrungen und Prägungen Stellung nehmen und diese, wenn nötig, hinter sich lassen können, die zu eigenen Wahlen fähig werden und mit ihrem freien Willen selbst gesteckte Ziele verfolgen. Wir haben eine Wahl, und wenn wir wählen, uns oder anderen zu schaden, sind wir dafür verantwortlich.

Die Psychokausalität lokalisiert die Ursache von gut und böse bei den Eltern. Die Psychologie hat den Blick geschärft für die Auswirkungen der frühkindlichen Grundkonstellationen auf das ganze Leben und macht damit einen Faden im reichen, nie vollständig definierbaren Netz von Ursachen und Wirkungen sichtbar. Diesen Faden zu verabsolutieren und den Eltern die ganze Verantwortung für die Lebensführung ihrer Nachkommen zuzuschieben ist nicht besonders sinnvoll – allein schon deshalb, weil die Eltern ja ihrerseits bestimmte Verhaltensmuster als Reaktion auf ihre Kindheitsprägungen entwickelt haben. Wenn wir diesen Ansatz konsequent weiterdenken, landen wir irgendwann bei der bösen Eva, die ihren Wissensdurst nicht im Griff hatte und unbedingt in den Apfel der Erkenntnis beißen musste. Noch vor weniger als einer Generation machten fehlgeleitete Psychoanalytiker und Therapeuten in langen Behandlungen die böse Mutter dingfest und wälzten die Verantwortung für das Unglück der Patienten auf sie ab. Nicht, dass sich dadurch viel verändert hätte, aber es ist immer eine Wohltat, die Unbill des Lebens einem Sündenbock aufzuhalsen. Die Psychokausalität schützt ein bisschen vor letztlich Unerklärlichem wie gut und böse. Spielball unbegreiflicher Mächte zu sein, kommt weder unserem Sicherheitsbestreben noch unserem Machbarkeitswahn entgegen, und so beruhigen wir uns mit unseren psychologischen Einordnungen. Sie sind brauchbar und sogar ein wenig wahr. So könnte es sein: Das Kind, als unbeschriebenes Blatt geboren, erwirbt durch die Erziehung eine Disposition, die seiner Neigung zu guten und bösen Handlungen zugrunde liegt. Der gute Mensch wird durch eine günstige soziale Umgebung gleichsam hergestellt. Die richtige Mischung von Gewährenlassen und Grenzsetzung, zusammen mit der möglichst konstanten liebevollen Aufmerksamkeit insbesondere der Mutter bringt gute Menschen hervor. Wer anderen schadet, wurde in der Kindheit falsch »eingestellt«. Der Verbrecher ist zwar Täter, aber er ist auch Opfer seiner Umstände. Die geeignete Psychotherapie wird ihn im Sinne einer Nacherziehung »heilen«. Diese Vorstellung ist jedoch nicht haltbar. Zweifellos können Kindheitserfahrungen mit destruktivem Verhalten zusammenhängen. Bei misshandelten Kindern, die über lange Zeit lieblosen Eltern ausgesetzt waren, erhöht sich die Wahrscheinlichkeit, dass sie auch mit ihren eigenen Kindern schlecht umgehen. Die Tochter einer liebevollen Mutter hat eine größere Chance, ihre eigene Mutterschaft positiv zu erleben, als die Tochter der Frau, die als Mutter das Leben zu versäumen glaubte. Aber wenn auch sadistische Handlungen, wenn die offensichtliche Freude, dem anderen ein Leid zufügen zu können, der Genuss, den anderen zu bedrohen und klein zu machen, mit einer unglücklichen Kindheit entschuldigt wird, gibt man der Eigenverantwortlichkeit des Menschen zu wenig Gewicht. Menschen sind mehr als die Summe ihrer Kindheitserfahrungen und eine Reduktion darauf kommt einer Entwürdigung gleich.

Der Einfluss der frühesten Kindheit hebt die Tatsache des freien Willens nicht auf. Beide wirken paradoxerweise nebeneinander. In der Regel sind wir imstande, uns mit unserer Lebensgeschichte auseinander zu setzen und uns nötigenfalls davon zu distanzieren und eigenverantwortlich zu handeln. Daraus erwächst die Verantwortlichkeit. In jedem Leben gibt es unzählige Momente der Entscheidung, Momente einer positiven oder negativen Wahl, der Wahl zwischen helfen oder schaden, zwischen Achtsamkeit oder Gleichgültigkeit und zwischen gut und böse. Adolf Guggenbühl-Craig schreibt: »Niemand ist ›verursacht‹ oder vor allem bedingt durch seine Eltern. Die Seele ist unabhängig, sozusagen außerhalb von Ursache und Wirkung. Sicher übernehmen wir viele Tugenden und Laster von unseren Eltern, von unserer Umgebung, aber wir übernehmen das, was unserer Seele am meisten liegt.«[17]

Der Machtmissbrauch im Namen der Moral

Wer Macht hat, definiert, was gut und was schlecht ist. Und wer Macht hat, kann die Schwächeren zur Annahme seiner Version von gut und böse zwingen. Der Kampf für das angeblich Gute dient oft der Vermehrung von Macht. Ein Beispiel dafür liefert die Kirche mit ihren Kreuzzügen gegen die »Ungläubigen«, die Heiden und Hexen, die ausschließlich der Sicherung und Erweiterung der eigenen Macht dienten und sich dabei ideologisch der Frömmigkeit der Gläubigen bedienten.

Im Namen von fragwürdigen Idealen wie Patriotismus, Nationalismus und Antiterrorismus zetteln die Machthaber Eroberungskriege an. Seit jeher wurden Wertsysteme zur Vermehrung der Macht missbraucht. Die Glaubenssätze des Kommunismus und des Nationalsozialismus verleiteten die Massen. Nach ihrer Demaskierung war der Katzenjammer bei den Verführten so groß, dass alle Ideale angezweifelt wurden. Den gebrannten Kindern des 20. Jahrhunderts muss man nicht mehr mit Ideologien kommen.

Machtstreben, hierarchisches Denken und Vorurteile führen zur Diskriminierung, das heißt zur pauschalen Ablehnung einer ganzen Gruppe von Menschen aufgrund einer bestimmten Eigenschaft. Das Bedürfnis nach Gruppenzugehörigkeit fördert manchmal Vorurteile, weil bei bestimmten Gruppen Vorurteile gleichsam das Eintrittsbillett darstellen. Olga Rinne erklärt die Disposition zu Vorurteilen: »In dem Maße, wie die Fähigkeit zur Anerkennung eigener Schuld und zur Selbstkritik ausgebildet ist, wächst auch jene zur Versöhnung mit sich selbst und anderen. Wo hingegen Selbsthass und Selbstentwertung dominieren, ist auch die Bereitschaft zu Projektion und Fremdenhass dominierend.«[18] Je weniger ein Mensch mit sich zufrieden ist, desto wahrscheinlicher ist er bereit, andere abzulehnen. Der Hass sucht sich ein Objekt. Schlecht geschützte Randgruppen lassen sich gefahrlos angreifen. Für Menschen, die ihr Gleichgewicht in der Entwertung anderer finden, sind alle Minoritäten als Blitzableiter willkommen. Wer nicht der Norm entspricht, wer nicht den Stallgeruch der eigenen Herde trägt, gerät leicht ins Schussfeld. Olga Rinne nimmt ein weit verbreitetes Feindbedürfnis an, das sich jeweils dort realisiert, wo ein Verfolgerbild sich am einleuchtendsten aufbauen und politisch instrumentalisieren lässt.[19] Die Vorurteilsforschung zeigt, dass ein vorurteilsvoller

Mensch in der Regel jede Gelegenheit wahrnimmt, eine Gruppe abzulehnen. Ein Hassobjekt kann durch ein anderes ersetzt werden. Rassismus, Homophobie und Antifeminismus hängen zusammen und finden sich oft in derselben Person.

Wir alle haben uns irgendwann vom Anspruch eines moralisch hochgestreckten Zeigefingers mitsamt der dazugehörigen Autoritätsperson befreit. Das ist ein oft notwendiger Entwicklungsschritt in der Pubertät. Mit der Demontage falscher Autoritäten relativieren sich auch deren Definitionen von gut und böse, was manchmal dazu führt, dass nicht nur die falschen Inhalte, sondern auch die beiden Dimensionen selbst zur Seite geschoben werden. Und doch ist das Begriffspaar gut und böse unverzichtbar. Es muss mit den differenzierten Inhalten einer ausgereiften Moralität gefüllt werden.

Führt das Böse zum Guten?

Im Buch Hiob lässt sich Gott auf das Experiment Satans ein, Hiob vom Glauben abzubringen, indem er ihn verzweifeln lässt: Seine Herden gehen verloren, seine Kinder sterben, und er wird krank. Hiob versucht lange, das Leiden zu akzeptieren, aber schließlich lehnt er sich gegen Gott auf. Da endlich nimmt sich Gott seiner an und offenbart sich ihm. Hiob ist von der Größe Gottes ergriffen und widerruft seine Rebellion. Gott schenkt ihm ein neues, gutes Leben. Was soll diese Geschichte? Ein Mensch wird mit Gottes Einverständnis gequält. Gott erlaubt das Böse. Vielleicht wurde das gute Ende der Hiobsgeschichte nur angehängt, weil die Menschen diesen Gedanken nicht ertragen können.

In Goethes »Faust« klingt die Hiobsgeschichte an. »Ich bin

ein Teil von jener Macht, die stets das Böse will und doch das Gute schafft«, sagt Mephisto, der Teufel in diesem Stück. Das ist eine der Antworten auf die Theodizee, die Frage, weshalb ein allmächtiger Gott das Böse zulässt. Im Prolog im Himmel bittet Mephisto den Herrn um Erlaubnis, Faust zu verführen – und bekommt sie. Der Herr sagt:
»Des Menschen Tätigkeit kann allzu leicht erschlaffen,
Er liebt sich bald die unbedingte Ruh;
Drum geb' ich gern ihm den Gesellen zu,
Der reizt und wirkt und muss als Teufel schaffen.«

Das Böse als Kontrasthintergrund des Guten schafft den Anreiz, sich dem Guten zuzuwenden. Das Böse, das Unrecht, das Destruktive fordern zu ihrer Überwindung heraus. Dostojewski führt diesen Gedanken weiter: »Sein Teufel würde ja gern das Gute tun, aber er hat eine andere Aufgabe: die Welt in Bewegung zu halten. Ohne das Böse würde sich gar nichts ereignen. Die Welt käme in einem stumpfsinnigen Ausbruch schallenden Lobgesanges zum Stillstand. Denn, intoniert er, Leben ist Leiden.«[20]

Der Kampf gegen das Böse kann die Entscheidung zum Guten stärken. Das Böse erschwert diese Entwicklung, indem es sich tarnt. »Den Teufel spürt das Völkchen nie, und wenn er es beim Kragen hätte«, heißt es im »Faust«. Das Böse als Böses zu erkennen braucht Mut und Einsatz, stärkt aber letztlich die Erkenntnisfähigkeit und stellt das Gute zur Wahl. Wie steht es um die Umkehrung des Mephistosatzes? Er würde lauten: »Ich bin ein Teil von jener Macht, die stets das Gute will und doch das Böse schafft ...« Das blind Gute, das naiv Gute, das Gute, das die Möglichkeit des Bösen verleugnet, kann großen Schaden anrichten. Wie heißt es doch: Das Gegenteil von gut ist gut gemeint.

3. Kooperation als Ermächtigung

Machtzuschreibungen machen mächtig

In jeder zwischenmenschlichen Beziehung, also auch in jeder Paarbeziehung, geht es um Macht, eine Tatsache, vor der wir unsere Augen gern verschließen, weil Macht negative Assoziationen hervorruft. Das ist gefährlich, denn die Leugnung des Machtaspektes in einer Beziehung fördert den Machtmissbrauch. Was nicht erkannt wird, ist schwer anzugehen.

Ich möchte den Begriff der Macht an dieser Stelle zunächst wertneutral verwenden. Macht ist ein Potenzial, das positiv oder negativ verwendet, für gute oder schlechte Zwecke eingesetzt werden kann. Macht lässt sich aktiv oder passiv ausüben: Bei der aktiven Machtausübung werden die eigenen Absichten, der eigene Wille direkt durchgesetzt, die passive Form der Machtausübung besteht darin, die Mittel zur Bedürfnisbefriedigung der anderen in der Hand zu haben. Die Macht von Schönheit und Ausstrahlung, das geheimnisvolle Versprechen von Glück und Erfüllung, das einen Menschen umgibt, wirken als passiver Zauber. Die Frau, die in einer harten Diskussion ihre Vorstellungen über die Verwendung der Familienfinanzen gegen den Widerstand ihres Mannes durchdrückt, übt aktiv Macht aus.

Ein tief verwurzelter gesellschaftlicher Konsens bestimmt, wem Macht zugeschrieben wird. Äußere Kriterien wie Geschlecht, Hautfarbe, Aussehen, Alter, Zugehörigkeit zu einer bestimmten Gruppe oder einer Religion sind mit Machtzuschreibungen gekoppelt. Charaktereigenschaften, Begabungen und die persönliche Ausstrahlung verleihen Macht oder verhindern sie. Machtzuschreibungen ordnen den sozialen Raum und ermöglichen so eine Orientierung. Der eigene Platz im sozialen System definiert ein Stück weit die individuelle Identität und wird deshalb vehement verteidigt.

Mächtig ist, wer Machtzuschreibungen anzieht. Dem Mächtigen öffnen sich die Türen. Seine Wünsche werden berücksichtigt, ohne dass er sie laut anmelden muss, und weil eine bevorzugte Behandlung ihm selbstverständlich erscheint, bekommt er sie auch. Der Name des Mächtigen prägt sich ein, während der des Losers vergessen wird. Der Mächtige wird gehört. Die Beiträge der Schwächeren hingegen finden weniger Beachtung, ungeachtet ihrer Qualität. Die bewusste oder unbewusste Machtzuweisung steuert auch die Wahrnehmung. Ein Mann, der seine Frau für dumm hält, hört ihre Argumente gar nicht. Eine Frau, die in einem Mann den starken Beschützer sieht, ignoriert seine Hilfsbedürftigkeit. Ein Machtgefälle bei einem Paar entscheidet viele Alltagssituationen von vornherein. Der schwächere, abhängigere Partner ist nicht in der Position, seine Bedürfnisse durchzusetzen. Unterschiedliche Formen von Kompetenz und Macht balancieren sich in einer guten Partnerschaft aus und schaffen ein lebbares Gleichgewicht wie beispielsweise bei der entscheidungsfreudigen Frau in Kaderposition, die ihren verträumten, kreativen Mann, der Schriftsteller ist, weitgehend finanziert. Er schätzt ihre Tüchtigkeit und bewundert ihre Bereitschaft, Verantwortung zu übernehmen. Sie befriedigt über ihn ihre eigenen kreativen Bedürfnisse. Seine Zuwendung trägt sie durch die Härten ihres Berufsalltags und ihre Anerkennung und Unterstützung fördert seine Arbeit. Machtattribuierungen sind so selbstverständlich, dass sie der bewussten Wahrnehmung oft entgehen, auch wenn sie eine Situation entscheidend beeinflussen.

Die Macht von Frau und Mann

Männer und Frauen konstellieren unterschiedliche Machtzuschreibungen. Insgesamt besteht ein Machtgefälle zu Ungunsten der Frau. In unseren Breitengraden ist es der weiße, großgewachsene, vitale Mann mit dem energischen Kinn, der Machtzuschreibungen anzieht. Im Patriarchat ist der Mann mächtiger. An diesen Tatsachen zerschellen alle Hoffnungen auf Chancengleichheit: Wir müssen auch heute noch von einer ungleichen Ausgangslage ausgehen.

Gesellschaftliche Geschlechtsrollenzuschreibungen behindern die Wahrnehmung und erschweren eine faire Arbeitsteilung von Frau und Mann. Immerhin sind wir daran, uns aus einer jahrtausendealten Überbewertung des Männlichen herauszuarbeiten. Lange hatten die Frauen keinen Zugang zu einer höheren Ausbildung, kein Stimmrecht und kein Verfügungsrecht über ihren Besitz, weil ihnen die Fähigkeit zu rationalem Denken abgesprochen wurde. Diese Vorurteile schwächen sich zwar ab, wirken aber immer noch nach. Es ist nicht einfach so, dass die bösen Männer den armen Frauen nichts zutrauen. Leider ist es ein gesamtgesellschaftliches Phänomen, dass Frauen häufig die Kompetenz abgesprochen wird. Das heißt, sowohl Männer als auch Frauen haben diese Einstellung verinnerlicht. So zeigen Untersuchungen: Weil den Frauen generell weniger Kompetenz zugeschrieben wird, gehen ihre Voten bei öffentlichen Diskussionen leichter unter. Sie werden weniger gehört, öfter unterbrochen, und zwar sowohl durch Männer wie durch Frauen, und beanspruchen weniger Redezeit als Männer. Sie haben also von vornherein weniger Chancen sich durchzusetzen als Männer, was wiederum das Vorurteil bestärkt, dass ihre Beiträge weniger wert seien, womit der negative Kreis geschlossen wäre.[1] Noch heute verdienen Frauen für die gleiche Arbeitsleistung deutlich weniger als Männer. Jede Begegnung zwischen Frau und Mann wird von der gesellschaftlichen Geschlechtsrollenzuschreibung mitbestimmt, die wie ein halbdurchsichtiger Vorhang die gegenseitige Wahrnehmung beeinträchtigt. Soziale und individuelle Machtzuschreibungen bilden auch bei Paaren die Basis aller Interaktionen. Bevor auch nur ein Wort ausgetauscht worden ist, sind die Machtverhältnisse weitgehend festgelegt und bestimmen die Situation in hohem Maße.

In jeder Partnerschaft sind beide sowohl Träger sozialer Zuschreibungen als auch individueller Zuschreibungen durch den Partner oder die Partnerin. Machtzuschreibungen innerhalb der Partnerschaft überlagern die der sozialen Umgebung. Sind sie voneinander verschieden oder sogar widersprüchlich, kann das ein kreativer Anstoß, aber auch ein Stressfaktor sein. Dem Hausmann werden zwar Sympathien entgegengebracht, er wird aber doch als wettbewerbsschwach eingestuft, und seine Frau muss seine männlichen Seiten bestätigen. Die Frau, die für ihre neue Liebe die Kinder beim Vater zurücklässt, braucht die Unterstützung ihres neuen Mannes, damit sie sich nicht als Rabenmutter abgestempelt fühlt. Im Paaralltag müssen immer wieder neue Machtverschiebungen aufgefangen und kompensiert werden. Arbeitslosigkeit beim einen, Beförderung beim anderen; berufsbedingter Ortswechsel hier, Krankheit dort – Krisen testen die Substanz einer Partnerschaft, und ihre erfolgreiche Bewältigung stärkt sie.

Paare, die lange zusammen sind und noch immer in einer glücklichen, lebendigen Beziehung leben, haben zahllose Veränderungen der Machtbalance austariert und überlebt. Und irgendwann ist das Vertrauen in den anderen so groß, dass anstehende Veränderungen nicht mehr zur Krise geraten. Das Entwicklungspotenzial eines Paares kommt dann voll zum Zug, wenn der Machtvorsprung des einen zur Ermächtigung des anderen eingesetzt wird.

Vertrauen ist kühn

In ihrem bahnbrechenden Buch »Der Kelch und das Schwert« postuliert Riane Eisler zwei gesellschaftliche Ordnungssysteme: das der Dominanz und das der Kooperation. Im ersten stehen hierarchische Einordnungen und der Kampf um die guten Plätze im Vordergrund, im zweiten geht es um die Zusammenarbeit von Gleichwertigen. Dominanz bedeutet Ausbreitung der eigenen Macht durch Unterdrückung der Macht anderer, also die Instrumentalisierung der anderen für eigene Zwecke. Hierarchische Strukturen und das Streben, oben auf der Leiter zu stehen, schaffen Dominanz und Unterwerfung. Ein Machtvorsprung wird in einem dominanten Rahmen zur Machtvermehrung eingesetzt. Er muss vom Sieger verteidigt und vom Verlierer gefürchtet werden. Der Machtvorsprung erleichtert den Machtmissbrauch. Seine destruktivste Variante, der Vertrauensmissbrauch, greift die lebenserhaltende Grundsubstanz des Menschen an, weil er die Öffnung zum anderen Menschen, die Hoffnung auf Hilfe, letztlich den Glauben an das Gute vermindert oder gar zerstört. Er hebt das Gefühl der Sicherheit in der zwischenmenschlichen Geborgenheit auf. Bei der Dominanz wird die Macht im Sinne der Befriedigung eigener Bedürfnisse zu Lasten der Bedürfnisse anderer verwendet.

Führung darf hingegen nicht einfach mit Dominanz verwechselt werden. Auch in einer kooperativen Partnerschaft ist es sinnvoll, wenn Frau oder Mann in den Bereichen die Führung übernimmt, wo er oder sie kompetenter ist. Solange im Geiste der Kooperation, des gemeinsamen Interesses, geführt wird, ermächtigt die Führung die Geführten. Die Juristin, die ihren Mann in einer heiklen Erbsituation berät, stellt ihren Wissensvorsprung der Gemeinschaft zur Verfügung.

Bei der Kooperation geht es um das gemeinsame Wohl. Die Synergie der Anliegen aller Beteiligten schafft ein Ganzes, das mehr ist als die Summe seiner Teile. Der Machtvorsprung der einen wird zur *Ermächtigung*, das heißt zur Förderung und Stärkung der anderen eingesetzt. Entwicklungsfördernde Abhängigkeitsverhältnisse tendieren dazu, sich irgendwann aufzulösen. Eltern ermächtigen ihre Kinder, Lehrer ihre Schüler und Therapeuten ihre Klienten.

Die vertikale Machtstruktur der Dominanz löst sich bei der Kooperation in eine gleichwertige Partnerschaft auf. Ein Machtgefälle wird bei der Kooperation durch Verantwortung auf der Seite der Stärkeren und Vertrauen auf der Seite der Schwächeren überbrückt. Verantwortung und Vertrauen nehmen dem Machtvorsprung das Bedrohliche und schaffen die Voraussetzungen, ihn aufzulösen. Gemäß Carola Meier-Seethaler ist Verantwortung ein nicht reziprokes Verhältnis, dessen Umfang mit dem Ausmaß der Macht wächst.[2] Mit anderen Worten: Noblesse oblige. Verantwortlichkeit ist die humane Art, mit einem Machtvorsprung umzugehen. Der Schutz des Schwächeren wird durch die Verantwortlichkeit gewährleistet. Auch in Paarbeziehungen gibt es den Schwächeren und den Stärkeren. Je nach Situation können sich die Positionen verändern und ins Gegenteil verkehren. Kooperation schützt die Gleichheit der Liebenden und die Würde des Partners.

Kooperation basiert auf Vertrauen. Vertrauen ist ein kostbares Gut und der verantwortungsvolle Umgang damit das Fundament jeder humanen Beziehung. Ohne die Möglichkeit zu vertrauen wird die Welt bedrohlich und einsam, aber Vertrauen erfordert andererseits auch Mut. Die vertrauensvolle Zuwendung zum anderen heißt den Schutzschild ablegen. Das macht verwundbar. Die sich ergänzenden Tugenden des Vertrauens und der Verantwortung wachsen aneinander. Gute Eltern vertrauen ihren Kindern und bestärken sie damit, zunehmend Verantwortung zu übernehmen.

Neue Forschungen beweisen: Menschen haben das Bedürfnis, das in sie gesetzte Vertrauen zu rechtfertigen – auch wenn sie dadurch Eigeninteressen hintanstellen müssen.

Interessant ist in diesem Zusammenhang die Gegenüberstellung von Verantwortlichkeit und Gerechtigkeit. Carola Meier-Seethaler unterscheidet zwischen Beziehungstugenden wie Verantwortung, Fürsorge und Solidarität einerseits und der Tugend der Gerechtigkeit anderseits. Beide sind für eine allgemein menschliche Ethik unverzichtbar. Gerechtigkeit wird erreicht durch das verantwortungsvolle Wahrnehmen der Bedürfnisse aller. Verantwortlichkeit hingegen geht über die formale Gerechtigkeit hinaus. Die Gerechtigkeit sorgt nur für ein Gleichgewicht zwischen Geben und Nehmen. Damit fallen aber die Abhängigen, die Kinder, die Alten, die Kranken und die Schwachen durch die Maschen: ihre Gegenleistung lässt sich nicht so leicht aufrechnen. Die Verantwortlichkeit greift dort, wo die Gerechtigkeit nicht mehr ausreicht, um die Gemeinschaft zusammenzuhalten. Meier-Seethaler wertet Verantwortung, Fürsorge und Solidarität höher als die Gerechtigkeit: »… denn für die Achtung vor der Würde anderer Menschen und Menschengruppen genügt die formale Gleichheitsidee nicht.«[3] Gerechtigkeit reicht nicht. Menschen sind aufeinander angewiesen und werden voneinander abhängig. Verantwortlichkeit ist auch in Paarbeziehungen Fundament und Ausdruck der Liebe.

Der Trend zur Kooperation

Riane Eisler belegt anhand archäologischer Funde, dass bereits in prähistorischen Zeiten Menschen kooperativ zusammenlebten. Die Archäologie referiert spektakuläre Entdeckungen: Funde östlich des Mittelmeerraums lassen den Schluss zu, dass vor der Blütezeit des griechisch-römischen Patriarchats mit seiner Dominanz-Kultur Kulturen mit einer kooperativen Organisationsstruktur existierten. Sie wurden von einfallenden hierarchisch organisierten Horden unterworfen und schließlich verdrängt. Es entstand die fatale Rollenteilung zwischen den Geschlechtern, die Männlichkeit mit Dominanz verknüpft. Eisler schreibt:»Während tausender von Jahren waren es die Männer, die die Kriege ausfochten. Das Schwert war ein männliches Symbol. Daraus darf aber nicht der Schluss gezogen werden, dass Männer a priori kämpferisch sind. Die Geschichte dokumentiert große Männer, die sich für Gewaltlosigkeit und Kooperation einsetzten. In den prähistorischen Sozietäten, welche das Nähren über das Töten setzten, lebten sowohl Männer wie Frauen. Das Problem sind nicht die Männer, sondern ein soziales Ordnungssystem, das die Macht des Schwertes verherrlicht und das wahre Männlichkeit mit Gewalt und Dominanz gleichsetzt, und das Männer, die dieses Ideal nicht erfüllen, als zu weich und effeminiert ablehnt. Unsere Kultur verdammt die Männer zur ›Männlichkeit‹.[4] Erst die Feministinnen stellten die über Jahrtausende wirksame Verbindung von Männlichkeit und Dominanz als soziales Konstrukt in Frage.

Früher zementierte die Ehe die patriarchale Vorherrschaft des Mannes. Rechtlich wurde der Mann praktisch zum Vormund der Frau. Bis vor nicht allzu langer Zeit floss das biblische »Das Weib sei dem Manne untertan, er aber sorge für sie« in die kirchlichen Trauungen ein. Von Matt sieht in der Ehe die exemplarische Verkörperung des Patriarchats: sie besiegelt die Verfügungsgewalt des männlichen Geschlechts über das weibliche. Die Ehe schließt »zwingend die Gleichheit aus, jene Gleichheit, die in der radikalen Liebe so selbstverständlich erfahren wird. Bei der Überführung der Liebe in die Ehe wird ein bewegliches, selbst gesteuertes System in eine feste, vorgegebene Einrichtung der Verfügungskompetenzen überführt.«[5] Demgegenüber setzt Liebe alle von der Gesellschaft verfügten Privilegien und Verpflichtungen außer Kraft: »Die Herrschaft des Geschlechts im Patriarchat, der Klasse […] sie geben im Augenblick der Liebe einen Ort frei, wo alle Macht aufgehoben ist ... wie im Auge des Orkans.«[6] Liebe und Dominanz schließen sich aus. Indessen ist die Aufhebung der Ehe keine Lösung. Wir und unsere Kinder brauchen die Stabilität und Geborgenheit einer auch nach außen verbindlichen Beziehung, aber die alte Form der Ehe genügt nicht mehr. An der Erfindung der postpatriarchalen Ehe wird gegenwärtig in zahllosen Laboren individueller Zweierbeziehungen gearbeitet.

Eisler zieht einen großen Bogen von den kooperativen Gesellschaften prähistorischer Zeiten zur Gegenwart. Sie ist überzeugt, dass die ursprüngliche Richtung der kulturellen Evolution auf Kooperation zielt, und sieht das Patriarchat mit seiner Dominanzlastigkeit als Störung dieser Grundrichtung. Die modernen Bewegungen für soziale Gerechtigkeit werden von einem darunter liegenden Strom getragen, der von der Dominanz zur Kooperation führt. Alle großen geistigen Bewegungen des Abendlandes zielen auf Kooperation. Das

Christentum stellt die kooperativen Tugenden der Nächstenliebe, der Barmherzigkeit und der Versöhnlichkeit ins Zentrum seiner Lehre. Liberté, Fraternité, Egalité schrieb die französische Revolution auf die Fahnen. Die Demokratisierung schreitet voran, manchmal über holprige Strecken, aber insgesamt stetig. Mit der Idee der Gleichwertigkeit von Frau und Mann sind wir daran, jahrtausendealte Behinderungen über Bord zu kippen. Der Fortschritt vollzieht sich langsam, zwei Schritte vorwärts und einen zurück, über Generationen, in immer neuen Wellen. Kooperation als Organisationsform ist aber keine Utopie, denn es hat sie bereits gegeben, sondern eine sinnvolle, lebensfähige Organisationsform. Ihre Förderung ist eine realistische Zielsetzung. Der Kooperation gehört die Zukunft. Auf dem Weg von der Dominanz zur Kooperation, von den Machtkämpfen zur Liebe sind viele Paare unterwegs. Und wenn auch Kooperation nicht einfach mit Liebe gleichzusetzen ist, bietet sie der Liebe doch mehr Entfaltungsmöglichkeiten als die Dominanz.»Keine Gemeinschaft im Kleinen oder im Großen [kann] ohne gegenseitige emotionale Anteilnahme existieren. Wenn wir den Begriff ›Liebe‹ von seinen romantischen Assoziationen und unrealistischen Erwartungen entrümpeln und ihn als mitmenschliche Zuneigung und Verantwortung verstehen, so ist Erich Fromm zuzustimmen, wenn er die Liebe für die einzig angemessene und damit auch rationale Lösung für die existentiellen und gesellschaftlichen Probleme der Menschen hält.«[7]

Lieben ist schöner als siegen

Obwohl wir uns – in historisch großem Bogen gesehen – hoffentlich von der Dominanz zur Kooperation bewegen, tendieren wir doch immer wieder dazu, Macht reflexhaft zur

Machtvermehrung zu benutzen. Die Versuchung, dank eines Machtvorsprungs die Beziehung zu unserem Vorteil zu gestalten, ist groß – für Männer, aber auch für Frauen. Neuere Forschungen belegen nämlich, dass Frauen, wenn sie in Machtpositionen gelangen und sie eine Weile ausüben, genau das gleiche dominante Verhalten zeigen, das bisher zur männlichen Idealnorm gehörte. Macht verändert das Verhalten in eine bestimmte Richtung – unabhängig vom Geschlecht.

Trotzdem herrscht noch immer die Vorstellung vor, eine dominanzorientierte Frau sei unweiblich, weil die aktive Form der Macht traditionellerweise mit dem Männlichen, die passive mit dem Weiblichen assoziiert wird. Diese Vorstellung engt beide Geschlechter ein, und es ist an der Zeit, uns endlich aus diesen starren Zuordnungen herauszuarbeiten. Das geht aber nicht ohne Rückschläge. Die Macht ist allzu verführerisch: Wer sie besitzt, strebt nach mehr. Das erfahren jetzt die Frauen, die in Machtpositionen vorstoßen. Der Weg von der Dominanz zur Kooperation muss von beiden Geschlechtern gegangen werden. Wenn wir die Ordnungsprinzipien der Dominanz und der Kooperation auf das innerpsychische Geschehen anwenden, wird klar, dass auch dort die wünschenswerte Entwicklung von der Dominanz zur Kooperation führt. Die rigide Verdrängung unerwünschter Persönlichkeitsanteile behindert das Wachstum der Persönlichkeit und ihre Entfaltung. Die Auflösung starrer Strukturen belebt die Psyche.

Die Lust ist auf der Seite der Kooperation. Lieben fühlt sich besser an als siegen. Das konnte wissenschaftlich bewiesen werden. In Bilder umgesetzte Messungen der Hirnaktivität zeigen es deutlich: Kooperative Aktivitäten machen mehr Freude als das Gewinnen eines kompetitiven Vorsprungs.[8] Die Lust, sich zu behaupten, verblasst im Vergleich zur Lust, mit einem anderen Menschen zu harmonieren. Zuneigung macht glücklicher als Bewunderung. Lieben ist schöner als siegen. Das weiß jedes Kind. Aber kaum ein Erwachsener. Was hindert uns daran, zu lieben statt zu siegen? Warum wird die Freude an der Verbundenheit mit anderen immer wieder von dem Bedürfnis verdrängt, besser zu sein als die anderen? Warum wird Leistung wichtiger als die Lust am Leben? Das ist nicht vom Anfang unseres Lebens an so. Das Kind wehrt sich mit aller Kraft, wenn es von seiner Mutter getrennt werden soll. Es bekämpft alle, die es von seiner Quelle der Liebe fernzuhalten suchen. Spätestens in der Pubertät geht diese elementare Lebendigkeit verloren, beziehungsweise sie wird abgespalten. An ihre Stelle tritt die Anpassung an äußere Normen. Wettbewerb, Leistung, Sieg drängen sich in den Vordergrund. Das ist noch immer unser patriarchales Erbe. Der Blick auf das Leben wird enger. In jeder gesellschaftlichen Rollenzuschreibung allerdings, ganz gleich, welchem Organisationsprinzip sie verpflichtet ist, steckt Einengung. Glücklicherweise will die Seele lieben und leben. Wie ein gesunder Körper eine Infektion abwehrt, so bekämpft die Psyche die Schwächung der seelischen Ganzheit. Die Seele will lieben, und Liebe löst Grenzen und Hierarchien auf.

Carol Gilligan fasst zusammen: »Die Befreiung von Lust und Liebe von den Fesseln der Männlichkeit und der Weiblichkeit, die sie gefangen hält, heißt, die Abspaltung rückgängig zu machen, indem man Vereinigung riskiert – zu wissen, was man weiß, die eigenen Gefühle zu spüren, nackt zu sein in der Gegenwart des anderen, ohne die Schutzhüllen der Männlichkeit und Weiblichkeit, wie immer sie kulturell zugeschnitten sein mögen.«[9]

Abraham Maslow war der Erste, der sich für die Beschaffenheit der gesunden Psyche interessierte und sie untersuchte.

Seine Forschungen haben die folgenden einleuchtenden und bedenkenswerten Resultate ergeben: Lebensvolle, kreative und ausstrahlungsstarke Menschen zeichnen sich dadurch aus, dass sie relativ wenig durch die Geschlechtsrollenprägung eingeengt sind. Auf der Achse zwischen den Polen männlich und weiblich sind sie in der Mitte anzutreffen. Diese Menschen entgingen der Verarmung durch einseitige Geschlechtsrollenstereotypisierung. Menschen, die aus dem Vollen schöpfen, haben ihr ganzes psychisches Potenzial zur Verfügung und nicht nur die ihnen als Geschlechtsrolle zugewiesene Hälfte. Kreative Männer sind weiblicher, kreative Frauen männlicher als der Durchschnitt.

Jenseits des Gefängnisses einengender Geschlechtsrollenstereotypen wartet ein reicher Garten nuancierter, individuell variierbarer Begegnungsmöglichkeiten. Pionierpaare kreieren diese neuen Formen und melden uns mit ihrer Lebensweise die Beschaffenheit des unbekannten Terrains.

Lieben heißt aufmerksam hinschauen

ES GIBT DICH

Dein Ort ist
wo Augen dich ansehn.
Wo sich die Augen treffen
entstehst du.

Von einem Ruf gehalten,
immer die gleiche Stimme,
es scheint nur eine zu geben
mit der alle rufen.

> Du fielest,
> aber du fällst nicht.
> Augen fangen dich auf.
> Es gibt dich
> weil Augen wollen,
> dich ansehn und sagen
> daß es dich gibt.
>
> *Hilde Domin*

Kooperation basiert auf der offenen Begegnung. Nur wenn ich die Anliegen meines Gegenübers erfasse und seine Motive verstehe, wird ein sinnvolles Zusammenwirken möglich. Die gegenseitige Öffnung setzt Vertrauen voraus, denn durch sie geht ein Stück Schutz verloren. Die Empathie, die Fähigkeit, sich in den anderen einzufühlen und die Welt gleichsam durch dessen Augen zu sehen, erleichtert diesen Prozess der gegenseitigen Öffnung und die Kooperation. Die Einfühlung schiebt ihre Minikamera durch die Adern der Mitmenschen in deren Herz und die so gewonnenen Bilder erlauben präzise Interaktionen. Empathie erschwert Dominanz. Wie kann ich die anderen meinem Willen unterwerfen, wenn ich für ihre Bedürfnisse, Sehnsüchte und Träume offen bin? Wo wir den anderen verstehen und Anteil an ihm nehmen, wird Siegen irrelevant. Nur wo wir dem anderen bewusst schaden wollen, nutzen wir die Kenntnis des anderen negativ aus.

Neben der Einfühlung schafft das Gespräch den Boden für die Kooperation. Kooperation setzt eine gemeinsame Richtung voraus, die immer wieder im Dialog gefunden werden muss. »Nicht erst der Konsens, also die gemeinsame Überzeugung von einer Wirklichkeit, sondern schon der Weg, diese zu finden, ist wichtig.«[10]

Eine Sache wird real, indem man sie erörtert. Gemäß Christoph Klein tragen folgende Faktoren zum Gelingen des Dialogs bei:

1. Die Kunst, den eigenen Standpunkt relativieren zu können. Man sollte sich selbst als irrtumsfähig anerkennen und nicht als den Generalvertreter des Heiligen Geistes betrachten. Angemessene Selbstzweifel schwächen die Durchschlagskraft zugunsten der Subtilität und des Wahrheitsgehaltes der Argumentation.
2. Die Suche nach Gemeinsamkeiten und nach Übereinstimmung. Die Rückbesinnung auf den gemeinsamen Boden erleichtert die Annäherung.
3. Die Bereitschaft, die Argumente des anderen wirklich anzuhören und aufzunehmen. Was will der andere sagen? Was ist sein Anliegen? Die Fähigkeit, die Berechtigung eines Standpunktes, auch wenn er vom eigenen abweicht, auch wirklich zu sehen, fördert die Konsensbildung.
4. Ganz wichtig ist die Fähigkeit, ungelöste Fragen auszuhalten. Es gibt Situationen, die nicht eindeutig sind. Das Leben gelingt nicht nur dann, wenn alles restlos geklärt ist. Wir unvollkommenen Menschen bringen keinen vollkommenen Dialog zustande.[11]

Letztlich bestimmt die Einstellung der Teilnehmenden über Gelingen oder Nichtgelingen des Dialogs. Die Beteiligten müssen guten Willens und ehrlich bemüht sein, miteinander einen Weg zu finden, damit der Dialog die Kooperation verbessert. Carl Rogers, der die Effizienz therapeutischer Prozesse erforscht hat, destillierte drei Grundvariabeln, welche die Basis jeder guten Kommunikation bilden. Es sind dies Echtheit, Zuwendung und Einfühlung.
1. Echtheit: Die Begegnenden sind im Gespräch sie selbst. Sie verstecken sich nicht hinter Fassaden, Rollen oder ziehen irgendwelche Strategien durch, sondern riskieren, ihre eigene Wahrheit sichtbar werden zu lassen. Sie meinen, was sie sagen. Sie sind »lokalisierbar« und man weiß, woran man ist.

2. Zuwendung: Die Begegnenden gehen aufeinander zu, nehmen Anteil aneinander und engagieren sich füreinander. Ein zuverlässiges Wohlwollen federt Differenzen ab. Sie sind zur Toleranz bereit und akzeptieren einander als Menschen, die vielleicht unterschiedliche Meinungen haben, aber doch im Grunde durch eine gemeinsame Würde verbunden sind.
3. Einfühlung: Die Begegnenden sind bereit, in die Welt der anderen einzutauchen und sie durch ihre Brille zu sehen. Sie bemühen sich, genau hinzuhören und so auf sie einzugehen, dass sie sich wirklich verstanden fühlen.

Die drei Rogers-Variablen beschreiben eher eine Haltung, als dass sie konkrete Handlungsanweisungen sind, eine Haltung, die nur bedingt erlernt werden kann. Sie ist die Voraussetzung für die Kooperation.

Die Resultate des Paarforschers John M. Gottman bestätigten die Entdeckungen von Rogers. Gottman untersuchte die Alltagsgespräche von glücklichen Paaren und verglich sie mit den Gesprächen unglücklicher Paare. Als unglücklich bezeichnete er Paare, die mit ihrer Beziehung unzufrieden waren und sich später trennten. Die Gespräche glücklicher Paare enthielten weder dramatische Selbstoffenbarungen, noch wurde nach allen Regeln der Kommunikationskunst gestritten. Die Gesprächsinhalte waren nicht besonders aufregend. Der wesentliche Unterschied zwischen den Gesprächen glücklicher und denen unglücklicher Paare war die Aufmerksamkeit, mit der die Partner aufeinander eingingen.»... die stete Zuwendung im Alltag ist der Stoff, aus dem Intimität entsteht. Zuwendung verbindet.«[12] Unaufmerksamkeit als Haltung zerstört letztlich eine Partnerschaft. In Ehen, die später geschieden wurden, ignorierten die Männer 82 Prozent der Kontaktangebote ihrer Frauen, während die Ignoranzrate in glücklichen Partnerschaften 19 Prozent betrug. Eine Frau, die von ihrem Mann nur jedes fünfte Mal nicht beachtet wird, hat also noch keinen Grund zur Sorge. Aber ärgern darf sie sich trotzdem. Frauen, die sich später von ihrem Mann trennten, beachteten 50 Prozent seiner Kontaktversuche nicht, während das bei stabilen Paaren nur bei 14 Prozent der Fall war.[13] Nicht das Was, sondern das Wie der Interaktion erwies sich als entscheidend: Glückliche Paare hören einander wirklich zu und gehen auf das ein, was sie gehört haben. Der Liebestrank, der Beziehungen haltbar macht, heißt Aufmerksamkeit. Die psychische Energie ist auf die Partnerin oder den Partner gerichtet. Der andere findet eine offene Tür und wird sozusagen mit einem Lächeln willkommen geheißen.

Die Einfühlung ist der Schlüssel zur Harmonie. Carola Meier-Seethaler schreibt: »Dass die Empathie als die Fähigkeit des Verstehens von menschlichen Grundbedürfnissen und Anteilnahme am Schicksal anderer in den Hauptströmungen der europäischen Ethik so lange marginalisiert wurde, hängt mit der Geist-Leben-Spaltung zusammen, die schon in der Antike das philosophische Denken dominierte. Ideal war die rein geistige Existenz, die sich von den Fesseln des Leibes und der Unberechenbarkeit der Affekte befreit. Die älteren Stoiker hielten nicht nur die heftigen Leidenschaften für unvernünftig und schädlich, sondern auch Gefühle von Freude und Trauer.«[14] Heute stehen Gefühle in höherem Ansehen. Wir anerkennen die Empathie als Basis einer lebenserhaltenden Ethik. Meier-Seethaler fährt fort: »Nur die emotionale Dimension der Ethik, die zugleich ihre spirituell-religiöse ist, gebietet Halt vor den Übergriffen auf die Lebensträger, denen wir uns zutiefst verbunden fühlen, wenn wir uns wirklich auf sie einlassen.«[15] Die emotionale Seite der Ethik wird hier mit der religiös-spirituellen in Verbindung gebracht. Sobald wir unsere Grenzen aufheben und uns mit dem Ganzen vereinen, können wir nichts mehr verletzen, ohne uns selbst zu verletzen.

Die Kooperation mit Gott

Die Entwicklung von der Dominanz zur Kooperation spiegelt sich auch in der Religion. Alles ist in Bewegung geraten. So zeigt die Diskussion um das Geschlecht Gottes, dass alte Gottesbilder verblassen. Du sollst dir kein Bildnis machen von dem, was über und unter der Erde ist, sagt die Bibel. Das Unfassbare fassen zu wollen ist menschlich, und das Scheitern dieses Anliegens gleichzeitig unvermeidlich. Der Gott, von dem wir uns kein Bild machen sollen, erscheint im Patriarchat selbstverständlich als Mann, als dominanter Vatergott. Gott war männlich. Als Gottvater mit dem wallenden Bart, wie er von Michelangelo an die Decke der sixtinischen Kapelle gemalt wurde, inspirierte er den liegenden Adam. Gott stand an der Spitze der Hierarchie dominierender Männlichkeit, und die weltlichen Machthaber, Könige und Präsidenten, mussten sich von Gottes Funktionären krönen lassen oder schworen in seinem Namen den Amtseid. Er, der Allmächtige, konnte im Patriarchat nur männlich gedacht werden. Das hat sich geändert. Das Geschlecht Gottes erwies sich als ein patriarchales Konstrukt. Gott wurde zur Göttin oder zur Gottheit. Gott als Göttin: Diese Öffnung des Denkens beraubt und beschenkt. Der Gott der Kindergebete, er, der alles sah, was man anstellte, und einen freundlich wieder aufnahm, wenn man es in Ordnung gebracht hatte, der Gott des Konfirmandenunterrichts, den man mit pubertärer Skepsis in den Hintergrund schob, unser Vater sollte plötzlich Göttin sein? Und doch: Als Göttin vitalisierte sich Gott und rückte plötzlich in eine verbindliche und legitimierende Nähe. Gott einen guten Mann sein zu lassen, geht nun nicht mehr so leicht. Im Gegensatz zu Gott konstelliert die Göttin für eine Frau nicht mehr weibliche Unterwerfung in gehorsamer Demut, sondern Selbstverantwortung und partnerschaftliche Mitarbeit. Die Göttin schließt uns wieder an den alten Mythenstrom an, an die Macht von Inanna, Kali, Isis, Demeter und Maria. Sie konstelliert die Entstehung eines neuen göttlichen Gegenübers, einer neuen spirituellen Behausung. Und doch hat sie noch nicht richtig Fuß gefasst: Wir hängen zwischen Gott nicht mehr und Göttin noch nicht. Es meldet sich auch ein Unbehagen über das distanzlose Grabschen, das in dieser vermenschlichenden Geschlechtsstiftung liegt – aber natürlich fühlte sich das richtig an, solange das Geschlecht Gottes männlich war. Von der Gottheit zu sprechen, wäre wohl der korrekte, aber blutleere Ausweg. Eine so grundlegende Dimension wie das Geschlecht Gottes kann nicht losgelöst von der ganzen Gottesvorstellung und Gottesbeziehung verändert werden, sondern bringt alles in Bewegung. Carola Meier-Seethaler mahnt in diesem Zusammenhang: »Jedenfalls ist der Versuchung zu widerstehen, der patriarchalen Ideologie eine neue Form von Ideologie entgegenzustellen, in der matrizentrische Religionsformen idealisiert und – ausgesprochen oder unausgesprochen – das Weibliche als solches höher als das Männliche bewertet wird.«[16]

Neben der Vorstellung von der Unterwerfung unter einen allmächtigen Herrscher oder der einer Geborgenheit bei einem allgütigen Vater gibt es ein anderes Bild von der Beziehung zu Gott, das weniger mit Unterordnung und mehr mit Kooperation zu tun hat. Interessant ist in diesem Zusammenhang die Ausbreitung buddhistischer Religionspraktiken im Westen. Die Suche nach der Verbindung mit dem Umfassenden bahnt sich neue Wege. Eine unmittelbarere, nicht durch kirchliche Dogmen verstellte Begegnung wird angestrebt. Doch auch im Christentum verschieben sich die Akzente. Die Theologin Dorothee Sölle sieht Gott als Kooperationspartner der Menschen. Die Machtfrage wird »nicht durch Herrschaft und Überlegenheit, sondern durch Teilen, durch wunderbare Machtvermehrung beantwortet. Gute Macht ist gegenseitige Macht, sie gibt anderen Anteil an der Macht des Lebens, was der Begriff empowerment bedeutet. Sie überwältigt nicht, sondern befähigt. Gott als die Macht-in-Beziehung zu denken, heißt auch verstehen, dass jede Macht, die wir oder andere so benutzen, dass wir uns nicht gegenseitig ermächtigen, ein Missbrauch ist.«[17] Auch die Beziehung zwischen Gott und Menschen muss eine gegenseitige sein. Gott ist auf uns angewiesen.»Dass Gott auf unser Erscheinen wartet, uns um unsere Wahrheit bittet, ohne dass unser Mut in der kalten Trauer des Universums bleibt, ja dass Gott erlöst werden will, dass also selbst ein Konzept wie das der Erlösung ethisch und theologisch im Rahmen der Gegenseitigkeit gedacht werden muss, das sind Entwürfe, […] die notwendig immer weiter in eine neue Art von Mystik hineingehen. Einseitige Beziehungen, in der die eine Person immer die gebende und die andere immer die nur nehmende ist, sind moralisch unerträglich und führen zu neurotischen Verzerrungen. Darum ist das Bild paternaler Liebe für Gottes Beziehung zu uns nicht ausreichend. Wir müssen Freundinnen und Freunde Gottes werden, […] und die Infantilität, die das Patriarchat ja gerade in der Beziehung der Frauen zu Gott fördert, kann überwunden werden.«[18]

In diesem Gottesentwurf erweitert sich die Kontaktfläche zwischen dem Göttlichen und dem Menschlichen. In der mystischen Verbindung öffnet sich der Mensch einer Gottheit, die ihn sucht und braucht. Die Entwicklung geht von der Unterwerfung unter einen dominanten Vatergott zur Kooperation mit einer in der mystischen Annäherung von Moment zu Moment neu zu erfahrenden und individuell zu definierenden Gottheit.

4. Die Vertrauensbasis von Paaren

Fairness in der Paarbeziehung

Wer schuldet wem was? Kommt diese Frage nicht schon beinahe einem Verrat an der Liebe gleich? Das Geschenk der Liebe darf doch nicht in die Niederungen von Leistungsvergleichen gezogen werden! Wer wagt es, den Taschenrechner ins Paradies mitzunehmen? Und doch bildet das engagierte und faire Ausbalancieren der gegenseitigen Beziehungsleistungen den dauerhaften Boden, auf dem Liebe wachsen und bestehen kann. Wer schuldet wem was? Diese Frage ist kein Sakrileg. Im Gegenteil: Sie schützt das Heiligtum.

Gerechtigkeit und faires Verhalten unterstützen das Vertrauen. Menschen haben ein eingeborenes Wissen um Gerechtigkeit, mit Hilfe dessen sie im Normalfall abwägen können, was ihnen zusteht und was ihre Verpflichtungen sind. Wer aus diesem Wissen heraus handelt, ist vertrauenswürdig. Eine liebevolle Erziehung stärkt dieses eingeborene Wissen, während es durch Ablehnung, Vernachlässigung und Ausbeutung geschwächt wird.

Die Vertrauensbasis eines Paares ist letztlich sein tragender Grund. Ein Klima des Vertrauens ist bedeutsamer für die Qualität einer Beziehung als irgendwelche »richtigen« Verhaltensweisen. Das Vertrauen trägt das Paar über die unvermeidlichen Unaufmerksamkeiten, Enttäuschungen und Kränkungen des Paaralltags hinweg. Wo es fehlt, greift jede

Bemühung, jede Erklärung und jede Einsicht ins Leere. Vertrauen entsteht durch die Erfahrung der zuverlässigen Fairness des anderen und wird verspielt durch Ungerechtigkeit und Egoismus. Ivan Boszomenyi-Nagy schreibt: »Eine Beziehung wird zusammengehalten durch eine moralische Substanz, welche die Absichten und Handlungen der Mitglieder durchdringt.«[1] Fairness zeigt sich in der Bereitschaft, die ganz konkreten, alltäglichen Aufgaben des Zusammenlebens wahrzunehmen und angemessen zu erfüllen. Wenn diese Bereitschaft, dieses Engagement für die Beziehung nicht vorhanden ist, klingen die prächtigsten Liebesschwüre nur hohl. Jedes Mal, wenn nach versäumten Pflichterfüllungen darüber gestritten werden muss, wer wann was hätte erledigen sollen oder wer wofür zuständig gewesen wäre, sinkt die Temperatur und die Liebe zieht sich fröstelnd zurück. »Die Ausbalancierung von Geben und Nehmen, von Schuld und Verdienst lässt sich nicht mit äußeren Taten allein erreichen. Aber ein Ausgleich für das, was man real für die Partnerschaft tut, wie Haushaltarbeit, Arbeit für die Kinder, Gelderwerb, Umgang mit Behörden, muss beachtet und bewusst geregelt werden, um der Gefahr vorzubeugen, dass einer von beiden sich benachteiligt und berechtigt fühlt, dem andern Vorwürfe zu machen, und dass der andere in Schuld steht oder sich in Schuld stellen lässt. Die Ausbalancierung kann ein wichtiges Thema […] sein. Sie sollte aber Rahmenbedingung bleiben und nicht zum eigentlichen Inhalt einer Liebesbeziehung werden.«[2] Gerechtigkeit, Verpflichtung, Verdienst und Schuld: Das klingt hart und einengend, wenn es mit dem Paarleben in Verbindung gebracht wird. Wo bleiben Zärtlichkeit, Erotik, Überschwang und Spiel, die doch wesentlich zur Liebe gehören? Und doch überlebt keine enge Beziehung ohne gegenseitige Fairness. Hoffentlich können zwei Menschen, die sich lieben, auf mehr zurückgreifen als das Buchhaltungsprinzip, aber wenn die moralische Bilanz nicht stimmt, schwindet das Vertrauen.

Zuverlässigkeit im Alltag

Die Paar-Ethik verlangt ein Gleichgewicht von Geben und Nehmen. Wer zu wenig bekommt, fühlt sich betrogen, und wer zu viel bekommt, verspürt Unbehagen. Das zuverlässige Gleichgewicht zwischen Geben und Nehmen macht eine Beziehung vertrauenswürdig. Die Beteiligten können sich darauf verlassen, dass sie erhalten, was ihnen zusteht. Diese Vertrauensbasis festigt sich durch die wiederholte Erfahrung des Wohlwollens und der Zuverlässigkeit des anderen. Ein Mensch, auf dessen Wort Verlass ist, der tut, was er sagt, und der Abmachungen einhält, ist vertrauenswürdiger als einer, der beispielsweise dazu neigt, notwendigen Beziehungsbereinigungen durch vorschnelle Versprechungen, die er dann »vergisst«, auszuweichen. Eine viel beschäftigte Frau strahlt: »Das erlebe ich zum ersten Mal: einen Mann, der meinen Terminkalender nicht nur im Kopf hat, sondern auch in seinen einbaut. Es ist einfach wunderschön, wie häufig er bei seiner beruflichen Belastung Zeit findet, mich am Flughafen abzuholen.«

Die Frau, die ihrem unter Hochdruck arbeitenden Mann durch umsichtige Organisation ermöglicht, eine optimale Balance zwischen Beruf, Sport und Familienleben zu finden, und die in zuverlässiger Voraussicht darum besorgt ist, dass die Rahmenbedingungen stimmen, zeigt mit ihrer unspektakulären Infrastrukturarbeit eine Zuwendung, auf die er bauen kann. Es ist die Zuverlässigkeit im Kleinen, Alltäglichen, die Vertrauen schafft. Wer trotz klarer Abmachungen zum hundertsten Mal vergisst, den Abfall rauszubringen, vermindert seine Vertrauenswürdigkeit. Es sind nicht in erster Linie die großen Gesten, die Boden schaffen, sondern es ist die stete Zuwendung, die sich in der Aufmerksamkeit gegenüber den banalen Notwendigkeiten des gemeinsamen Lebens ausdrückt. Nicht eingehaltene Verpflichtungen wie die, den kleinen Sohn an den vereinbarten Tagen rechtzeitig aus der Krippe zu holen, zehren an der Beziehungssubstanz. Sie führen zu Streitereien und schlechter Stimmung und rauben dem Zusammenleben Schwung und Freude. Chronische Unpünktlichkeit nagt am Vertrauenskapital. »Mit meinem ersten Mann kamen wir überall zu spät. Das zu erwartende Gehetze vor Konzertbeginn belastete mich so, dass ich die Musik nachher nur halb genießen konnte. Ich wusste nie, wann er zum Essen auftauchen würde, und wenn wir Gäste hatten, saß ich oft beim Apéritif wie auf Nadeln, weil er noch nicht da war. Ich war dauernd am Telefon, um Freunden entschuldigend irgendwelche Verspätungen anzukündigen. Ein Grund, weshalb ich mich bei meinem neuen Partner so geborgen fühle, ist sein souveräner Umgang mit der Zeit. Er mag manchmal in Hektik sein, aber er lässt es mich nicht spüren. Mit seiner Pünktlichkeit respektiert er mich und das, was ich tue. Ich kann mich darauf verlassen, dass er zur vereinbarten Zeit auch da ist«, sagt eine Frau.

Zuverlässigkeit heißt auch darauf vertrauen können, dass der andere einem grundsätzlich wohlgesonnen ist, dass er einen alle oberflächlichen Trübungen durchdringenden liebevollen Blick hat, der ungeachtet der manchmal schlechten Tagesform das Potenzial des anderen und der Beziehung sieht. Lieben heißt, immer von Neuem hinzuschauen, für den anderen Wachstum zu erhoffen und mit einfühlender Phantasie dessen Entfaltung zu unterstützen. Ein Mann sagt: »Ohne sie hätte ich den Mut nicht, weiterzumachen. Möbeldesign ist ein hartes Geschäft. Meine Sachen finden zwar Beachtung, und in der Fachwelt weiß man langsam, dass es mich gibt, aber ausgezahlt hat sich das bisher noch nicht. Wir brauchen das Gehalt meiner Frau, damit wir einigermaßen durchkommen. Wir könnten es sehr viel komfortabler haben, wenn ich mich anstellen ließe, aber wir sind uns einig, dass wir uns wirklich genug Zeit geben wollen, um als selbstständige Unternehmer Fuß zu fassen. Zum Glück habe ich die richtige Frau erwischt.« Die Frau trägt das Ziel des Mannes mit und unterstützt seine Ideen.

Eine Jurastudentin sagt: »Der Entschluss, auf dem zweiten Bildungsweg das Abitur nachzumachen, reifte langsam. Ich habe lange mit niemandem darüber gesprochen, weil ich mir unsicher war, ob ich es auch schaffen würde. Zu meiner Überraschung fragte mein Partner eines Tages von sich aus, warum ich eigentlich nicht das Abitur nachmache. Mit seiner Unterstützung fand ich den Mut, mich darauf einzulassen. Er begleitete mich durch die anstrengende Zeit, auch wenn ich wieder mal, von Selbstzweifeln zerfressen, aufgeben wollte. Er hat einfach an mich geglaubt, das machte mich stark. Nun ist er an der Reihe: Er geht zur Weiterbildung nach Amerika, und ich werde mitgehen.«

Rückendeckung und Loyalität sind wichtige Seiten der Liebe: »Ich weiß, dass sie mich gut findet, auch wenn ich den anderen manchmal auf die Nerven gehe. Ich ertrage dumme Pauschalurteile einfach nicht, gerate dann oft in heftige Diskussionen und mache mich unbeliebt, nicht nur wegen der Sache, sondern weil ich eben undiplomatisch bin. Meine Freundin steht zu mir, auch wenn mich alle unmöglich finden.«

Wer sich im Herzen des anderen geborgen weiß, ist geschützt.

Deine Regeln sind nicht meine Regeln

Jedes Paar schafft sich aus den mitgebrachten Erwartungen und der gemeinsamen Geschichte ausgesprochene oder unausgesprochene Regeln für das Zusammenleben. Dieser moralische Grundkontrakt wirkt, ob er nun ausgesprochen oder nicht einmal bewusst wahrgenommen wird. Jürg Willi schreibt: »An der Stelle kirchlicher und staatlicher Moralvorschriften hat sich eine Beziehungsethik von unten entwickelt. Zwischen Liebespartnern bildet sich eine Verhandlungskultur, in welcher jeder in eigener Verantwortung an der Gestaltung des Liebeslebens mitwirkt.«[3] Der Paarkontrakt ist individuell. Er lässt sich von außen nur bedingt verstehen und noch weniger angemessen beurteilen. Was die Liebe zwischen zwei Menschen ausmacht, was ein Paar »im Innersten zusammenhält«, bleibt ihr Geheimnis. Jedes Paar entwickelt seine eigenen Muster des moralischen Umgangs miteinander. Viele gemeinsame Erfahrungen, Kämpfe und Versöhnungen definieren die Grenze zwischen dem, was akzeptabel und dem, was nicht akzeptabel ist. Aus unzähligen ausgesprochenen und unausgesprochenen Erwartungen und Abmachungen, die dann mehr oder weniger eingehalten werden, kristallisiert sich eine moralische Übereinstimmung heraus. Durch Versuch und Irrtum schaffen sich Paare ihre eigenen moralischen Gesetze, die so individuell sind wie Fingerabdrücke. Manchmal haben sie wenig mit landläufiger Moral zu tun. Mit der Zeit wird klar, wer was beansprucht und wie die Lasten- und Privilegienverteilung aussieht. Die Rollen festigen sich. Der desinteressierte Ausweicher hüllt sich in Schweigen, während sich die beziehungsbedürftige Symbiotikerin den Mund fusselig redet. Der werbende Retter übersieht verletzendes Verhalten, während die misstrauische Geborgenheitsuchende ihre ambivalenten Spielchen treibt. Die stabile, lebenslustige Optimistin federt die Verzweiflungsschübe ihres depressiven Partners ab. Stabile Paarbeziehungen basieren auf einem moralischen Konsens: Harmonische Paare sind sich darüber einig, was eine Sünde wider den Paargeist darstellt, wie das Sühneverhalten aussehen muss, wie verziehen wird und wie man Versöhnung feiert. Die Delegation unbewusster eigener Ansprüche an den Partner erleichtert die moralische Buchhaltung mitnichten. Oft wählen wir einen Partner, der das lebt, was wir nicht zu leben wagen. Das Bedürfnis, Ungelebtes über den Partner indirekt ausleben zu lassen, steuert viele Partnerwahlen. Was man sich selbst zu leben verbietet, findet nun in nächster Nähe statt, und der Logenplatz im Theater des faszinierenden Ungelebten lässt uns das Ersehnte wenigstens aus zweiter Hand zukommen. Sie lebt für ihn seine sensible, aber auch depressive Seite, während er stark und unbeirrbar seinen Weg geht.

Er spielt Theater und befriedigt so ihre heimliche Sehnsucht nach dem farbigen Leben, das sie sich verbietet, weil sie gewohnt ist, pragmatisch zu denken. Derartige Delegationen können eine Partnerschaft durchaus festigen. Doch enthält genau diese Delegationsdynamik auch Zündstoff. Wehe, wenn sich der andere zu viel von dem erlaubt, was ich mir verboten habe. Es ist unverzeihlich, wenn der andere sich genau das holt, was ich eigentlich auch gern gehabt hätte. So kann die unversöhnliche Haltung einem Seitensprung gegenüber auch in eigenen verdrängten Wandergelüsten ihre Wurzeln haben. Eine weitere Gefahr der Delegation eigener Ansprüche an den Partner ist die Tendenz zunehmender Einseitigkeit, die schließlich das Ganze zum Kippen bringen kann. Er hat Leidenschaft und Sinnlichkeit vollständig an sie delegiert – nun erträgt er das Knistern, das ihre Präsenz bei Männern auslöst, immer weniger. Die vormals willkommene Unterstützung des Mannes, der in planender Voraussicht das Leben organisiert, wird mit der Zeit als Bevormundung erlebt, die man nicht mehr ertragen kann. Die anfänglich als spontan und originell erlebte Frau erscheint immer mehr als wankelmütige Chaotin. Wie weit sind wir für diese oft weitgehend unbewussten Delegationen und ihre Folgen verantwortlich?

Wo die Ansprüche sich ergänzen, lebt es sich friedlich. »Meine Eltern führten eine gute Ehe, obwohl sie mit fünf Kindern und einem großen Bauernbetrieb mehr als ausgelastet waren. Ich habe daheim gelernt, wie man sich zuarbeitet und gleichzeitig den anderen machen lässt. Mein Mann und ich haben eine traditionelle Rollenteilung. Der Haushalt ist meine Sache. Auch was die Kinder angeht, entscheide ich alleine. Ich bin froh, dass er mir da nicht hineinredet. Er ist Vertreter und deshalb oft auf Reisen. Wenn er da ist, sehe ich zu, dass wir wirklich Zeit füreinander haben.« Bei diesem Paar sind die Ansprüche gut aufeinander abgestimmt, ebenso hier: »Ich liebe die Musik, aber meine Begabung hält sich in Grenzen. Meine Frau ist Geigerin. Ihr Spiel hat mich von Anfang an fasziniert. Ich saß gebannt im Publikum und war entschlossen, sie kennen zu lernen. Inzwischen sind wir verheiratet und haben ein Kind. Die Musik steht im Zentrum unseres Lebens. Ich bin glücklich, dass ich es ihr finanziell ermöglichen kann, konsequent ihre Karriere zu verfolgen.«

Die moralische Mitgift

Enge, intime Beziehungen rufen alte Gefühle in uns wach. Das Unbewusste macht keinen Unterschied zwischen Vergangenheit und Gegenwart. In jeder neuen Liebe wird die Liebe wieder lebendig, die wir in der frühen Kindheit von Mutter und Vater oder den jeweiligen Bezugspersonen erfahren oder nicht erfahren haben. Alte Sehnsüchte, Ängste, Verletzungen, Konflikte konstellieren sich immer wieder. Oft bemerken wir selbst gar nicht, dass wir mit unserem Verhalten oder in unseren Ansprüchen an den Partner plötzlich wieder wie das dreijährige Kind reagieren, das sich damals verlassen, betrogen oder ohnmächtig fühlte. Intime Beziehungen bergen ein ungeheures Potenzial zur Aktivierung unbewusster Konflikte, die unser »erwachsenes«, vernünftiges Verhalten mit einer heftigen Woge einfach hinwegspülen. Schwierig für den Partner, der, in Unkenntnis der kindlichen Traumata des anderen, noch weniger versteht, was auf einmal die Idylle der Zweisamkeit durchbricht und das Beziehungsfeld verwüstet.

Um so erstaunlicher ist es, dass es vielen Paaren gelingt, sich miteinander und aneinander weiterzuentwickeln und gleichzeitig der Beziehung einen festen, verlässlichen Boden zu schaffen. Aber der Dauerbedarf an Versöhnung gibt uns ja auch Übungsgelegenheit, und manchmal erweisen wir uns mit Einsatz und Glück als lernfähig.

Die Erwartungen, die wir an eine Beziehung haben, hängen mit unserer Lebensgeschichte zusammen. Die Überzeugung, was uns in einer Beziehung zusteht, ist also sehr subjektiv. Und doch ist diese Überzeugung ausschlaggebend für das Gefühl, in einer Partnerschaft fair behandelt zu werden oder nicht. Oft sind beziehungsprägende Ansprüche den Beteiligten nicht einmal bewusst, weil sie als früh erworbene Selbstverständlichkeiten unter dem Radarschirm des Bewusstseins hindurch in das Beziehungsterritorium eindringen und die Beziehungslandschaft prägen. Zweifel über die Berechtigung der eigenen Ansprüche schwächen ihre Durchsetzung. Der Anspruch, gut behandelt zu werden, basiert auf einem guten Selbstvertrauen. Individuelle Veranlagung, Familienstruktur, Geschwisterfolge und insbesondere die Bedeutung jedes einzelnen Kindes für die Eltern sorgen dafür, dass auch Geschwister nicht dasselbe moralische Anspruchsprofil aufweisen. Das reizende, verwöhnte Nesthäkchen lernt, Anstrengungen aus dem Weg zu gehen und mehr zu fordern als zu geben; das mittlere Kind der gleichen Familie versucht, unabhängig zu bleiben und nicht zu viel in Beziehungen zu investieren, während das älteste im Kampf um seine Vormachtstellung als Erstgeborenes viel Verantwortung für die Jüngeren übernahm und später häufig in seinen Ansprüchen in puncto Solidarität enttäuscht wird.

Allzu gewährende Eltern erweisen ihren Kindern keinen Dienst; sie fördern damit eine Anspruchshaltung, die eine spätere Landung auf dem Boden der Realität ziemlich unsanft machen kann. Was in einer kleinen Dosis als Medizin heilt, wird in der Überdosis zu Gift. Vaters Liebling muss indigniert zur Kenntnis nehmen, dass ihr die Männerwelt nicht mehr so selbstverständlich zu Füßen liegt, wie sie es von daheim von Papa gewohnt war. Der von der Mutter zum Wunderkind stilisierte Sohn mittlerer Begabung gibt sich möglicherweise nicht mit schnödem Lernen ab und verdammt sich zur Karriere des verkannten Genies. Dem kleinen Prinzen der vor seiner Geburt verwitweten Mutter floss auch die ganze Liebe für den Verstorbenen zu, und er lernt, sich als Nabel der Welt zu sehen. Seine Grundüberzeugung, was ihm in einer Beziehung zusteht, wird sein Verhalten und seine Partnerwahl beeinflussen. Verwöhnte Menschen neigen dazu, andere für ihre Befindlichkeit verantwortlich zu machen. Ein Mann sagt: »Ich halte den Atem an, dass ihre Laune nicht kippt. Ich bewege mich auf einem Minenfeld möglicher Fehlhandlungen, und jeder Fehltritt hat eine lange Verdüsterung ihrer Stimmung zur Folge. Meine geschäftlichen Sorgen behalte ich für mich, denn ihre Neigung, alles in den schwärzesten Farben zu sehen, würde die Situation nur noch verschlimmern.« Bei diesem Paar beansprucht die Frau ihren

Mann als Garant ihres Wohlbefindens, während er keine Hoffnung hat, dass seine Probleme von seiner Frau mitgetragen werden könnten. Frühe Verwöhnung ist ein Handicap, weil sie übertriebene Erwartungen an eine Beziehung weckt.

Ungeliebte Kinder andererseits fordern später zu wenig und neigen dazu, in ihren Partnerschaften immer wieder den Kürzeren zu ziehen. Die Tochter des Vaters, der die Familie abrupt und auf Nimmerwiedersehen verließ, als sie dreizehn war, schleppt ein Misstrauen mit, das sich auf eine eigene Partnerschaft verheerend auswirken kann. Die Tochter einer lebensuntüchtigen Mutter, die quasi zur Mutter der eigenen Mutter werden musste, läuft Gefahr, von einem Partner zu wenig zu verlangen und sich erneut in die Position der einseitig Gebenden zu manövrieren. Die Tochter einer Mutter, die ihre Kinder nur als Bremsklötze für ihre eigenen Ambitionen sieht, begreift früh, dass sie möglichst pflegeleicht sein muss, um keinen Ärger zu bekommen, und wird ihre Ansprüche zu schnell zurückstecken. Zu wenig Ansprüche führen zu falschen Kompromissen: »Ich habe immer wieder Geduld gehabt«, klagt eine Frau. »Er hat mir versprochen, sich im Laufe eines Jahres scheiden zu lassen, und hat dann vier nervenzermürbende Jahre dafür gebraucht. Ich habe ihn immer wieder entschuldigt, auch als er später weder mit mir zusammenziehen noch Kinder haben wollte; ich habe mir immer wieder vorgemacht und auch wirklich gehofft, ihn mit meinen Opfern von meiner Liebe zu überzeugen. Das Gegenteil war der Fall. Mein Verhalten bestärkte ihn in der Überzeugung, dass seine Bedürfnisse zuerst kommen und ich mich selbstverständlich anzupassen habe. Es ist nicht fair. Er hat sich von mir gefühlsmäßig bedienen lassen und sich wenig engagiert. Mit der Zeit habe ich mich innerlich von ihm zurückgezogen. Es geht ihm nicht besonders gut, aber ich fühle mich nicht mehr verantwortlich dafür. Wer auf die

Länge nicht will, der hat gehabt.« Hier herrscht gegenseitiges Desengagement und beide bekommen zu wenig. In einer solchen Konstellation sind Außenbeziehungen an der Tagesordnung.

Wie sehr wir uns auch wünschen, vom Gewicht der Vergangenheit unbelastet zu sein, sind wir doch immer auch von der Geschichte und moralischen Haltung unserer Eltern mitbestimmt. Wie schon die Bibel sagt, reichen die Sünden der Väter bis ins dritte und vierte Glied, das heißt, noch die Enkel und Urenkel tragen an den gefühlsmäßigen Hypotheken der Fehlhandlungen ihrer Vorfahren. Das gilt aber auch für die positiven Konstellationen: Die temperamentvolle Lebensfreude meiner Großmutter väterlicherseits pflanzt sich bei vielen ihrer Nachfahren als Talent zu geselligem Zusammensein, als Hang zum Feiern und Genießen fort. Meiner Familie ist jeder Anlass recht, um die Sippe zusammenzutrommeln. Da werden Klassentreffen organisiert und Überraschungen für die Geburtstage der Freunde ausgeheckt. Wenn ich das warme Lächeln meiner Großmutter auf verwandten Gesichtern antreffe, ist alles in Ordnung.

Regeln zwischen unverbindlich und stur

Die Partnersuche im Hormonsturm der jungen Jahre unter dem Einfluss romantischer Mythen ist oft eine Lotterie. Manchmal geht in der intensiven Verschmelzung der Anfangsphase die Tatsache höchst unterschiedlicher, schwer kombinierbarer Ansprüche an die Beziehung unter. Die eigenen Vorstellungen kommen beiden so selbstverständlich vor, dass es keinem in den Sinn kommt, darüber zu sprechen.

Alles kann man ohnehin nicht vorab klären, weil nur konkrete, miteinander geteilte Situationen die Unterschiede im Denken und Fühlen ans Licht bringen. »Unsere erste gemeinsame Steuererklärung blieb einfach liegen. Meine Frau hatte automatisch angenommen, dass ich das mache, was mir aber überhaupt nicht in den Sinn kam. Meine Eltern haben einen Familienbetrieb, und meine Mutter erledigt allen Bürokram, von der Buchhaltung über die Steuern bis hin zu den Versicherungen. Für meine Frau hingegen sind die Finanzen Männersache. So war es in ihrer Familie üblich.« Zwei Anspruchsysteme treffen also aufeinander, wenn ein Paar sich findet. In jeder Beziehung werden zwei verschiedene Sprachen gesprochen, die der Übersetzung bedürfen. Während er seinen Vaterpflichten reichlich zu genügen glaubt, weil er für ein gutes Einkommen sorgt, und die lustige Viertelstunde mit den Kindern, bevor die Mutter sie ins Bett bringt, als freiwillige Dreingabe sieht, fühlt sich seine Frau im Stich gelassen. Sein Bild von Vaterpflichten deckt sich nicht mit ihrem. Sie empfindet eine solche Form der Arbeitsteilung als unfair, und er sieht sich um die Anerkennung für seinen Beitrag betrogen. Ein anderes Paar schlingerte wie ein Schiff mit zwei uneinigen Kapitänen, von denen jeder die Führung beansprucht. Sie entstammt einer Familie mit starken Frauen. Schon ihre Urgroßmutter hatte von ihrem früh verstorbenen Mann den Familienbetrieb übernommen und geleitet, die Großmutter war eine bekannte Künstlerin und die Mutter Ärztin. In ihrer Familie war der weibliche Führungsanspruch so selbstverständlich, dass er der Tochter gar nicht mehr bewusst war, und er prallte ungebremst mit dem ihres Partners zusammen. Seine Eltern hatten eine Ehe mit traditioneller Rollenverteilung geführt. Seine Mutter bewunderte seinen Vater und packte ihn mit einem tadellosen Haushalt und einem zuverlässigen Familien- und Freizeitmanagement in Watte. Von daher war es dem Sohn klar, dass sich ein Ehemann nicht um den Alltagskram kümmern muss, aber sehr wohl die wichtigen Entscheidungen im Alleingang trifft. Das Zusammentreffen der beiden war milde gesagt ein gegenseitiger Entwicklungsanstoß. Beide mussten in heftigen Auseinandersetzungen, die sie zeitweise an den Rand einer Trennung brachten, lernen, ihre eigenen Erwartungen zu realisieren und einen Kompromiss zu finden. Niemand ist schuldig, wenn diametral entgegengesetzte Erwartungen aufeinander krachen. Oder wenn, noch schlimmer, ein Gemisch von Verleugnungs- und Bekehrungsversuchen die Beziehung beherrscht. Paare bringen unterschiedliche Vorstellungen und Wertsysteme in die Beziehung ein. Deine Regelverletzung ist nicht unbedingt meine Regelverletzung und es gilt, die Übersetzungsarbeit zu leisten, damit ein tragfähiger Konsens entstehen kann. Wesentlich für die Qualität der Paarbeziehung ist nicht der Inhalt des Beitrags, sondern dass sich die Beteiligten darauf einigen können, was ein fairer Beitrag ist, und diesen dann auch liefern.

Die Kommunikation über die gegenseitigen Regelsysteme und das Aushandeln eines neuen, gemeinsamen Regelsystems ist eine ständige Beziehungsaufgabe. Das Beziehungsgleichgewicht muss immer wieder neu hergestellt werden und neuen Gegebenheiten angepasst werden. Die Flexibilität, die Toleranz, die Offenheit und die Fairness, mit der diese Aufgabe gelöst wird, prägen das Beziehungsklima. Neue Tatsachen und Entwicklungen stören das alte Loyalitätsgleichgewicht, was eine weitere Runde des Aushandelns von Kompromissen in Gang setzt. Kleinere und größere Verletzungen der Beziehungsregeln gehören zum Alltag. Sie verursachen Unstimmigkeiten, kleine Entfremdungen, Rückzüge und münden, wenn es gut geht, in eine Auseinandersetzung, in der die Regel entweder wieder etabliert oder als überholt erkannt und fallen gelassen wird. Was in der symbiotischen Verschmelzungsphase am Anfang den Gipfel egoistischer

Rücksichtslosigkeit und eine grobe Regelverletzung darstellt, ist später vielleicht eine willkommene Erweiterung des Freiraums. Eine Frau sagt: »Wir waren uns zu Beginn des Zusammenlebens einig, dass jeder hinter sich selbst aufräumt. Mein Mann ist im Gegensatz zu mir aber nicht besonders ordentlich, und meine Erziehungsversuche hatten vor allem eine schlechte Stimmung zur Folge. Inzwischen habe ich es gelernt, mit mehr Unordnung zu leben. Er weiß, dass er mir damit etwas abverlangt, und revanchiert sich dafür, indem er häufig kocht – ich koche nämlich nicht gern. So kommen wir einigermaßen klar.«

Die Geburt des ersten Kindes stellt die Flexibilität der Paarregeln auf die Probe. Sie verändert die Rechte und Pflichten der neugeborenen Eltern schlagartig. Das Kind sprengt die alte Zweierkapsel und schafft für alle neue Beziehungsrealitäten. Nun müssen neue Positionen ausgehandelt werden. Wer ist wann für das Kind zuständig? Wer steht nachts auf, wenn es schreit? Wie gestaltet sich der Umgang mit den möglicherweise veränderten finanziellen Ressourcen? Liebe und eine gute Vertrauensbasis lassen die neuen Eltern mit dankbarem Staunen das Wunder der Menschwerdung begleiten. Umgekehrt kann das Kind als unerwünschter Eindringling einen Keil zwischen die Eltern treiben, wenn die Verständigungsbasis fehlt, um in der neuen Situation eine faire Lastenverteilung zu erreichen.

Auch berufliche Veränderungen schaffen einen Veränderungsbedarf. Eine Frau nimmt eine Stelle in einer anderen Stadt an. Das Paar muss eine zweite Wohnung nehmen. Wie regelt es die finanzielle Seite, und wo und wie verbringt es die gemeinsame Zeit? Gute und befriedigende Lösungen finden sich nur, wenn beide die neue Situation gut finden oder zumindest akzeptieren. Je besser die Vertrauensbasis ist, desto leichter können auch Phasen des Ungleichgewichts aufgefangen werden. Einigkeit verlangt in einer Gemeinschaft zweier sich entwickelnder Individuen immer neues Lernen. Wenn sich der eine Partner verändert, fordert das vom anderen Anpassungen, damit ein neues Gleichgewicht geschaffen werden kann. Eine einvernehmliche Integration von Regelverletzungen stärkt die Beziehung. Mit zunehmender Übung im notwendigen Aushandeln neuer Beziehungsregeln wird die Beziehung friedlicher und stabiler. Das geschieht häufig nicht in erster Linie über die Sprache, sondern über Handlungen.

Oft bilden sich mit der Zeit meist unausgesprochene Regeln heraus, die das Beziehungsgefüge im Bereich des Tolerablen halten. Die Temperaturschwankungen des Paarklimas pendeln sich auf eine bestimmte Bandbreite ein. Sinkt die Temperatur unter einen bestimmten Punkt, muss etwas geschehen. Sie weiß, dass er innerlich abschaltet, wenn sie an einem bestimmten Punkt der Diskussion weiter auf Verständnis drängt, und hat gelernt, das Gespräch dann zu unterbrechen, um später in einem neuen Anlauf bessere Chancen auf eine Verständigung zu haben. Er spürt, wann es nach einer einsamen Phase verletzter Distanzierung an der Zeit ist, sie wieder in die Arme zu schließen. In einer guten Beziehung haben die Partner ein feines Sensorium für die gegenseitige Befindlichkeit. Sie reagieren, bevor sie die Gefahrenzone erreicht haben. Ein Blick, eine warme Berührung oder eine kleine Aufmerksamkeit nehmen einer Unstimmigkeit die Spitze, bevor sie sich aufladen und hochschaukeln kann. Die Zeichen, dass die Beziehung aus dem Ruder läuft, kennen mit der Zeit beide, und das, was dann zu tun ist, wurde über Jahre durch Versuch und Irrtum verfeinert. Eine Frau sagt: »Der gereizte Ton meines Mannes schon beim Frühstück irritierte mich. Schließlich habe ich mich darüber beschwert, was seine Laune noch mehr verdüsterte. Es gab Krach, ich ging dann einfach und setzte mich unmutig an den Computer. Da kam mein Mann herein. Er blieb einen Moment hinter mir stehen, nahm behutsam einen Faden von meinem Pullover weg und ging dann leise hinaus. Ich verstehe seine Sprache, er bat um Frieden, und damit war es dann auch wieder gut.«

Viele Paare geraten sich mit einer gewissen Regelmäßigkeit in die Haare; offensichtlich brauchen sie von Zeit zu Zeit ein reinigendes Gewitter.

Der Paarkontrakt verändert sich mit der Zeit manchmal bis zur Unkenntlichkeit.
»Als ich ihn kennen lernte, hieß für ihn ›Ich liebe dich‹, dass er mich in diesem Moment liebte. Für mich bedeutete dieser Satz ›Ich möchte mit dir zusammenleben und eine Familie haben‹. Das war vor zwanzig Jahren. Wir sind immer noch zusammen, aber irgendwann habe ich die Suche nach der großen Nähe aufgegeben. Wir haben keine Kinder, was ich noch immer bedauere, und ich habe mich auf den Beruf konzentriert. Es fällt mir nicht mehr schwer, ihm den Raum zu geben, den er braucht, um sich von meiner Nähe nicht bedroht zu fühlen. Unser Zusammenleben hat nichts mehr mit dem zu tun, was ich mir ursprünglich darunter vorstellte, aber es ist trotzdem eine gewisse Geborgenheit und Sicherheit da. Ob ich meinen Mann liebe? Immer wieder. Aber es ist nicht nur Liebe, die uns zusammenhält, sondern auch die Tatsache, dass wir so zusammengewachsen sind, dass mir eine Trennung unmöglich scheint.« In der Entwicklung dieses Paares gab es, wie bei den meisten Paaren, die lange zusammen sind, ein gerütteltes Maß an Kämpfen, Enttäuschungen und Einsamkeit.

Das Herumgeworfenwerden im Beziehungsstrom schleift die Kanten ab. Bei glücklich zusammengewachsenen alten Paaren verschwinden die Egoismen hinter der Dankbarkeit für die Präsenz des anderen, die vor dem dunklen Kontrasthintergrund der Sterblichkeit umso heller leuchtet.»In einer langjährigen Beziehung wird das Schicksal des Partners immer mehr zum eigenen Schicksal.«[4]

ZÄRTLICHE NACHT

Es kommt die Nacht
da liebst du

nicht was schön –
was häßlich ist.

Nicht was steigt –
was schon fallen muß.

Nicht wo du helfen kannst –
wo du hilflos bist.

Es ist eine zärtliche Nacht,
die Nacht, da du liebst,

was Liebe
nicht retten kann.

Hilde Domin

Paare pendeln zwischen Distanz und Nähe, zwischen Dissonanz und Harmonie und zwischen Entzweiung und Versöhnung hin und her. Manchmal erlauben Übung, Glück und Liebe mit der Zeit immer längere Aufenthalte im guten Teil. Im Paaralltag werden kleine Kränkungen und Unaufmerksamkeiten ununterbrochen wieder geradegebogen. Eine lebensfähige Gemeinschaft entwickelt eine gute Entsorgung der unvermeidlichen toxischen Nebenprodukte des Beziehungsprozesses. Jedes Paar hat eigene Zeichen, Gesten und

Worte der Versöhnung. Eine Partnerschaft besteht aus tausend kleinen und großen Ausbalancierungen von tausend kleinen und großen Beziehungsgrässlichkeiten. Erst dann, wenn sie nicht mehr geschehen, gerät die Partnerschaft wirklich in die Gefahrenzone.

Vielseitige Verpflichtungen:
Paare und ihr Beziehungsnetz

Ein Paar ist in der Regel keine einsame Insel, sondern Teil eines größeren Beziehungsnetzes. Zu einer Gemeinschaft zu gehören, heißt immer auch, in ein ethisches Wertsystem, in gegenseitige moralische Verpflichtungen eingebunden zu sein. Die Art, wie jedes Mitglied seine Verpflichtungen einhält, definiert seinen moralischen Status. Familie, Nachbarschaft, Gruppen, Glaubensgemeinschaften, Gemeinde und Staat setzen Rechte und Pflichten ihrer Mitglieder fest. Das Auge des Gesetzes wacht: Die Gemeinschaft kontrolliert die Regeltreue ihrer Mitglieder und übt einen mehr oder weniger starken Konformitätsdruck aus. Die gegenseitigen Verpflichtungen und Guthaben gehen in alle Himmelsrichtungen. Schon in der Familie ist das Netz eng geknüpft. Eltern und Kinder, Kinder und Großeltern, Geschwister untereinander, Schwiegereltern, Verschwägerte, Onkel und Tanten – sie alle haben miteinander zu tun und sind einander verpflichtet, mehr oder weniger, je nach Gepflogenheiten. Viele Verbindungen umgeben die Kernfamilie, bereichern und belasten sie. Alle wollen etwas, allen möchte oder sollte man Zuwendung und Zeit geben: der alten Mutter, die langsam mit der Komplexität des Lebens nicht mehr zurechtkommt, dem Schwager aus Übersee, den man gern in der eigenen Wohnung beherbergen möchte, dem Patenkind, das unter der Scheidung seiner Eltern leidet. Oft geraten die Verpflichtungen aus dem Beziehungsnetz mit denen der Paarbeziehung in Konflikt. Ein Mann sagt:»Meine erste Frau hing noch an der Nabelschnur. Alles und jedes hat sie mit ihrer Mutter besprochen. Die beiden telefonierten mehrmals täglich. Bei einer Meinungsverschiedenheit stand ich meistens einem geschlossenen Block von Mutter und Tochter gegenüber. Der Mutter war ich ohnehin nie gut genug gewesen für ihre Tochter. Nach langem Werben um meine Frau begriff ich schließlich, dass sie zu einer Ablösung von ihrer Mutter nicht fähig war, trennte mich von ihr und überließ die beiden ihrem gemeinsamen Schicksal.«

Scheidungen und Zweitfamilien erhöhen die Komplexität des Ganzen manchmal bis zum Unentwirrbaren, und die Suche nach fairem Verhalten wird anspruchsvoll. Ein moralischer Kontrakt, sei er nun bewusst oder unbewusst, ist also selten nur auf zwei Personen beschränkt. In jedem moralischen Ausgleich begegnet ein Mensch mit seiner Welt einem anderen mit dessen Welt. Jeder steht in einem ganzen Geflecht von Beziehungen zu Menschen, denen gegenüber er direkt oder indirekt moralische Verpflichtungen hat, die ihm oft so selbstverständlich erscheinen, dass es ihm nicht in den Sinn kommt, darüber mit dem Partner zu sprechen. Ein böses Erwachen erlebte die Frau, deren Mann nach der Heirat ganz selbstverständlich weiterhin jeden Mittag bei seiner früh verwitweten Mutter essen ging und darauf bestand, dass sie jeden Sonntag zum Mittagessen eingeladen wurde.

Ansprüche und Verpflichtungen materialisieren sich in Gelddingen. Probleme im finanziellen Bereich sind handfeste Indikatoren für den Zustand einer Beziehung. Erst- und Zweitfamilien streiten oft um finanzielle Ressourcen. Dass es dabei meistens nicht nur um Geld als solches, sondern auch um Geld als Zeichen der Anerkennung einer Verpflichtung, wenn nicht gar einer gefühlsmäßigen Verbundenheit geht, verschärft diese Kämpfe. Geld zu bekommen bedeutet, respektiert zu werden. »Ich kann meinem Vater einfach nicht verzeihen, dass er sich dem Diktat seiner zweiten Frau gebeugt hat und mir, nachdem ich zwanzig war, nichts mehr zahlte, obschon seine finanziellen Verhältnisse gut waren. Ein Medizinstudium selbst zu finanzieren ist wirklich hart; ich musste mehrere Darlehen aufnehmen. Natürlich hätte ich das Geld auf dem Rechtsweg einfordern können. Aber wer will schon gegen den eigenen Vater klagen?«, sagt ein Mann.

Familienanlässe bilden eine weitere Bühne für Verpflichtungsdramen. Hochzeiten, Geburtstage und Weihnachtsfeiern definieren die Sippenstruktur, und wer wann mit wem wie feiert, zeigt dem Einzelnen seinen Platz im Ganzen. So verlangt beispielsweise die weihnachtliche Familienfeier oft viel diplomatisches Geschick. Während sich im geschäftigen Alltag die Hoffnung auf Geborgenheit in der Sippe und auch die Ansprüche auf einen Platz im Herzen der Angehörigen vergessen lassen, holen Familienfeste Verdrängtes an die Oberfläche und bringen diese Bedürfnisse ans Licht. Wer für die Organisation von Familienfeiern verantwortlich ist, bekommt diese Dynamik unweigerlich zu spüren.

Individuelle Prägungen werden von kulturellen überlagert, die sich in jeder Familie mehr oder weniger niederschlagen. Der Inhalt der Verpflichtungen, welche die Beziehungsnetze zusammenhalten, wird von jeder einzelnen Gruppierung und der Gesellschaft festgelegt. So variiert beispielsweise das Ausmaß der Verpflichtung gegenüber Familienmitgliedern schon innerhalb der europäischen Nationen und verursacht Spannungen in interkulturellen Ehen, wo der Mann vielleicht seinen extra für die Hochzeit angereisten Bruder auf die Hochzeitreise mitnehmen will, während der empörten Braut langsam dämmert, dass sie das Ausmaß der Unterschiede in der ersten Verliebtheit unterschätzt hat. Aber auch innerhalb desselben Kulturkreises variieren die Selbstverständlichkeiten von Familie zu Familie. Während man in der einen Familie ab zwanzig kaum noch weiß, wie die eigenen Eltern aussehen, ist es in einer anderen selbstverständlich, Weihnachten, Ostern und Geburtstage in der Runde sämtlicher lebender Vor- und Nachfahren zu feiern.

Wer schuldet wem was? Wenn Liebe die Beantwortung dieser Frage inspiriert, findet sich eine gute Antwort. Wenn nicht, bringt kein noch so ausgeklügeltes Kompensationssystem Befriedigung. Nur die Liebe gibt den Mut und die Kraft, diese Frage verantwortungsvoll zu stellen und die Spannungen auszuhalten, die das Ausbalancieren einer fairen Lastenverteilung in der Beziehung mit sich bringt, um die Verpflichtungen zu erfüllen, die jede ernsthafte, verbindliche Partnerschaft einfordert. Zugehörigkeit kostet. Zugehörigkeit ist nur zum Preis einer Verpflichtung auf die Beziehung und das Beziehungsnetz zu haben. Ohne Zuverlässigkeit gibt es keine Gemeinschaft, keine Zugehörigkeit und keine Geborgenheit.

Erotik: Festigung und Auflösung der Regeln

TRAUMHAFT

Geschmiegt an deinen Rücken, den Arm um deinen Körper.
Dein vertrauter Geruch.
Das friedliche Wärmebad zur Melodie unseres Atems.
Schon wach? Ich schon.
Behutsam den goldenen Traumhengst erwecken,
für immer und immer und immer und immer
im Galopp mit den strahlenden Wolken verschmelzen.

Erotik als Liebessprache des Körpers versöhnt Mann und Frau, Geist und Materie, Himmel und Erde. Die Sehnsucht nach dem Ganzwerden, nach dem verlorenen Paradies, führt die Geschlechter immer wieder zusammen. Das gegenseitige körperliche Zuhause gewährt Ruhe und Frieden. Flut und Ebbe der körperlichen Vereinigung schwemmen die Missverständnisse, das Unüberbrückbare zwischen Frau und Mann hinweg. Erotik ist die warme Höhle der Geborgenheit, die sonnenbeschienene Traumstadt am Horizont und der schimmernde Regenbogen im gewaltigen Wasserfall. Der Zauberstab der Erotik verwandelt den Körper, das Wohlsein miteinander füllt die Schatzkammern des Vertrauens. Erotik als seelisches Reinigungsbad tilgt die Spuren der Kämpfe zwischen den Geschlechtern und macht Sexualität zu einem Versöhnungsfest.

Die Hochzeit, das Fest der Vereinigung, bedeutet zugleich die Versöhnung aller Widersprüche, vor allem aber zwischen Liebe und Ordnung. »Die Literatur kann gar keinen Begriff von einer umfassend versöhnenden Welt geben, ohne einzelne Elemente der Chiffre Hochzeit aufzurufen und einzubringen […] Hochzeit: das ist im Denken der Literatur die umfassende Versöhnung mit der allgemeinen Ordnung.«[5]

Die archaische Kraft der Sexualität kann Paare zusammenschweißen – oder im Gegenteil Bindungen zersetzen. Bei Jürg Willi heißt es: »Ich schlage vor, zwischen einer Sexualität der Zugehörigkeit und einer Sexualität der Lust zu unterscheiden. Erstere ist eine Energie der Festigung sozialer Bindungen und die zweite eine Energie der Sprengung sozialer Beziehungen und Ordnungen.«[6] Hier kommt die Moral ins Spiel: Es ist immer dieselbe Libido, aber sie kann im Rahmen der Ordnung zu ihrer Stärkung oder aber im Gegensatz dazu zur Auflösung dieser Ordnung eingesetzt werden.

Die Erotik führt Frau und Mann in deren geheime gemeinsame Welt, in ihren Paradiesgarten mit seinen vertrauten Wegen, seinen lauschigen Winkeln und seinen erstaunlichen Springbrunnen. Unversöhnten öffnet sie ihre Tore nicht, sondern schickt sie in die platte Triebentladung oder, noch schlimmer, in die Hölle der sexuellen Machtspiele, der Täuschungen und des Missbrauchs. Falsche Erotik ist eine Lüge, die unter die Haut geht. Sie kann im Dienst der Rache, des Machtgewinns oder der Distanzierung stehen. Sie wischt Beziehungsprobleme unter den Teppich, wo sie zur Brutstätte für Beziehungsungeziefer werden. Die falsche Erotik vergiftet die Erotik und raubt ihr ihre versöhnende Kraft. Erotik ahndet die Respektlosigkeit der falschen Erotik mit einem Erlöschen des sexuellen Interesses. Eine Frau sagt: »Ich habe es schon lange aufgegeben, ihn zu einem einfühlsameren Vorgehen zu bewegen. Er wird ungenießbar, wenn er nicht mit mir schlafen kann. Ich liege da und zähle die Stöße, bis er kommt. 51, 52, 53 – endlich! In drei Minuten ist alles vorbei, Anwendung der Gleitcreme inbegriffen. Glücklicherweise muss ich ihm wenigstens keinen Orgasmus mehr vormachen. Mich geht das Ganze wenig an. Romantische Flausen habe ich mir abgewöhnt. Ich kann sie mir nicht leisten. Er ist immer nervös, aber wenn er seinen Sex nicht bekommt, ist nichts mehr recht, was ich mache, und die Kinder gehen ihm nur noch auf die Nerven. Was sind schon drei Minuten?« Drei Minuten der Einsamkeit zu zweit, drei Minuten der mechanischen Triebentladung, drei Minuten des Verrats an der Erotik: schade und schlimm. Diese drei Minuten sind eine Vertiefung des Grabens zwischen den beiden.

Auf die Frage, wie sie den Zusammenhang sehe zwischen Sexualität und Liebe, sagt eine andere Frau: »Sexualität und Liebe? Du meinst: Sexualität und die Hoffnung auf Liebe? Denn das war es bei mir. Sex war der Beweis für seine Liebe. Es war schon längst grässlich zwischen uns, und seine indignierte Irritation über alles an mir, was nicht in sein Schema passte, war unübersehbar. Aber unser Begehren täuschte uns über den Stand der Dinge hinweg. Ich dachte, solange es im Bett klappt, kann noch alles gut werden. Wurde es nicht. Ich bin schlicht der Heiligsprechung der Sexualität auf den Leim gegangen. Er konnte mich entwerten, wie er wollte: Seine Erektionen waren für mich der Beweis, dass er mich liebt und dass für uns eine anständige, menschlich respektvolle Beziehung gleich um die nächste Ecke kommen kann. Ich bin viel zu lange bei ihm geblieben. Heute ist mir klar: Ein Orgasmus ist ein Beweis für einen Orgasmus und sonst für gar nichts.«

Ein Mann sieht es so: »Erotik und Versöhnung? Du meinst Sex und Versöhnung? Da habe ich nie drüber nachgedacht. Versöhnung? Stimmt: Bei uns scheppert es manchmal gewaltig, und dann geht es wieder. Irgendwo dazwischen findet wahrscheinlich die Versöhnung statt. Sie schläft nicht mit mir, wenn sie sauer ist. Also, die Versöhnung muss irgendwie vorher passiert sein, aber für mich ist es erst wirklich in Ordnung, wenn wir wieder normalen Sex haben. Dann halte ich auch ihre Zicken besser aus.« Wieder anders klingt es hier: »Versöhnung mit meiner Frau ist schon lange kein Thema mehr. Wir sind zusammen, gehören zusammen und genießen die Zeit, die wir miteinander haben. Das Damoklesschwert ihrer Krankheit hat uns zur Vernunft gebracht. Wir sind einfach dankbar, dass wir uns haben. Wir haben keine Zeit mehr für Konflikte. Sex, soweit das noch möglich ist, gehört dazu, ist aber nicht mehr so wichtig.«

Fazit dieser Aussagen: Erotik kann die Versöhnung unterstützen und besiegeln, vertieft aber bei Unversöhnten Einsamkeit, Verzweiflung und Selbstentfremdung.

Das Eins- und Ganzwerden in der Erotik macht das Gute greifbar. Die tantrische Lehre kennt eine gemeinsame Versöhnungsmeditation für Frau und Mann, die ihre Energien wieder in Harmonie bringt, bevor eine seelische und körperliche Annäherung überhaupt erst wieder stattfinden kann. Die Reihenfolge ist entscheidend wichtig. Nur auf der Basis einer seelischen Harmonie entfaltet Erotik ihre Versöhnungskraft. Erotik versöhnt und setzt Versöhnung voraus. Als der Weg in die Liebe, die Nahrung der Liebe, die Sprache der Liebe, die Befreiung zur Liebe weist Erotik über Mann und Frau hinaus.

PARADIES

Als der buntgeschweifte Paradiesvogel in den Himmel flog
füllten die weichgeschmolzenen Karamellen jede Mulde,
und es quollen die lachsroten Seidenpolster,
und der buttergelbe Schlaraffenpudding bebte vor Entzücken,
und die zärtlichen Schlangen glitten wohlig
   durch die lachenden Sümpfe,
und der pfauenblaue Ton wurde immer runder,
und das Glück sprengte die strahlenden Kapseln,
und der honiggoldene Regen entlud sich auf die Mohnfelder,
und alle Glockenspiele jubilierten,
und der satte Schlaf umarmte die Nacht.

5. Die Versöhnung

Die Versöhnung

GERETTET

Irgendwann ist genug.
Der letzte Verzweiflungsschrei verhallt.
Es wird ganz still.
Die erschöpfte Qual legt sich schlafen,
und der verspannte Körper wird weich.
Die tränenerstickte Kehle löst sich
und lässt den Atem wieder fließen.
Das verhangene Auge gewinnt neue Klarheit
und trinkt die tröstlichen Farben.
Der Sturm hat sich gelegt.
Ein versöhnlicher Regenbogen spannt sich
 über die beruhigten Gewässer,
und das herumgeworfene Schiff ahnt den Hafen.

Der Mensch, nach der Anstrengung der Geburt in die Arme seiner Mutter und an ihre Brust gelegt, ist zur Liebe geboren. Feindschaft macht einsam und trennt den Menschen von seiner Urheimat, der Geborgenheit. Die Sehnsucht nach Liebe drängt ihn von der Feindschaft zur Versöhnung. Die Liebe dringt durch die kleinsten Hoffnungsritzen und bahnt erneuter Zuneigung den Weg. Versöhnung und Liebe gehören zusammen. Die Liebe will die Versöhnung, und die Versöhnung bringt die Liebe zum Fließen.

Wer möchte nicht an Wunder glauben? An das Wunder der Wende zum Guten. An die Erwärmung des Blickes, der kalt und ablehnend war. An die Erlösung durch das richtige Wort, das das verkrampfte Herz entspannt und die Zärtlichkeit wieder einfließen lässt. An die freundliche Aufmerksamkeit, die eine Kontaktaufnahme wieder möglich macht. An die Löschtaste, die auf einen Schlag den ganzen unentwirrbaren Knäuel der Verstrickungen von Erlittenem und Verschuldetem spurlos verschwinden lässt und zum Neubeginn befreit. An den Moment, wo sich im ausweglosen Labyrinth plötzlich der Ort der Liebe findet. Wir alle haben derartige Sonnenaufgänge erlebt. Diese Erfahrungen bilden den Humus der Lebenshoffnungen – genau wie ihr Gegenteil, die erlittenen Abstürze ins bodenlose Dunkel der Entfremdung, das Grundvertrauen ins Leben schmälert. Es gibt sie, die Wende zum Guten. Sie ist ein Wunder, ein unbegreifliches Geschenk, und paradoxerweise auch wieder kein Wunder, sondern die Frucht einer Entscheidung, eines Willensaktes. Das Wunder des wiedergefundenen Vertrauens ist eines und ist keines. Geschenk und psychische Schwerstarbeit zugleich, ist das Wunder der Versöhnung nicht zu fassen und doch teilweise durch Anstrengung zu erreichen.

Es gibt mindestens zwei Ebenen der Versöhnung: die willentlich angestrebte Versöhnung und die Versöhnung als Geschenk. Stephanie Dowrick betont die überindividuelle Dimension der Versöhnung, wenn sie schreibt: »Versöhnung ist nicht einfach. Wenn ich verletzt worden bin, kann ich nicht einfach vergeben, weil Versöhnlichkeit nicht nur aus mir kommt. Versöhnung gehört in den egoübersteigenden Kontext von Liebe und Schicksal. Ich kann nicht direkt vergeben, sondern nur wünschen, dass diese Verfehlung vergeben wird. Versöhnung zu erhoffen und auf sie zu warten ist alles, was wir tun können.‹[1] Vielleicht sieht Dowrick hier das Versöhnungsgeschehen etwas zu einseitig. Neben dem Hoffen und Warten erhöht sicher auch die aktive und willentliche Bemühung um Versöhnung ihre Wahrscheinlichkeit. So versucht eine Wiedergutmachung die durch eine unfaire Handlung gestörte Ordnung wiederherzustellen und ist ein wichtiger Schritt auf dem Weg zur Versöhnung. Dennoch: Zwar setzt die Versöhnung in der Regel eine bewusste Anstrengung voraus, aber es gibt daneben auch eine Versöhnung, die höher ist als alle Vernunft und genau dort die Harmonie wiederherstellt, wo die Gerechtigkeit nicht mehr hinreicht. Diese Versöhnung geht über den Ausgleich der Ungerechtigkeit hinaus und lässt die Gerechtigkeit hinter sich. Das Geschenk dieser Versöhnung ermöglicht einem Paar, trotz allem immer wieder zueinander zu finden.

Die Versöhnung heilt als alltägliches Wunder die Beziehungsschäden, die das Zusammenleben unweigerlich verursacht, und beseitigt die negative Spannung, die durch eine Verletzung der Beziehungsregeln ausgelöst wurde. Alle Paare entwickeln ihren eigenen Entsorgungsstil für das Negative, das sich in jeder Beziehung unweigerlich anhäuft. »Schlaft nie unversöhnt ein!«, riet ein gestandener Ehe-Veteran einem jungen Paar. ›Ich weiß, dass ich manchmal ganz schön Druck ausübe, um meine Vorstellungen durchzuboxen. Sie hat Recht, wenn sie sich darüber aufregt – aber es tut mir schnell Leid, und ich kann sie meistens wieder zum Lachen bringen, wenn ich mich mit zerknirschter Miene und hängenden Pfötchen vor ihr aufbaue«, sagt ein Mann. Mit der Zeit kennen beide den Ablauf, der die Harmonie wiederherstellt, und das Vertrauen, wieder zueinander zu finden, steigt mit der Zahl der guten Erfahrungen. Versöhnung beginnt und endet nicht mit Worten. Aufrichtige Worte sind eine Verankerung für einen Prozess, der Spüren, Einfühlen, Nachdenken, Entscheiden und Handeln verlangt. Viel wichtiger als Worte ist die Veränderung der Einstellung, die diese Worte begleitet, sind die Handlungen, die Versöhnung ermöglichen, die Wärme, die sie hervorruft und idealerweise die Liebe, die wieder in ihr Recht gesetzt wird. Versöhnung heißt mehr als Unrecht hinnehmen: Sie verwandelt feindselige Gefühle in solche der Zuwendung. Versöhnung als die Wiedergeburt der Hoffnung schenkt einen Neuanfang. Sie besiegelt die Selbstheilung des sozialen Organismus. Versöhnung heilt die Wunden – und zeigt an, dass die Wunden geheilt sind.

Die unvermeidliche Ambivalenz aller menschlichen Absichten macht auch vor der Versöhnung nicht halt. In einer Paarbeziehung stehen sich zwei Menschen in ihrer ganzen Vielschichtigkeit gegenüber. Unausgeglichene Rechnungen im einen Bereich stehen neben Harmonie in einem anderen. Eine Versöhnung bringt nicht mit einem Schlag ein für alle Mal alles in Ordnung. Mit Verletzendem und Unfairem muss auch nach einer Versöhnung immer wieder gerechnet werden. Nicht alle Unstimmigkeiten können ausgeräumt werden. Der Strich unter der Rechnung ist nur bei Rechnungen abschließend möglich, nicht aber in zwischenmenschlichen Beziehungen, wo Verletzungen das Bild des Partners und damit die Beziehung nachhaltig verändern. Was geschehen ist, ist geschehen. Die Wut und die Trauer über das, was passiert ist, sind in der Psyche eingelagert und werden immer ein Teil von ihr bleiben. Das Wissen um diese Beziehungspannen ist ein Bestandteil der Beziehung als solcher. Die emotionelle Wahrheit der Ambivalenz in jeder tiefergehenden Beziehung sollte nicht mit dem Zuckerguss falscher Versöhnungen zugekleistert werden. Es braucht Mut, sich dem trickreichen Nächsten immer wieder zu öffnen und in der Kraterlandschaft explodierter Hoffnungen nach Quellen der Liebe zu suchen. Nach einem mühsamen Versöhnungsprozess sagt ein Mann: »Es wird nie mehr so sein, wie es war, sondern besser. Von jetzt an ist sie ein Mensch aus Fleisch und Blut, mit guten und schlechten Eigenschaften, und nicht irgendein Idealbild, das ich in meinem Kopf fabriziert habe. Sie ist keineswegs der Mensch, den ich zu heiraten glaubte – sie denkt wahrscheinlich ähnlich über mich. Ich könnte nun weggehen und eine neue Illusion kreieren oder endlich lernen zu lieben, was ich habe.«

Jungen Menschen liegt die Versöhnlichkeit weniger nahe als älteren. Die Erwartung, das Leben im Griff zu haben, zu wissen, was richtig ist, schwächt sich mit den Jahren ab. Die Lebenslektionen bringen uns die Grenzen des Machbaren bei. Wir können nicht so viel dafür und die anderen auch nicht, und im Übrigen ist vieles von dem, was uns in jüngeren Jahren furchtbar aufregte, nicht mehr so brennend wichtig. Diese Einstellungsveränderungen laden zur Versöhnlichkeit ein. Junge Leute können Unaufgeräumtes hinter sich lassen und weiterziehen. Das wird später schwieriger. Das mittlere Lebensalter und auch das Alter spielen sich oft in den festen Mauern erprobter Einstellungen und lange gehegter Beziehungsnetze ab. Von den selbst geschaffenen Umständen festgenagelt, entkommt man sich weniger. Die Folgen eigener und fremder Handlungen müssen ausgehalten werden. Versöhnliche Bereinigungen sichern die Lebensqualität. Die verbleibende Lebenszeit schrumpft, und es wird immer sinnloser, Unerledigtes mitzuschleppen. Jetzt ist der Moment, den Eltern zu verzeihen, die entfremdete Schwester zu umarmen und die Enttäuschung über das vormals vielversprechende Kind zu vergessen. Ein alter Mann sagt: »Ressentiment ist eine Zeitverschwendung. Wenn man schon länger gelebt hat, als man noch leben wird, beginnt man, die Dinge anders zu gewichten. Es ist wie auf einem sinkenden Schiff: Man wirft alles über Bord, was nicht notwendig ist.«

Versöhnung ist eine große Idee mit einer langen Geschichte und einer Vielfalt von Gesichtern. Sie ist ein großes Thema der Religion, und seit einiger Zeit hat sich die Psychologie der Versöhung zugewandt. In den USA erschienen die ersten Untersuchungen in den achtziger Jahren des vergangenen Jahrhunderts. Seither hat sich das Forschungsfeld rasant erweitert. Versöhnung ist in den USA zu einem eigentlichen Trendthema geworden, zu einem neuen Schlüsselwort des Denkens, Redens und Handelns. Versöhnungsarbeit ist Friedensarbeit. Immer mehr Menschen wird bewusst: Es gibt einen ungeheuren Versöhnungsbedarf im privaten und im öffentlichen Leben. Das Schöne ist, dass diese Einsicht an Boden gewinnt. Die Versöhnungsbereitschaft bildet einen Damm gegen die Flut von Gewalt und Feindschaft, von Kriminalität und Hass. Mit dem Problem wächst auch das Kraut dagegen.

Schlimmer als keine Versöhnung – die falsche Versöhnlichkeit

Das Schlechte kann in der Verkleidung des Guten eingeschleust werden. Täuschung und Vorspiegelung falscher Tatsachen schaden gleich doppelt: Die Aussage ist nicht wahr, und der Wert des Echten wird durch die Möglichkeit der Fälschung in Zweifel gezogen. Versöhnlichkeit heilt Vertrauensbrüche, aber nur, wenn sie authentisch ist.

Versöhnlichkeit ist die reife, die wünschenswerte menschliche Haltung. Allein deshalb ist die Versuchung groß, sich mit einer vorschnellen falschen Versöhnlichkeit zu begnügen. Der moralische Druck, sich zu versöhnen, schneidet einem echten Versöhnungsprozess oft die Luft ab. Das Diktat der Versöhnlichkeit, manchmal auch religiös untermauert, bedroht den Prozess der inneren Wandlung mit seiner Trauer und seiner Selbstkonfrontation, der die Basis einer wirklichen Versöhnung bildet. Der Anspruch, als guter Mensch dastehen zu müssen, der selbstlos die Tugend der Versöhnlichkeit übt, verhindert das Reifen der Versöhnlichkeit auf dem Boden einer mitmenschlichen Bezogenheit. Wer automatisch allen verzeiht, wird sich untreu. Ein eigener ethischer Standpunkt, der auch Wertungen einschließt, wird damit aufgegeben. Inflationäres Verzeihen ist moralisch und psychologisch wertlos. Es besteht ein wesentlicher Unterschied zwischen einem liebevollen Tolerieren von schwer zu ertragenden Eigenschaften des anderen und einer oberflächlichen Versöhnlichkeit. Ersteres ist die generöse Beziehungsleistung eines reichen Herzens, letzteres ein resigniertes Ausweichen. Menschen, die vorschnell verzeihen, sind im Grunde genommen Pessimisten, die glauben, dass man Unangenehmes nur unter Kontrolle halten kann, indem man es unterdrückt, und dass Wut, einmal ins Bewusstsein gekommen, nicht zu bändigen ist. Sie deklarieren Versöhnlichkeit, wo sie noch gar nicht wachsen konnte, und verunmöglichen sie damit, weil ihnen das Vertrauen in die Wandlungskraft einer gemeinsam durchgestandenen Auseinandersetzung fehlt. Falsche Versöhnlichkeit bewirkt keine psychische Veränderung. Die eigenen negativen Gefühle werden verdrängt im hastigen Überpflastern einer Verletzung, die kaum zugegeben wird. Unter dem Druck, sofort verzeihen zu müssen, wird hier der ganze schmerzhafte Prozess der Konfrontation und des Erkennens vermieden. Falsche Versöhnlichkeit entwürdigt die Beteiligten ebenso wie sture Verurteilung.

Mangelnde Autonomie führt zu übertriebener Beziehungsabhängigkeit. Beziehungssüchtige Menschen neigen zu falscher Versöhnlichkeit, weil sie glauben, sich eine Auseinandersetzung gar nicht leisten zu können. Auch wer zu viele Verluste erlitten hat, tendiert zu falscher Versöhnlichkeit, um weitere zu vermeiden. Menschen, die alles verzeihen, versuchen Beziehungen unter allen Umständen aufrechtzuerhalten. Klein beigeben und zu Kreuze kriechen hat nichts mit echtem Verzeihen zu tun. Der Reflex der falschen Versöhnlichkeit behindert die Wahrnehmung von Grenzverletzungen. Das Schutzschild gegen Ausbeuter funktioniert hier nicht. Die Angst vor dem Verlassenwerden lässt Abhängige den Ärger unterdrücken und die Bedürfnisse verneinen, die anderen nicht passen könnten. Dieses Ausweichen schwächt die Beziehung, so dass genau die Haltung, mit der man einen Schaden zu vermeiden versucht, auf die Dauer einen viel größeren anrichtet. Im Nebel unechter Gefühle verschwinden die Konturen des anderen, der so allmählich verloren geht. Notwendige Beziehungsklärungen finden nicht mehr statt, und fällige Korrekturen des Beziehungskurses bleiben aus. Eine gleichsam anonyme Pseudobeziehung bindet die Beteiligten, ohne sie zu nähren. Die Lüge der falschen Versöhnlichkeit entzieht sich oft dem Bewusstsein. Die wirkungsvollste Lüge ist die, von der man vergisst, dass es eine ist. Nur wer sich selbst belügt, kann andere wirkungsvoll belügen.

Die Selbstlosigkeit und Opferbereitschaft, wie sie besonders auch zur weiblichen Idealnorm gehören, kippen leicht in falsche Versöhnlichkeit um. Frauen stehen häufig nicht für ihre Rechte ein. Irgendwann nehmen sie, was ihre Rechte wären, gar nicht mehr wahr und akzeptieren allmählich das, was sie bekommen oder nicht bekommen, als das, was ihnen zusteht. Hinter der friedfertigen Pose stirbt das Selbst. Die ökonomische Abhängigkeit fördert diese Art von Selbstbetrug. Viele Frauen machen nicht nur ein, sondern beide Augen zu, weil sie glauben, sich den illusionslosen Blick auf die Wahrheit ihrer Ehe nicht leisten zu können. Früher waren es die Kinder, jetzt ist es das nahende Alter, das den Ausstieg aus einer entwürdigenden Situation so bedrohlich macht, dass sie gar nicht als solche erkannt werden darf. Mühsam wird als Versöhnlichkeit deklariert, was eigentlich nur noch Existenzangst ist. Begreiflich und elend. Die weiblichen Tugenden der Sanftmut, der Bescheidenheit und der Duldsamkeit grenzen manchmal näher an Feigheit als uns lieb ist.

Eine vorschnelle Versöhnlichkeit zwischen den Geschlechtern droht die Anstrengungen in Richtung Gleichstellung von Frau und Mann zunichte zu machen. Die öffentliche Auseinandersetzung mit der Diskriminierung von Frauen, die Forderung nach Chancengleichheit und gerechtem Lohn pendelt hin und her zwischen Phasen einer erhöhten Sensibilität für diese Fragen, gefolgt von Maßnahmen zur Frauenförderung, und Phasen des Überdrusses oder der Gleichgültigkeit, in denen diese Anstrengungen stagnieren. Gerechtigkeit muss erkämpft werden, auf der individuellen Ebene einer fairen Arbeitsteilung in der Familie wie auch auf der kollektiven Ebene der Gesetzgebung. Reinhild Traitler schreibt: »Von Frauen Versöhnung zu verlangen, während sie sich gleichzeitig durch den Dschungel von Gewalt, Diskriminierung und männlichem Überlegenheitsverhalten kämpfen, fügt sich ein in das uralte Herrschaftsmuster, das den Opfern weismacht, sie seien selber schuld an ihrem Zustand und Versöhnung sei deswegen gefälligst ihre Aufgabe. Versöhnung zwischen den Geschlechtern kann nicht bedeuten, dass Frauen nach dem Schlenker über die Frauenbewegung wieder zu den Unterwerfungsritualen der Machtlosen zurückkehren um des lieben Friedens und um der Liebe willen. Versöhnung meint nicht die Bestätigung der Paschas, nun noch angereichert durch Frauenbewegung und Tiefenpsychologie.«[2] Die friedfertige Frau bezahlt unter Umständen ihre besänftigend versöhnliche Pose mit dem Ausverkauf ihrer Rechte.

Was wie Versöhnlichkeit aussieht, enthält manchmal eine gute Dosis Scheu vor der Verantwortung. Versöhnlichkeit am falschen Ort zementiert nämlich schädliches Verhalten. Das klassische Beispiel dafür ist der Partner der Alkoholikerin, der mit ihr das Karussell von Absturz, Chaos, Vorwürfen, Versöhnungen, guten Vorsätzen, Neuanfang, Überforderung und nächstem Absturz teilt. Die »Versöhnlichkeit« des Partners überlässt die Alkoholikerin ihrer Haltlosigkeit. Wer auf das Verständnis des anderen zählen kann, hat keine Veranlassung, etwas zu verändern.

Versöhnlichkeit ist »in«, und die öffentliche Bitte um Vergebung, wenn ein Politiker ertappt worden ist, gehört zum guten Ton und ist ein geschickter Schachzug, was Wählerstimmen anbelangt. Das Ganze ist oft eine weitere, subtile Drehung der Schraube der Korruption und auf weite Sicht keineswegs harmlos. Falsche Reue zu dulden bedeutet, an ihrer Verbreitung beteiligt zu sein. Mit Unehrlichkeit leben heißt die Verbreitung von Unehrlichkeit unterstützen. Falsche Versöhnlichkeit hat ernsthafte Konsequenzen. Sie vermindert die Fähigkeit, Falsches von Echtem zu unterscheiden und weckt das Misstrauen dem Echten gegenüber.

Unversöhnlichkeit kann ethisch vertretbar sein

Die Weigerung zu verzeihen kann eine ebenso ausgereifte und ethisch vertretbare Entscheidung sein wie die zu verzeihen. Zwischen blindem Hass und einer wohl erwogenen Entscheidung, nicht zu verzeihen, liegen Welten. inakzeptable Handlungen, die eine Verletzung der Grundwerte des Opfers darstellen, erschweren die Versöhnlichkeit. Die Loyalität diesen Werten gegenüber schließt Versöhnlichkeit manchmal aus. In einem solchen Fall auf Versöhnung zu drängen, heißt die Integrität des Opfers anzugreifen. Langdauernde Entzweiungen und verletzende Handlungen beeinflussen das Bild vom anderen so nachhaltig, dass sich manchmal trotz dem wiedergefundenen Verständnis die Zuneigung nicht mehr einstellt. Die böse Handlung gewährte einen Blick hinter die Fassade, die dadurch als solche erkannt wurde. Ein Grund, nicht zu verzeihen, ist auch der Schutz vor emotionalen Überfällen. Versöhnung bringt Nähe und damit erneute Verwundbarkeit. Unbedachte oder destruktive Menschen müssen innerlich auf Distanz gehalten werden. Das Verzeihen reift nach seinen eigenen Gesetzen. Die richtige Lösung einer Situation muss auch gefühlsmäßig echt sein. Diese Forderung verlangsamt und vertieft den Weg zur Versöhnlichkeit – und verunmöglicht ihn manchmal. Der Weg in Richtung Verzeihen kann aus guten Gründen auf ein anderes Ziel abschwenken. Menschen, die aufgrund einer vertieften Auseinandersetzung zu dem Schluss kommen, nicht verzeihen zu können, wandeln sich auf eine analoge Art wie solche, die schließlich zum Verzeihen gelangen. Sie müssen dieselben psychischen Aufgaben bewältigen, aber ihr Prozess geht nicht bis zum Stadium des Verzeihens. Zwar hören sie auf, sich selbst oder den Täter zu hassen, aber sie lieben ihn nie wieder. Diese Menschen haben den ganzen Prozess der gefühlsmäßigen Wiederbegegnung mit der Verletzung und die Konfrontation mit der eigenen Beteiligung daran durchlaufen und sind zu einem anderen Schluss gekommen als die versöhnlichen: Sie verstehen, haben aufgehört zu hassen, aber sie bleiben bei der Verurteilung des Täters, weil sie die positive innere Verbindung mit dem Täter, wie sie das Verzeihen erfordert, nicht herstellen wollen oder können.[3] Heilung kann auch ohne Verzeihen und Versöhnen geschehen. »Ob ich ihr helfen werde, wenn ihre Krankheit wieder aufflammt? Sicher. Ich werde ihr nie verzeihen, aber ich lasse sie finanziell nicht im Stich«, sagt ein Mann, der seiner Frau nicht verzeihen will, dass sie ihn und ihre Kinder verlassen hat.

Der Versöhnungsprozess

Die Versöhnung geschieht nicht von heute auf morgen. Die Transformation von Opfer und Täter zum normalen Mitmenschen braucht Zeit, manchmal ein halbes Leben. Die Erwartung effizienter Veränderungen ist völlig fehl am Platz. Versöhnung benötigt Zeit, um vom Kopf ins Herz zu wandern, wo sie hingehört. Die Ereignisse müssen sich setzen. Das Reifen eines neuen Verständnisses auf der bewussten wie auch auf der unbewussten Ebene kann nicht beschleunigt werden. Einsicht und Engagement konstellieren eine Versöhnung, aber ob sie sich dann einstellt, steht auf einem anderen Blatt. Das Wesentliche scheidet sich vom Unwesentlichen, während wir nicht hinschauen und warten, bis eine größere Distanz zu den Ereignissen eine neue Perspektive erlaubt. Langsam wird es möglich, zu nehmen, was der andere geben kann und will. Wir sind nicht mehr von der Verletzung besessen und dem, was wir nicht bekommen und so schmerzlich vermissen.

Es gibt kleine und große Versöhnungen. Der Versöhnungsprozess reicht von einer subtilen Ausbalancierung des gefühlsmäßigen Gleichgewichts bis zu einer profunden Veränderung der Beziehung. Der Weg von der Entzweiung zur Versöhnung kann sowohl linear wie nichtlinear verlaufen. Bei den linearen Ereignisfolgen häufen sich Belastungen, bis schließlich der voraussehbare und nachvollziehbare Zusammenbruch eintritt. Dann folgen in psychologischer Reihenfolge die Heilungsschritte, die einleuchtenderweise in eine

Versöhnung münden. Lineare Entwicklungen beruhigen uns insofern, als sie uns das Gefühl geben, uns einigermaßen orientieren zu können. Schwieriger wird es bei nichtlinearen Entwicklungen, wenn unbegreiflicherweise eine kleine Nebensächlichkeit den festen Boden aufreißt und ein Abgrund alles zu verschlingen scheint oder sich später eine Versöhnung völlig unerwartet einstellt. Die Frau, die auf Nimmerwiedersehen verschwand, weil ihr Mann zehn Minuten zu spät kam, hatte wohl noch andere Gründe Die Chaostheorie lehrt, dass bei einer kumulativen Einwirkung von Veränderungsparametern eine lineare Entwicklung an einem bestimmten Punkt einen Systemsprung, einen Paradigmenwechsel bewirken kann. Eine ursprünglich vertrauensvolle Beziehung wird durch die steten Tropfen der Lieblosigkeit oder anderen Formen des Verrats unsichtbar ausgehöhlt und bricht dann von einer Sekunde auf die andere definitiv zusammen. Ein derartiger Systemsprung ist sowohl bei der Entstehung einer Disharmonie wie auch später bei der Umkehr in die Versöhnung denkbar. Der Verrat verändert die Dynamik einer Beziehung. Ihr Gleichgewicht wird gestört und geht in einen Spannungszustand über. Dieser führt über die Versöhnung zu einem neuen Gleichgewichtszustand. In diesem Fall führt der Weg ins Chaos und von dort zu einer neuen Ordnung. Zwei Wendepunkte, Verletzung und Versöhnung, charakterisieren den Weg von einer Gleichgewichtsstufe der Beziehung zur nächsten. Das Wiederherstellen des Gleichgewichts ist nicht gleichzusetzen mit der Wiederherstellung des alten Zustandes. Der Versöhnungsprozess verändert die Beteiligten und die Beziehung. Wiederhergestellt wird ein Gleichgewicht, eine Harmonie, aber es ist ein anderes Gleichgewicht mit veränderten Spielern. Der Versöhnungsprozess kann also verschiedene Stadien durchlaufen: Gleichgewicht, Regelverletzung, Unordnung, Feststellen des Schadens, Umkehr, Reue, Wiedergutmachung, Selbstversöhnung, Verzeihung, Versöhnung und neues Gleichgewicht. Eine erreichte Versöhnung ist kein definitiver Zustand, sondern ein dynamischer Vorgang. Bei geeigneter Provokation kippt eine versöhnliche Ordnung schnell wieder um in eine feindselige Desorientierung. Der Verrat in einer Paarbeziehung kann also eine nachvollziehbare Geschichte haben oder eben nicht, ebenso die Versöhnung, was natürlich alle Regeln über Versöhnungsverläufe relativiert – aber nicht überflüssig macht. Es braucht beides – die Regeln und das Wissen darum, dass sie immer wieder außer Kraft gesetzt werden.

Die heilende Wirkung der Versöhnung ist umso größer, je klarer sie erlebt, je deutlicher sie ausgesprochen und je besser sie mit symbolischen Handlungen verankert wird. Eine möglichst eindrucksvolle Inszenierung der Versöhnung empfiehlt sich. Die meisten Religionen kennen Versöhnungsrituale, die unser Wissen über das Wesen der Versöhnung vertiefen. Es geht dabei sowohl um die Versöhnung mit Gott als auch um die mit den Menschen. Die katholische Kirche führt den sündigen Menschen über festgelegte Riten in die Harmonie zurück. Beichte, Buße und Kommunion reinigen den Sünder von seiner Schuld. Jedem Gläubigen wird durch die Teilnahme an der Abendmahlsgemeinschaft im Gottesdienst die Gnade Gottes zuteil. Jesus saß immer wieder auch mit Feinden zu Tisch, um so ein Zeichen der Versöhnung zu setzen. Ein Paar schloss einen Versöhnungsprozess mit einer zweiten Hochzeitsfeier ab: Nachdem die langdauernde geheime Außenbeziehung der Frau ans Licht gekommen war, sah es eine Weile lang so aus, als wenn die Ehe nicht zu retten wäre. Erst der unmittelbar drohende Bruch brachte beiden die Einsicht, dass sie trotz allem zusammengehörten. Sie machten sich engagiert an die Arbeit, ihre Ehe neu zu erfinden. Schließlich luden sie zwei gut befreundete Paare, die die ganze Krise mitgetragen hatten, als Zeugen zu ihrer zweiten Hochzeitsfeier ein, bei der sie sich ein der neuen Situation angemessenes Eheversprechen gaben. Ihre »Zweitehe« ist nun auch schon wieder fünf Jahre alt und der Glanz der Erneuerung vielleicht etwas verblasst, die Liebe ist aber immer noch spürbar. In Familientherapien werden nach einem Versöhnungsprozess Versöhnungsrituale und -feste angeregt. Geschenke unterstützen das Versöhnungsritual. Aber auch im Alltag verankern kleine Gesten die Versöhnung im Bewusstsein. Der Blumenstrauß auf dem Nachttisch, der die Heimgekehrte nach der verzweifelten Flucht aus der Zweisamkeit begrüßt, bringt Hoffnung auf ein Wiedererblühen der guten Zeiten.

Die Bedeutung der Versöhnung als Abschluss einer spannungsvollen Interaktionskette kann nicht stark genug gewichtet werden. Paare, die ihre Differenzen nicht durch Versöhnung heilen können, machen sich krank. Der Auseinandersetzung muss ein Beieinandersitzen folgen. Wenn der Handlungsbogen Entzweiung – Harmonie – Versöhnung sich runden kann, erhöhen sich die Chancen für die Dauerhaftigkeit des Friedens. Gute Mütter schließen ihre kleinen Sünder nach einem erzieherischen Nahkampf in die Arme. Die Erotik verankert die Versöhnung im Körper. In Zärtlichkeit und Liebe miteinander schlafen, füllt jede Zelle mit der Freude der wiedergefundenen Harmonie. Es reicht nicht, die Differenzen dingfest zu machen, die Schuld angemessen zu verteilen, zu bereuen, wieder gutzumachen und zu verzeihen. Die Verwandlung des Erlittenen in eine Beziehungsressource verlangt die Versöhnung.

Vom Täter zum Bittsteller

Ich bin unschuldig
Ein Gesinnungswandel des Täters (siehe auch S. 70 ff) ebnet den Weg zur Versöhnung. Der erste Schritt zu dieser inneren Richtungsänderung besteht in der Selbstkonfrontation mit der eigenen Schuld. Es gilt, sich als Täter auszuhalten. Das ist hart. Deshalb versuchen Schuldige, der Einsicht in die Schuld zu entrinnen. In den antiken Mythen wird der uneinsichtige Schuldige von den um eine Wiedergutmachung geprellten Rachegöttinnen bis ans Ende der Welt verfolgt. Kurt Backhaus warnt: »Schuld, die geleugnet wird, ist dadurch nicht getilgt. Jenen Gefahren, von denen wir behaupten, sie existierten gar nicht, fallen wir am ehesten zum Opfer. Wo menschliches Versagen nicht realistisch ein-gesehen und abgearbeitet wird, entfaltet es seine zersetzende Kraft in verdrängter Form: aufgestaut, undurchschaut, zügellos. Die nicht entsorgte Altlast vergiftet das Erdreich unseres Selbst und damit den Lebensraum, den wir mit anderen [...] teilen.«[4] Die verdrängte und damit unaufgelöste Schuld belastet die Beziehungen. Wir vermeiden die Selbstkonfrontation mit der Schuld, denn sich schuldig zu sprechen, ist psychische Schwerstarbeit. Trotzdem: es führt kein Versöhnungsweg daran vorbei. Nur eine bewusste Auseinandersetzung mit der eigenen Schuld bringt die Dinge in Bewegung. Der Prozess am innerseelischen Gerichtshof muss stattfinden, die Anklageschrift verlesen, die Verteidigung angehört und das Urteil gefällt werden.

Die Konfrontation mit der eigenen Schuld birgt Risiken. Sie erfordert großen Mut, denn die Angst vor der vernichtenden Kraft der Selbstverurteilung kommt nicht von ungefähr. Ein Mensch, der den Bogen vom Schuldbewusstsein nicht bis zur Selbstversöhnung zu spannen vermag, kann von der Schuld überwältigt werden. Der gefährlichste Ankläger sitzt in uns selbst.»Wenn es zur Erkenntnis überhaupt kommt, kann die Last der Schuldgefühle und die Trauer, dass das Zerstörte nicht wieder gutzumachen ist, zu erneuter Ablehnung der Verantwortung führen. Und sogar wenn diese akzeptiert wird, steht noch ein weiterer, schwerer Schritt bevor: mit dem Wissen um das destruktive Potenzial in Kontakt zu bleiben, so dass sich das Vergangene nicht wiederholt. Solange böses Handeln vergessen oder verleugnet wird und die Vermeidung der Scham für das Getane uns mit Blindheit schlägt, so lange werden wir weiterhin den Grund unseres Unglücks in den Schattenseiten anderer Menschen suchen. Wir sehen die Splitter im Auge des anderen und den Balken im eigenen nicht und meinen deshalb, dass wir besser und daher den anderen überlegen seien. Wir werden mit moralischer Überzeugung den anderen unterdrücken, und im Extremfall seiner Rechte, seiner Güter und seines Lebens berauben.«[5] Nur wer die Verantwortung für die eigene Schuld übernimmt, kann sich aus ihrer dunklen Macht befreien und sich wieder dem Guten zuwenden.

Sich der eigenen Schuld nüchtern zu stellen, ohne Beschönigung und ohne Selbstdramatisierung, sie zur Kenntnis zu nehmen und in das Selbstbild zu integrieren ist der einzige Weg, sie zu überwinden und den Entwicklungsanstoß zu nutzen, den die Schuld in sich birgt. Das dazu gewonnene Wissen um die eigenen Schattenseiten schützt davor, sie unkontrolliert auszuleben. Wer Glück hat, findet liebevolle Menschen, deren gute Meinung der Selbstverurteilung entgegenwirkt und die einen vor dem inneren Henker schützen. Ihre Rückenstärkung ermöglicht, hinzuschauen, zu erkennen, auszuhalten, zu akzeptieren und schließlich die Schuld zu integrieren. Manchmal übernimmt auch eine Therapeutin die Funktion der Verteidigerin, und im Schutz der Therapie kann die Schuld verstanden und verarbeitet werden. Jede Schuld konstelliert einen eigenen, individuellen Weg von der Selbstverurteilung zur Selbstversöhnung, der keine Abkürzungen erlaubt.

Reue

REUE

Jetzt, da es zu spät ist,
erkenne ich mich, dich und uns.

Jetzt, da das Steuer der Hand entgleitet,
wird die Richtung klar.

Jetzt, da die Zukunft schrumpft,
vernichtet die Zeitverschwendung der Lieblosigkeit
die Vergangenheit.

Selbstbeschuldigungen gehören zum Versöhnungsprozess. Der Schreck über die eigenen Schattenseiten, die sich manifestiert haben, muss zuerst absorbiert werden. Das Leiden an der eigenen Schuld, das Leiden an der eigenen inneren Hässlichkeit lässt sich nicht überspringen. Bei der Reue steht das Bedauern, die Verzweiflung über die als falsch erkannte Tat im Vordergrund. Die Reue bringt die Konsequenz falschen Verhaltens ins Bewusstsein.

TROTZDEM

Zu durstig gewesen,
um das unreine Wasser nicht zu trinken,

zu einsam,
um bei sich zu bleiben,

zu blind,
um durchzublicken.

Und zu hoffnungsvoll,
um aufzugeben.

Ich bin es gewesen
Solange die Erkenntnis des eigenen Fehlverhaltens mit Rationalisierungen und Projektionen abgewehrt wird, ist der Blick auf sein Zustandekommen verstellt. Schuldgefühle und Reue sind Mahner, die erst verschwinden, wenn ihre Botschaft gehört worden ist. Sie fordern, dass die volle, bewusste Verantwortung für eigene Handlungen übernommen wird. Das ist die Voraussetzung zur Selbstversöhnung. Der Weg von der Selbstanklage zur Selbstversöhnung führt über die Selbstverantwortlichkeit. In dem Moment, wo die falsche Handlung verantwortet wird, ist die Voraussetzung gegeben für ein Verständnis der eigenen Motive, für eine Einfühlung in die inneren und äußeren Gegebenheiten, die zur Tat geführt haben. Das Verantworten einer Handlung befreit zur Selbstempathie. Wenn die Verantwortung für die verletzende Tat übernommen und der Einfluss der eigenen Geschichte und der eigenen Bedürfnisse bei ihrem Zustandekommen gesehen wird, schwächt sich das Gefühl der Machtlosigkeit ab. Nur wenn ich die Verantwortung dafür übernehme, dass ich eine falsche Wahl getroffen und einem Menschen geschadet habe, anerkenne ich meine Entscheidungsfreiheit, die auch beinhaltet, dass ich mich ändern und bessere Wahlen treffen kann. Der Schritt von der Selbstbeschuldigung zur Übernahme der Verantwortung enthält eine Wende in der Beziehung zu sich selbst. Sie setzt ein Stück seelischer Heilung voraus, die den Zugang zum eigenen Potenzial für das Gute wieder freigelegt hat. Der Kern der Heilung ist das

Wunder der inneren Wandlung. Der grimmige Selbstverfolger lässt von mir ab und gibt meiner Menschlichkeit wieder Raum.

Kannst du mir verzeihen?
Erst auf der Basis der Selbstversöhnung kann an eine Versöhnung mit dem Opfer gedacht werden. Der Täter bemächtigte sich des Opfers und schädigte es. Verachtung, Psychoterror und Demütigungen hielten das Opfer möglicherweise über lange Zeit in der unterlegenen Position. Die Sühne korrigiert dieses Machtungleichgewicht. Versöhnung leitet sich von Sühne, von Wiedergutmachung ab. Sühne »ist ein Prozess der freiwilligen Entäußerung geraubter Macht und der Einführung friedensdienlicher Verhältnisse«[6]. Dieser Machttransfer vom Täter zum Opfer setzt beim Täter eine Gesinnungsänderung durch Einsicht voraus. Der Täter gesteht sich und dem Opfer ein, dass er einen Fehler begangen hat, nimmt die Schuld dafür auf sich und bemüht sich, den verursachten Schaden wieder gutzumachen.

Die innere Umkehr verwandelt den Verfolger in einen Versöhnung suchenden Bittsteller. Dieser immer wieder beobachtbare innere Richtungswandel entzieht sich in seiner Essenz rationalen Erklärungen. Eine Frau berichtet: »Mein Mann hat mich über Jahre kaum noch bemerkt. Zuerst kämpfte ich, wenn er ohne Nachricht wegblieb oder eigenmächtig das Wochenende verplante, ohne mich einzubeziehen, aber schließlich resignierte ich und begann, mich von ihm zu distanzieren. Ein lust- und liebloses Nebeneinanderleben schlich sich ein. Plötzlich verliebte ich mich in seinen besten Freund, und er sich in mich. Ich wollte meinen Mann verlassen und war völlig überrascht, dass er um mich kämpfte – und wie! Er wurde wieder zu dem Mann, in den ich mich als junge Frau verliebt hatte: aufmerksam, phantasievoll und loyal. Ich traute dieser Veränderung anfänglich natürlich gar nicht, aber mein Mann hielt durch, obwohl ihn meine Beziehung, die ich ja doch auch nicht einfach abbrechen konnte, sehr stresste. Wir haben uns langsam wiedergefunden. Er hat mich von seiner Liebe überzeugt. Wir haben beide begriffen, dass wir zusammengehören. Ich habe ihn zweimal im Stich gelassen: Das erste Mal, als ich mich von ihm schlecht behandeln ließ, das zweite Mal, als ich ihm untreu war.«

Die Wende zum Guten darf erwartet und entgegengenommen werden. Dieses Geschenk kann durch ein entschlossenes Engagement für die Beziehung möglich gemacht werden. Im Tauwetter der neu erwachenden Liebe schmilzt das Eis der starren Feindbilder und die lebendigen Konturen des anderen werden wieder sichtbar. Die nun wieder mögliche Einfühlung in das Opfer zwingt zur Kenntnisnahme des verursachten Schadens. Die Verursacherin stellt sich dem Schmerz des anderen. Reuevolles Mitleid ist Balsam für die Wunde des Opfers und anerkennt die Berechtigung der Anklage durch den anderen. Der innere Richtungswechsel von einem gemeinschaftsfeindlichen Verhalten über die Reue zur Umkehr in Richtung auf die Gemeinschaft motiviert zur Wiedergutmachung, die dem Opfer die Ernsthaftigkeit des Versöhnungswunsches zeigt. Mit Sühnehandlungen bezeugt der Verursacher dem Opfer und den Beziehungsregeln seinen Respekt. Sühnehandlungen sind für den Täter oft eine innere Notwendigkeit, weil sie den Druck der Schuld vermindern. Das Opfer tut dem Täter buchstäblich Leid, das heißt, er fühlt sich ein und trägt den Schmerz, den er verursacht hat, mit. Er lebt dem anderen zuliebe und zeigt durch kooperatives Verhalten sein Interesse am Fortbestand der Gemeinschaft. So heilt er die Regelverletzung und stärkt die Beziehung. Er gewinnt so langsam das verlorene Vertrauen des Opfers zurück. Damit schafft er ein verzeihungsfreundliches Klima. Er gesteht dem anderen seine Schuld ein, übernimmt die Verantwortung dafür und bittet um Entschuldigung. Eine Entschuldigung kann leichter angenommen werden, wenn das Opfer sicher ist, dass es nicht mit einer nächsten Grenzübertretung rechnen muss. Indem die Täterin dem anderen ihren Schmerz, ihre Scham und ihre Reue über ihr Fehlverhalten mitteilt, öffnet sie sich dem Opfer. Wenn es gut geht, fließen die getrennte Trauer und Verzweiflung der beiden zu einer einzigen zusammen. Damit ist der Weg zur Versöhnung geebnet.

Der Weg des Opfers: Von der Schwäche zur Stärke

Während die Versöhnung zwei Entfremdete wieder zusammenführt, verändert das Verzeihen den einzelnen Menschen. Im Gegensatz zur Versöhnung ist das Verzeihen als innerseelischer Prozess nicht vom Verhalten eines anderen abhängig. Versöhnlichkeit ist die innere Haltung, die das Verzeihen erlaubt. Verzeihen bildet die individuelle Basis der Versöhnung. Der allgemeine Sprachgebrauch macht diese Unterscheidung allerdings nicht immer, sondern verwendet verzeihen und versöhnen auch synonym.

Das Riesengeschenk der Wende zur Versöhnlichkeit rückt alles Gute wieder in Reichweite. Plötzlich kommt die Sonne hinter den Wolken hervor und lässt die Farben neu erstrahlen. Das resignierte Grau ist Vergangenheit, und alles leuchtet wieder hell und weit. Wo niederdrückendes Unrecht, hilflose Wut und Verzweiflung die Lebensgeister dämpften, erheben sie sich nun neu. Beim Verzeihen entlässt sich das Opfer aus den Fesseln negativer Gefühle, nimmt sein Potenzial als großzügiger, liebevoller Mensch wieder in Besitz und befreit sich zu einer aktiven Partnerschaft mit seinem Schicksal. Der Ballon ist frei, in den Himmel zu fliegen. Gefangenschaft im alten Unrecht zerstört die Gegenwart. Feindseligkeit mitzuschleppen belastet. Ohne Versöhnlichkeit ersticken wir in den Giftdämpfen des Lebens. Wir bleiben an die unfaire Episode in der Vergangenheit gekettet, und die vergebliche Bemühung um Gerechtigkeit hält uns im Bann. Der Schlüssel zur Kerkertür heißt Versöhnlichkeit. Verzeihen bricht die Macht der Vergangenheit über die Gegenwart. Wer loslässt, hat die Hände frei. Ein Mann sagt: »Wenn ich verzeihe, verweise ich die Vergangenheit an den ihr angemessenen Platz. Das mitgetragene emotionale Gepäck der Verletzungen hat sich als nicht mehr zeitgemäß erwiesen. Das Unerledigte habe ich bearbeitet, den Schmerz kann ich zurücklassen, und das alte Drehbuch werfe ich über Bord meines Lebensschiffes. Ich habe begriffen, dass ich mich selbst schädige, wenn ich über die mir früher zugefügten Ungerechtigkeiten grüble, unversöhnlich an meinen Ressentiments festhalte und nicht aufhöre, wütend zu sein.« Unversöhnlichkeit ist eine Sackgasse. Eine Frau, die eine brutale Scheidung hinter sich gebracht hat und schließlich ihrem Mann verzieh, stellt fest: »Verzeihen ist eine Wohltat. Wut und Rachegefühle bringen nichts, keinen Schlaf und kein Lächeln. Sie wachsen, bis das ganze Leben von ihrem Schlamm zugedeckt ist. Wir sind nicht dazu geschaffen, unglücklich zu sein. Versöhnlichkeit ist ein fantastisches Lebensgefühl. Es erlöst von so vielem.«

Zufriedene Menschen verzeihen leichter. Wenn günstige Umstände die Gesamtbilanz verbessern, lassen sich unbeglichene Rechnungen leichter abschreiben. So sagt eine Frau: »Mein zweiter Mann ist ein Glücksfall, und das seit zehn Jahren. Mit ihm wurde alles möglich, was ich in meiner ersten Ehe so bitter vermisst hatte. Dass mein erster Mann die Kinder immer wieder gegen mich aufhetzte, konnte ich ihm lange nicht verzeihen. Heute sehe ich das als einen hilflosen

Versuch an, mich im Griff zu behalten. Er tut mir wirklich Leid. Er hat sich gemessen an dem, was ihm möglich ist, sehr um uns bemüht, und ich kann all den Spannungen, die er verursacht, heute mit größerer Gelassenheit begegnen.«

Verzeihen heißt, sich mit der Täterin auf die gleiche Stufe zu stellen und den moralischen Vorsprung des Opferstatus aufzugeben. Wer Unrecht erlitten hat, ist wenigstens in der Position der moralischen Überlegenheit. Die Täterin hat sich durch ihre Tat ins Unrecht gesetzt und erlaubt dem Opfer den Triumph moralischer Indignation. Je länger die Opferrolle gelebt wurde, desto mühsamer lässt sie sich ablegen. Wer ein halbes Leben als Opfer verbracht und seine Identität darauf gegründet hat, wird sich schwer tun mit verzeihen. Die gefühlsmäßige Fehlinvestition in den Opferstatus muss vorerst mit weiteren Investitionen gedeckt werden. Das Opfer fühlt sich gezwungen, sich und seine Umgebung, je länger, desto mehr, von der Berechtigung seiner Position zu überzeugen, was immer aufwändiger wird. Durch demonstratives Leiden die Schuldgefühle des Täters wecken zu wollen, kostet unendlich viel Energie, bindet das Opfer an den Täter und erschwert die Suche nach ergiebigeren Selbstbestätigungsquellen. Wer mit seinem Leiden den Täter beschämen will, macht sich von seiner Reaktion abhängig. Es gilt, den Täter seinem Schicksal zu überlassen und den Anspruch, ihn zu beeinflussen, aufzugeben. Die moralische Bilanz wird durch einen Abschreiber des Opfers ausgeglichen, und zwei Menschen stehen sich wieder als Gleichwertige gegenüber. Die Verzeihende verzichtet auf die Machtposition moralischer Überlegenheit.

Das Veränderungspotenzial des Verzeihens ist nicht unbegrenzt. Versöhnlichkeit öffnet das Feld für Veränderungen und macht sie wahrscheinlicher, aber sie ist keine Garantie dafür. Die Chance der Versöhnlichkeit kann genutzt werden – oder auch nicht. Dass er ihr ihre Taktlosigkeit verziehen hat, schützt ihn nicht vor der nächsten. Das verletzende Verhalten verschwindet nicht einfach über Nacht, sondern zeigt sich in einer, wenn es gut geht, gemilderten Form weiterhin. Der reuige Schürzenjäger versucht vielleicht, seine Handlungen besser unter Kontrolle zu bekommen, aber mindestens das Auge schweift weiterhin. Der Chaotin gelingt es, die Überschwemmung der Wohnung mit Kleidern und Krempel auf einem tieferen Pegelstand zu halten, aber bei Zeitknappheit bordet die Unordnung wieder über, sehr zur Irritation des ästhetischen Puristen. Väterliche Belehrungen nehmen ab, aber sie stören immer noch ab und zu den partnerschaftlichen Umgang. Von einem Versöhnungsprozess auch gleich eine Persönlichkeitsveränderung zu erwarten, wäre zu viel verlangt. Wohl lassen sich die guten Seiten beleuchten, aber was nicht da ist, kann nicht herausgeholt werden. Manchmal gelingt ein entlastender Verzicht: Das vergeblich Erhoffte wird aufgegeben, nicht nur in seiner konkreten Erhältlichkeit; es wird mit der Zeit auch nicht mehr so wichtig genommen. Vielleicht findet sich langsam eine tolerantere Haltung, gemischt mit Humor und abgestützt durch eine größere Autonomie. Auch die Tagesform bestimmt, ob das Wiederauftauchen alter Fehler die Situation unerträglich macht oder Gelegenheit bietet, Gelassenheit zu üben.

Versöhnlichkeit als Wiedergeburt positiver Gefühle bedeutet nicht den Totalausverkauf aller negativen Gefühle. Das Verzeihen rechtfertigt in keiner Weise die verletzende Handlung und bedeutet auch nicht, dass man in Zukunft die Gesellschaft des Täters suchen muss. Aber auch wenn das Verzeihen zu einer Versöhnung führt, bleibt meistens ein mehr oder weniger starkes Gefühl der Ambivalenz zurück. Das Ziel des

Verzeihens wird selten ein für allemal erreicht. Die Entscheidung, zu verzeihen, muss aufrechterhalten werden. Auch beim echten Verzeihen kommen ambivalente Zustände und Teillösungen vor. Irrtümlicherweise wird angenommen, verzeihen dürfe von keinem negativen Gefühl befleckt sein. Indessen muss der Zorn nicht vollständig verschwinden, damit man von verzeihen reden kann. Es reicht, wenn er aufhört, vorherrschend zu sein. Drei Irrtümer behindern das Verständnis dessen, was verzeihen heißt: dass es von Feindschaft frei sei, dass es endgültig sei und dass es dem Bewusstsein unterstehe.[7]

Schritte des Verzeihens

Das kann nicht sein
Der Schock des Liebesverrats verschlägt einem zunächst den Atem. Die Seele verzieht sich in den hintersten Winkel. Das Gehirn verweigert die Anforderung, sich in der neuen Situation zurechtzufinden. Die Schotten werden dicht gemacht, damit das Grässliche nicht ins Bewusstsein dringen kann. Der Wundschock schützt vor einem unerträglichen Schmerz. Eine innere Distanzierung von den verletzenden Ereignissen bewahrt vor dem Blick auf das Unfassbare.

Der Liebesverrat ist nicht recht. Die Sehnsucht nach Verbindlichkeit, nach Sicherheit und nach Ordnung wächst besonders dann, wenn die Kälte sich ausbreitet, wenn die Regeln sich auflösen, das Vertraute fremd wird und lieb gewordene Gewohnheiten ihren Sinn verlieren. Der Liebesverrat schreit nach Wiederherstellung der Ordnung. Nach Gerechtigkeit. Nach Moral. Es muss Mittel und Wege geben, ihn ungeschehen zu machen. Der Schmerz der Verletzung trübt die Urteilsfähigkeit. Was ist, darf einfach nicht sein. Ich weigere mich, es zur Kenntnis zu nehmen, weil es nicht recht ist. Die moralische Entrüstung, das selbstgerechte Gefühl, Unrecht zu erleiden, bildet sich als Bollwerk gegen das hereinbrechende, vernichtende Unbegreifliche. Christian Morgenstern hat das drastisch illustriert. Er lässt seinen Palmström ironischerweise von den Toten auferstehen, weil sein Tod gegen das Gesetz verstößt. Palmström wird auf einer Strasse mit Fahrverbot überfahren. Er erhebt sich und lebt weiter, studiert die Gesetzesbücher

»Und er kommt zu dem Ergebnis:
›Nur ein Traum war das Erlebnis.
Weil‹, so schließt er messerscharf,
nicht sein *kann*, was nicht sein *darf*.«[8]

Unmittelbar nach der Traumatisierung ist jede Ablenkung erlaubt, alles, was fünf Minuten von der Besessenheit durch die Kränkung befreit. Etwas unternehmen, sich mit Freunden treffen und sich möglichst gut behandeln ist jetzt angesagt. Die Verdrängung des Geschehenen ist in diesem Moment heilsam. Es geht vorerst nur darum, Minuten, Stunden und Tage zwischen sich und die Katastrophe zu legen. Einfach nur durch die Zeit zu kommen, ist schon Leistung genug. Jetzt ist der Moment, Hilfe zu holen, unterzuschlüpfen bei Freunden, sich auszuweinen und sich trösten zu lassen. Es ist schon ein Fortschritt, wenn die schlimmen Szenen sich nicht jede Sekunde aus dem Hinterkopf hereindrängen und die peinigenden Bilder nicht ununterbrochen das Blickfeld füllen, so dass man wie ein Schlafwandler durch das Tagesgeschäft stolpert. Eine verminderte Zurechnungsfähigkeit macht es ratsam, möglichst alle wichtigeren Entscheidungen zu vertagen. Der innere Aufruhr macht konzentriertes Arbeiten unmöglich. Wie eine Krankheit fordert die Schwächung durch den Verrat eine Erholungspause. Die Kräfte, die es braucht, um sich mit der Situation auseinander zu setzen, müssen sich erst regenerieren. Die emotionale Wunde möglichst in Ruhe zu lassen, ist in dieser Phase durchaus angezeigt.

Es ist tatsächlich geschehen
Irgendwann wird die Wiederannäherung an das Geschehene fällig, obschon sich alles dagegen sträubt. Die Angst vor dem unerträglichen Schmerz führt zu Bagatellisierungen bis hin zur Dauerverleugnung. Die Vogel-Strauß-Politik ist nur allzu verständlich. Rationalisierungen erlauben, der schrecklichen Beziehungsrealität auszuweichen, was kurzfristig auch den Schmerz in Schach hält: Sie hat es eigentlich nicht so gemeint, und er trank halt einen über den Durst. Eigentlich ist das Ganze gar nicht geschehen, und wenn, dann bedeutet es nichts. Verzeihen braucht eine erneute gefühlsmäßige Kontaktaufnahme mit der Kränkung, was den Schutz durch die Distanzierung aufhebt. Das Geschehene muss nochmals angeschaut und dann neu eingeordnet werden. Verzeihen erfordert zuerst einmal das Aushalten des Schmerzes. Deshalb fällt Verzeihen auch so schwer. Der Verrat durch einen Menschen, dem man vertraut hat, darf einfach nicht sein, denn wenn das passieren kann, gibt es keine Geborgenheit, in der man sich sicher fühlen kann, wird das Vertrauen in die eigene Urteilsfähigkeit und ins Leben überhaupt erschüttert. Eine emotionale Verletzung in ihrem vollen Umfang zur Kenntnis zu nehmen, heißt unter Umständen, dass Illusionen über den Zustand der Beziehung zerstört werden, Illusionen, ohne die man nicht glaubt leben zu können. Es besteht durchaus die Gefahr, dass die erste, reflexhafte Verdrängung der Katastrophe in einen Dauerzustand übergeht und den nächsten notwendigen Schritt, den der Aufdeckung, verhindert. Hastig wird die bedrohliche Wunde verdeckt. Unter einem vorschnellen Verband eitert sie vor sich hin und schwächt den ganzen Organismus. Es kann manchmal weise und angemes-

sen sein, Ereignisse nicht unnötig zu dramatisieren, aber eine schwere Kränkung auf die Länge zu verleugnen heißt, ihre Heilung zu blockieren. Als Erstes muss sie freigelegt werden.

Die Coping-Forschung, die sich mit den Formen der Bewältigung schwieriger Situationen befasst, ist zu einem eindeutigen Ergebnis gekommen: Grübeln ist schädlich. Es gibt eine Form des Haderns, des Nicht-Akzeptierens des Gegebenen, die alles verschlimmert. Die Phantasie beschäftigt sich obsessiv mit den Ereignissen, die zur Krise geführt haben. »Warum habe ich damals nicht anders gehandelt?« »Warum ist ausgerechnet mir das passiert?« Daniel Hell erläutert: »Grübelnd versucht ein Mensch, was geschehen ist, ungeschehen zu machen. Statt dem Erleben Raum zu geben, wird in der Vorstellung nach einer alternativen Realität gesucht. Dazu wird der Lauf der Zeit umgekehrt. Nicht was gestern war, bestimmt das Heute, sondern was heute nicht sein darf, bestimmt die Einschätzung des Gestern.«[9] Im Gegensatz zu einer selbstkritischen Auseinandersetzung mit eigenen Schwächen, die zu konstruktiven Veränderungen führen könnte, handelt es sich hier um eine Entwertung des eigenen Erlebens. Zwischen Verarbeiten und Grübeln besteht ein großer Unterschied.

Im Schraubstock des Leidens

TROSTLOS

Im Dämmer zwischen Tag und Traum
füllt Leere schon den ganzen Raum

Tauch wieder ab. Schlaf wieder ein.
Es bringt dir gar nichts, wach zu sein.

Wer will ihn schon, den neuen Tag?
Kaum stehst du, kommt der nächste Schlag.
Die Zeit ist wie ein zäher Leim.
Du kämpfst dich durch. Kommst nie mehr heim.

Der Versöhnung geht unweigerlich eine schwere Zeit voraus. Niemand setzt sich freiwillig Ereignissen aus, die eine Versöhnung notwendig machen. Und doch reift im Leiden vielleicht die Einsicht, die schließlich die Versöhnung ermöglicht. Am Leiden kommt niemand vorbei. Leiden erfordert den Mut, den Schmerz auszuhalten, die Geduld, im Schmerz zu bleiben, bis er nachlässt. Bevor wir das Leiden verstehen können, müssen wir es bestehen. Das Leiden an der Lieblosigkeit des Täters und der eigenen Mittäterschaft, an der Selbstverachtung und der Verzweiflung hämmert die Seele in eine neue Form. Erst wer ganz unten auf dem Grund des Leidens angekommen ist, findet den Boden, von dem aus er sich wieder abstoßen kann.

SISYPHUS

Im Kern der glühende Schmerz.
Darüber die dünne Schicht mühsam kultivierter Erde.
Die kleinste Erschütterung,
und der Vulkanausbruch der Verzweiflung
schleudert den Schmerz wieder an die Oberfläche,
und die Lava der schwarzen Bilder
knickt einmal mehr viele sorgfältig gehegte Hoffnungsschößlinge.
Sie zerstört nie ganz alle,
und so beginnt das Ringen um Frieden von Neuem.

Du hast mir geschadet
Nach einem Liebesverrat stehen sowohl gegen innen wie gegen außen schmerzhafte Entdeckungen an, die zu einem Zusammenbruch des Selbstbildes und der Grundannahmen über die Beziehung führen können. Die Konfrontation mit der eigenen Mittäterschaft am Zustandekommen des Verrats sowie die Schuldzuweisung an die Täterin oder den Täter sind fällig. Beides verändert die gewohnte Sichtweise und fordert eine Neuorientierung. Die Realisierung der eigenen Mittäterschaft fügt der Verletzung von außen noch die innere eines negativ veränderten Selbstbildes hinzu. Häufig geht die Schuldzuweisung an den anderen der Selbstkonfrontation voraus. Das Unterdrücken der Schuldzuweisung verhindert das Verzeihen ebenso wie das Verleugnen der eigenen Mittäterschaft.

Bei unsicheren Menschen lösen Angriffe von außen Selbstbeschuldigungen aus. Sie glauben, etwas falsch gemacht und mit einem Fehler die Katastrophe ausgelöst zu haben. Kinder, die unter ihren Eltern leiden, brauchen die Illusion, geliebt zu werden, um überleben zu können, und neigen deshalb dazu, sich selbst als Ursache des Übels zu sehen. Wenn ich die Strafe verdient habe, dann ist der Täter im Recht. Grund für seine Handlung ist also nicht Desinteresse oder Lieblosigkeit. Die gleiche Dynamik gibt es bei Paaren. An sich selbst zweifelnde Partner haben Mühe, schädigendes Verhalten des anderen als solches zu erkennen. Die Einsicht, dass der andere sich lieblos verhält, gefährdet die Illusion der Geborgenheit in der Beziehung und wird deshalb abgewehrt. Die Angst vor der Konfrontation mit der Lieblosigkeit des Täters lässt viele vor dem harten Schritt der Schuldzuweisung zurückschrecken. Es ist leichter, sich schuldig als sich ungeliebt zu fühlen. Man hält an der Annahme einer liebevollen Beziehung fest und nimmt lieber an, dass man die Ablehnung des anderen irgendwie verdient hat.

Neben denen, die den Balken im eigenen Auge gerne übersehen und nur allzu leicht die Schuld beim anderen suchen, gibt es nicht wenige Menschen, die Schwierigkeiten mit Schuldzuweisungen haben und sich mit unberechtigten Selbstbeschuldigungen lähmen. Nicht alle, aber viele Opfer brauchen Unterstützung, um den Mut zur notwendigen Schuldzuweisung an den Täter aufzubringen. Die bewusste Integration der eigenen Hass- und Wutgefühle stellt hier einen Fortschritt dar. Der Schritt von der Selbstverurteilung zur Schuldzuweisung ist notwendig. Ohne ihn bleibt der Heilungsprozess stecken.

Als unausweichliches Durchgangsstadium auf dem Weg von der Kränkung zur Versöhnung fördert die Schuldzuweisung den Versöhnungsprozess. Eine fundierte Entscheidung für Versöhnung oder reflektierte Unversöhnlichkeit lässt sich erst nach der Schuldzuweisung und der Auseinandersetzung mit der eigenen Mittäterschaft treffen.

Es war auch mein Fehler
Dunkles und Unbereinigtes modert in jeder Seele. Wenn der Partner mich unter der Lawine seiner Hoffnungslosigkeit mitbegräbt, wenn er sich am Leben rächt, indem er mich angreift, mich wie ein Nichts behandelt oder mich betrügt, dann wecken die Schwingungen seiner Handlungen mein Potenzial zum Destruktiven. Die eigenen Schattenseiten kriechen ans Licht und das entsetzte Auge des Bewusstseins muss sie zur Kenntnis nehmen. Das ist nicht lustig. Zuerst werden die hässlichen Einsichten abgewehrt, indem man den Täter dämonisiert, so dass angesichts der Monumentalität seiner Schlechtigkeit jede eigene Reaktion gerechtfertigt scheint. Aber irgendwann dämmert die Einsicht, dass sein Angriff nur halb so schlimme Auswirkungen gehabt hätte, wenn man selbst nicht seinen Teil beigetragen hätte.

Die Erschütterung durch den Verrat aus der Nähe bringt oft Verdrängtes an die Oberfläche und erzwingt so unerwünschte Einsichten – und das nicht nur über den Täter, sondern beim Opfer ebenso über sich selbst. Haltungen und Handlungen, die das Selbstbild bedrohen, werden gerne verdrängt, weil es zu unangenehm ist, sich mit der eigenen Mittäterschaft zu konfrontieren. Was aber nicht sein darf, kann auch nicht geändert werden. Deshalb drängt Verdrängtes ins Bewusstsein und fordert, angeschaut, erkannt und als Teil der inneren Realität integriert zu werden. Manchmal wird das brisante Thema nicht als eigenes erkannt, sondern auf den anderen projiziert und dort bekämpft. Ich bin ein Engel, aber die Welt wird immer schlechter. Die Welt besteht aus bösen Tätern, die mich unschuldiges Opfer plagen. Was ich an mir nicht akzeptieren kann, irritiert mich an anderen besonders. Verhaltensweisen, die ich an anderen schlecht aushalte, sind ein guter Wegweiser zur Selbsterkenntnis. »Du bist deinem Feind erst gewachsen, wenn du das, was du in ihm verachtest, in dir selbst geheilt hast«, lehrt das I Ching.[10] Es braucht Entschlossenheit, sich mit dem Schaden in seiner ganzen Tragweite zu konfrontieren. Verletzungen verursachen keine schönen Gefühle. Wut, Scham und Trauer müssen ausgehalten werden. Den Schaden hinter sich zu lassen und das Leben wieder neu in die Hand zu nehmen, wird erst möglich, wenn die eigenen Schwächen, die zur Mittäterschaft führten, wirklich zur Kenntnis genommen wurden.

Bevor das Opfer dem Täter verzeihen kann, muss es sich mit sich selbst versöhnen. Wer nicht zur Selbstversöhnung gelangt, ist unfähig zu verzeihen. Selbstversöhnung ist eine Voraussetzung – und eine Erschwerung – des Verzeihens. Die Voraussetzung zur Selbstversöhnung ist eine Erweiterung des Selbstbildes, das auch das Dunkle mit einschließen muss.

C. G. Jung illustriert den Selbstversöhnungsbedarf: »Was ist, wenn ich entdecke, dass der Geringste von allen, der ärmste aller Bettler, der herzloseste aller Täter, der eigentliche Feind alle in mir selber sind, dass sie Teil von mir sind und dass ich selber die Almosen meines Verzeihens brauche, dass ich selber der Feind bin, der geliebt werden muss – was mache ich dann?«[11] Der versöhnlichkeitsbedürftige Feind sitzt letztlich in uns selbst. Er braucht eine Umarmung, bevor daran gedacht werden kann, dem äußeren Feind zu verzeihen. Eine Frau, die im Geheimen jahrelang mit Trennungsphantasien spielte, immer wieder die Wohnungsanzeigen las und sich ausmalte, wie sie sich nach einer Trennung allein einrichten würde, war bass erstaunt, als ihr Mann sich plötzlich von ihr trennte. Der Schock und der Trennungsschmerz machten sie anfänglich zum von der eigenen Schuldlosigkeit überzeugten Opfer. Erst später, als es ihr wieder besser ging, wurde ihr bewusst, wie stark sie diese Trennung mitverursacht hatte. Diese Beteiligung, diese Mitschuld muss gesehen und verantwortet werden. »Ihre Untreue hat mich beinahe vernichtet, und ich hasste sie. Erst allmählich wurde mir bewusst, wie lange ich sie vorher vernachlässigt und allein gelassen hatte und wie sehr sie immer wieder versucht hatte, gemeinsamen Boden zu schaffen. Ich hätte mich ohrfeigen können, dass ich nicht aufmerksamer gewesen bin. Ich brachte mich dazu, unangenehme Wahrheiten über mich zur Kenntnis zu nehmen, obschon sie sich als viel bedrohlicher erwiesen als alles, was mir angetan worden war«, sagt ein Mann. Ohne die Selbstkonfrontation mit der eigenen Mitschuld am Unglück kommt kein Selbstversöhnungsprozess in Gang.

Eine Selbstkonfrontation kann der erste Schritt zum Ausstieg aus der Opferrolle sein. Selbstbeschuldigungen als Warnung, als Entwicklungsanstoß und als Durchgangsphase haben ihre heilende und entwicklungsfördernde Funktion. Die Selbstkonfrontation, die als Einstieg in eine echte Selbstversöhnung nicht umgangen werden kann, birgt ein beträchtliches Risiko, denn es ist nie sicher, dass wir aus den dunklen Labyrinthen der Selbstbeschuldigung tatsächlich ans Licht der Selbstversöhnung finden. Ob die Selbstvorwürfe als reinigendes Fegefeuer zu einer neuen Akzeptanz der eigenen Person führen oder ob sie außer Kontrolle geraten und permanent die Seele verdunkeln, ist offen. Nicht nur die Versöhnung, auch die Selbstversöhnung stellt sich nicht einfach auf Bestellung ein. Einsichtige Vorsätze, sich mit verständnisvollen Augen zu betrachten, fruchten nicht automatisch, denn auch die Selbstversöhnung ist ein Geschenk. Die Gefahr, im Stadium der Selbstbeschuldigung stecken zu bleiben, besteht durchaus.

Die Selbstversöhnung stärkt die Selbstverantwortung. Das Akzeptieren der Mittäterschaft, die Einsicht in die eigene Beteiligung an der Krise und die Übernahme der Verantwortung dafür räumen mit der Opferhaltung auf. Wenn sich die Verdrängung der Mittäterschaft in die Übernahme der Verantwortung dafür wandelt, entsteht der innere Boden, auf dem das Verzeihen gedeihen kann.

Die Wende zur Würde
Die Folgen der Verletzung ziehen immer weitere Kreise. Die Spannung nimmt nicht ab, sondern zu, und das Gefühl, unverdient zu leiden, erzeugt Hilflosigkeit. Depression, Apathie und Krankheit schlagen zu und erzeugen einen Leidensdruck, der die Suche nach Lösungsmöglichkeiten intensiviert. Feindseligkeit macht krank. Der Körper unterscheidet nicht zwischen realen und imaginierten Angriffen. Beide versetzen den Körper in Alarmbereitschaft. Als Dauerzustand schwächt dieser Stress das Immunsystem. Nicht um-

sonst enthält ein mentales Training, mit dem Krebskranke ihr Leben verlängern, eine Versöhnungsmeditation, in der die Kranken angewiesen werden, sich ihre Feinde in glücklichen Situationen vorzustellen. Wenn das gelingt, baut sich die Aggressionsspannung im Körper ab.

Wenn der Kelch des Leidens bis auf den letzten Tropfen ausgetrunken ist, wird etwas anderes fällig. Nach dem Weg durch die Nacht die erste Morgenröte zu ahnen, stimmt versöhnlich. Versöhnlichkeit ist die Erlösung, die das Herz vom Hass befreit, der es gefangen hielt. Wenn das Chaos und der Schmerz der Feindschaft lange genug ausgehalten und ehrlich genug angegangen werden, gebären sie manchmal eine Versöhnung. Die unbegreifliche Herausforderung durch das Leiden, der unablässige Kampf dagegen sperrt uns in die Folterkammer – und plötzlich werden ihre Wände durchlässig, und ganz andere Räume öffnen sich.

MANDELBLÜTEN

Ist es wahr, dass Leiden läutert?
Oder öffnet es die Schleusen
der Fluten schwarzer Bilder erst recht?

Ist es wahr, dass Leiden Erkenntnis bringt?
Oder trübt sein Schatten
jeden klaren Gedanken?

Ist es wahr, dass Leiden den Glauben stärkt?
Oder entlarvt es ihn
als die Illusion der Verschonten?

Wenn es wahr ist,
warum bin ich traurig, verwirrt und verlassen?

Und wenn es wahr ist,
warum trösten mich die honigduftenden Blüten
des festlichen Mandelbaumes?

»Sich aus der Verzweiflung herauszuarbeiten, das aufgelöste Selbst zu suchen, um nach dem großen Absturz wieder Boden zu finden, zwingt uns, uns auf das zu besinnen, was wirklich wichtig ist, und unsere Prioritäten neu zu ordnen. Wo die Erschütterung tief genug geht, erfasst auch die Heilung den ganzen Menschen, und nicht nur der Verstand, sondern auch das Herz bekommen neue Augen.«[12] Langsam kommen das Verzeihen und die Versöhnung als Lösungsmöglichkeit ins Blickfeld. »Der Tiefpunkt auf der Reise des Verzeihens ist die Opferphase, die Spirale der Hilflosigkeit und Hoffnungslosigkeit: Ich bin ein schwacher, bedürftiger Mensch, den keiner lieben kann. Die Opferphase ist wichtig und unerlässlich auf der Reise zu mir selbst. Denn indem ich meinen Opferstatus spüre, nehme ich meine Verletzung wahr. […] Ich gestatte mir Kummer und Tränen und bin ganz bei mir. Das Schlimmste ist passiert: Ich wurde zum Opfer gemacht. Das ist die hässliche Tatsache. Aber es ist meine Entscheidung, wenn ich auf die Dauer ein Opfer bleibe und mich hilflos und entmündigt fühle. Ob ich mich in Selbstmitleid verliere oder wieder zur Selbstbestimmung aufraffe, ist meine Wahl. Selbstmitleid oder Selbstbestimmung – das ist hier die Frage.«[13]

Die eigene Menschenwürde drängt danach, sich vom Opfer in ein selbstbestimmtes Individuum zurückzuverwandeln, sich aus der passiven Hilflosigkeit des Opferstatus zu schälen und das Lebenssteuer wieder in die Hand zu nehmen. Der Wendepunkt ist die Entscheidung, die Opferrolle abzulegen und die Verantwortung für die eigene Befindlichkeit zu übernehmen. Das ist natürlich leichter gesagt als getan, denn die Wende vom bemitleidenswerten Opfer zum selbstverantwortlichen Menschen setzt eine Veränderung der Selbstwahrnehmung voraus. Sich selbst gut zu behandeln und sich ein gutes Leben zu machen, ist ein erster Schritt zur Genesung. Wer es schafft, sich wieder zur vollen Größe aufzurichten und sich die Resonanz zu holen, die dem eigentlichen und nicht dem gedemütigten Selbst gebührt, ist auf dem Weg zur Heilung. Vielleicht ist der aufrechte Gang vorerst eine Inszenierung, aber eine psychologisch richtige. Langsam wächst eine versöhnlichere Haltung sowohl sich selbst als auch dem Vergangenen gegenüber. Das Opfer lässt die Einengung durch die Schädigung hinter sich und spielt wieder auf der ganzen Klaviatur seiner Fähigkeiten. Das zurückeroberte Selbstvertrauen generiert die Stärke, die es braucht, um zu verzeihen. Es reicht aber nicht, mit der Idee der Versöhnlichkeit unverbindlich zu spielen: Damit der Versöhnungsprozess in Gang kommen kann, braucht es eine bewusste Entscheidung, dem Täter zu verzeihen, die mit Engagement und Überzeugung immer wieder gegen die Versuchungen der Rache und der Selbstverachtung verteidigt werden muss.

Ein essentielles, aber letztlich nicht erklärbares Phänomen auf dem Versöhnungsweg ist die innere Umkehr. Verzeihen setzt eine innere Umkehr voraus. Der Gesinnungswandel vom gekränkten, wütenden Opfer zum einfühlenden Mitmenschen beeindruckt. Was aber einen rachedurstigen Menschen in einen kontaktbereiten zurückverwandelt, bleibt letztlich unerklärlich. Plötzlich ist der Kampf um Genugtuung gegenstandslos. Die Sehnsucht nach Frieden verdrängt den Anspruch auf Gerechtigkeit. Das Licht der Liebe vertreibt die Schatten. Einfühlung stellt die innere Verbindung wieder her, und der Blick auf den Täter durchdringt die bedrohliche Fassade, sieht in sein Inneres, umfasst seine ganze widersprüchliche Menschlichkeit und bringt sie mit der eigenen in Verbindung.

Wir sind alle nur Menschen
Das hilflose, geschädigte Opfer findet zu seiner Kraft zurück und begegnet der Täterin neu. Hinter der bösen, kalten Täterin steckt ein Mensch, der nun langsam wieder als solcher wahrgenommen werden kann. Die Einengung der Wahrnehmung auf Täter und Opfer löst sich auf. Die Stärkung des Opfers und Reue und Sühnehandlungen des Täters heben das Ungleichgewicht zwischen Täter und Opfer auf. Das Abklingen des Schmerzes erlaubt eine differenziertere Wahrnehmung. Die Bereitschaft, sich in den Täter einzufühlen, ermöglicht das Verständnis für seine Situation. Der Verzeihende ist mit seiner eigenen Menschlichkeit, mit seinem vollen Wissen um die eigenen Schwächen und die eigenen Ressourcen wieder in Kontakt. Die Erweiterung der Perspektive, die es dem Opfer erlaubt, den anderen als Menschen mit schlechten wie mit guten Eigenschaften zu verstehen, stärkt das Opfer und führt es aus seiner Opferrolle heraus. Zwei Menschen begegnen sich wieder auf gleicher Ebene. Die Seele taut auf und die guten Geister wagen sich hinter den Büschen hervor. Nun wird die Schöpfung einer neuen Welt möglich, in der Verrat, Leiden, Versöhnung und Harmonie ihren sinnvollen Platz finden. Die Auflehnung gegen das ungerechte Schicksal verebbt und der Rückblick auf die Leidenszeit zeigt sie als Durchgangsphase zu einem neuen Gleichgewicht.

Verzeihen als Befreiung

Bei allen Versuchen, den Transformationsprozess des Verzeihens im Einzelnen zu verstehen, muss im Auge behalten werden, dass das Verzeihen sowohl bewusst erarbeitet als auch unbewusst empfangen wird. Joanna North konzentriert sich auf die bewusste Versöhnlichkeitsdimension, wenn sie schreibt: »Bei der Versöhnlichkeit handelt es sich um eine bewusste Entscheidung zu einer veränderten Einstellung. Sie ist der Erfolg einer aktiven Bemühung, schlechte Gedanken durch gute zu ersetzen.«[14] Demgegenüber beschreibt Safer die unbewusste Versöhnung: »Die Bereitschaft, versöhnlich zu sein, stellt sich ein oder eben nicht. Sie ist nicht dem Willen unterworfen, genau so wenig wie die Liebe. Auch wenn die Befreiung von der Bürde des Unrechts noch ersehnt wird, muss doch das Reifen einer versöhnlichen Haltung abgewartet werden. Das Verzeihen kann nicht mit der richtigen Einsicht, mit der richtigen Haltung oder den richtigen Handlungen hergestellt werden. Natürlich kann man dem Verzeihen durch die Bemühung, die Motive des anderen zu verstehen, oder durch den Verzicht auf die Position der moralischen Überlegenheit Vorschub leisten, aber ob es sich einstellt, bleibt trotzdem offen.«[15] Neben dem Verzeihen als bewusster Bemühung findet sich eine ganz andere Form. Den Seinen gibt's der Herr sozusagen im Schlaf: Verzeihen ist nicht immer die Frucht einer bewussten Bemühung, sondern wächst manchmal dort, wo wir gar nicht hinschauen. Eines Tages stellt man fest, dass sich die Situation unmerklich geändert hat und das Verzeihen sich anbietet. Eine versöhnliche Stimmung stellt sich gleichsam nebenbei ein, ohne dass sie bewusst angestrebt worden wäre. Die vormals verletzende Situation zeigt sich in einem neuen Licht. Leise haben sich die Gefühle neu geordnet. Ein Mann sagt: »Es ging unmerklich. Die Spannung, wenn ich ins Haus kam, um meine

Tochter zu holen, ließ langsam nach, und ich begann – vielleicht zum ersten Mal – meine Exfrau wie von außen zu sehen: ihre zerbrechliche Grazie, ihre Hektik und ihren Perfektionismus. Es wurde mir klar, dass all das, was ich als Abweisung erlebt hatte, sehr wenig mit mir zu tun hatte, und ich spürte, dass sich mein altes Bedürfnis, sie glücklich zu machen, sie glücklich zu sehen, in Mitleid umgewandelt hatte. Meine Wut darüber, wie sie alle meine Bemühungen immer wieder hatte scheitern lassen, meine Frustration darüber, wie fern und unerreichbar sie schien, war von Erleichterung abgelöst worden, weil ich nicht mehr an dieses aussichtslose Unterfangen gekettet war, sie glücklich zu machen. Ich hatte unseren gemeinsamen Alptraum hinter mir, aber sie steckte immer noch in ihren alten Problemen. Glücklicherweise fühle ich mich für ihren Zustand nicht mehr verantwortlich.«

Der Versöhnungsprozess ist manchmal ein diskreter ständiger Begleiter, der unmerklich im Laufe der Zeit sein Gesicht verändert und schließlich eines Tages als fait accompli die Versöhnlichkeit hervorbringt. Verzeihen ist ein Geschenk an das Selbst, die ultimative Befreiung, die angestrebt, aber nicht gemacht werden kann.

Versöhnung mit dem Leben

BITTE

Wir werden eingetaucht
und mit dem Wasser der Sintflut gewaschen,
wir werden durchnäßt
bis auf die Herzhaut.

Der Wunsch nach der Landschaft
diesseits der Tränengrenze
taugt nicht,
der Wunsch, den Blütenfrühling zu halten,
der Wunsch, verschont zu bleiben,
taugt nicht.

Es taugt die Bitte,
daß bei Sonnenaufgang die Taube
den Zweig vom Ölbaum bringe.
Daß die Frucht so bunt wie die Blüte sei,
daß noch die Blätter der Rose am Boden
eine leuchtende Krone bilden.

Und daß wir aus der Flut,
daß wir aus der Löwengrube und dem feurigen Ofen
immer versehrter und immer heiler
stets von neuem
zu uns selbst
entlassen werden.

Hilde Domin

Es trifft uns alle. Es gibt kein Ausweichen. Und doch: Hoffnung und Schönheit bleiben. Wir werden beschenkt, werden uns immer wieder neu geschenkt.

Wenn wir uns mit unserer Lebensgeschichte versöhnen wollen, stellt sich zuerst einmal die Frage: mit welcher Version davon? Unsere Biographie hat viele Facetten. Je nachdem, wie wir unsere Vergangenheit anschauen, ergeben sich sehr unterschiedliche Geschichten. Die meisten Lebensläufe weisen genug Misserfolge auf, um daraus eine Lebensgeschichte des Versagens zu konstruieren. Aber genau dieselbe Biografie enthält anders gesehen vielleicht das Material zu einem Heldenepos. Eine Scheidung, die als öffentliches, demütigendes Signal des Versagens eingeordnet werden kann, entpuppt sich bei näherem Hinschauen als ein integrer Akt der Selbsterhaltung. Die Traumstelle, die alle so beeindruckt, wird mit Kompromissen erkauft, die sie im Geheimen, vielleicht nicht einmal voll bewusst, zum Alptraum werden lässt. All die kleinen und großen Lebensereignisse zeigen je nach Beleuchtung sehr unterschiedliche Seiten, und die Summe all dieser Ereignisse ist entsprechend variabel. Neue Erfahrungen rücken vergangene Ereignisse in ein anderes Licht. Eine neue Liebe verwandelt die vergangene Trennung von einem kaum verkraftbaren Verlust zu einem Sprungbrett in ein besseres Leben. Jede neue Erfahrung verändert unsere Lebensgeschichte. Wir haben viele, vielleicht gegensätzliche Biographien. Unser Bezugsrahmen, unsere Einordnung der Ereignisse erlaubt uns eine versöhnliche Einstellung dem Gewesenen gegenüber oder eben nicht. Vielleicht geht es bei der Versöhnung mit dem Leben auch darum, die Version unserer Lebensgeschichte wirksam werden zu lassen, die die Versöhnlichkeit erlaubt. Wenn wir unsere Irrläufe und Misserfolge mit dem idealen Lebenslauf vergleichen, haben wir keine Chance. Solange wir uns gegen das Gegebene wehren, solange es anders hätte sein sollen, solange wir die Realität bekämpfen, bleibt die Versöhnlichkeit aus.

Das Leben durchkreuzt unsere Ordnung. Auch der Verrat tut es. Aber paradoxerweise hebt sich dadurch der Sinn der Ordnung nicht auf. Ordnung, Moral und Fairness bleiben nach der Überschwemmung durch das Ungute stehen und greifen von neuem. Sie können das Schlechte nicht verhindern, und sie verlängern und intensivieren es, wenn sie sich im falschen Moment dagegen stemmen. Den Verrat an den eigenen Werten begehen, erleiden, aushalten, einsehen, heilen und wieder in die Ordnung, die Gerechtigkeit, ins Vertrauen und in die Liebe zurückfinden: Diesen Weg kennen wir, weil wir ihn alle unzählige Male gegangen sind, im Kleinen wie im Großen. Dass sich diese Entwicklung immer wieder einstellt, stimmt versöhnlich. Sie stellt sich immer wieder ein, aber nicht immer. Menschen gehen im Dunkel verloren und finden nicht mehr heraus. Das Negative hält sie gefangen. Und doch: Das gebrochene Herz ist das aufgebrochene Herz, das Herz, das wieder offen wird für die Liebe. Der Liebesverrat steht im Dienst jener paradox wirkenden Macht, die stets das Böse will und doch das Gute schafft.

Nach der Auflösung aller Selbstverständlichkeiten durch einen Liebesverrat steht die Versöhnung mit dem Schicksal an. Es braucht eine Neudefiniton der Welt, damit das Ganze wieder einen Sinn hat. Auf der Beziehungsebene vertieft die hautnahe Erfahrung mit der Unberechenbarkeit des Schicksals das Verständnis für das Leiden anderer. Die Selbstanforderung, alles unter Kontrolle zu haben, schwächt sich ab. Während die glücklich Verschonten in der versiegelten Kapsel ihrer einmal erworbenen Überzeugungen durch das Leben reisen, erweitern Lebenskatastrophen unweigerlich die Perspektive. Solange wir irgendwie können, sehen wir nur den Ausschnitt der Realität, der unsere Meinung bestätigt, ignorieren den Rest und bewegen uns so in einem mehr oder weniger geschlossenen System. Die Rillen der Denkgewohnheiten graben sich mit den Jahren immer tiefer, und nur ein wirklicher Lebensschock kann uns dazu bringen, das Ganze neu zu überdenken. Von daher kann die Erschütterung der Grundannahmen die große Chance einer Erneuerung in sich bergen. Niemand setzt sich freiwillig den Qualen aus, die oft einer Neuorientierung vorausgehen, aber wenn schon die große Abbruchkugel das bisherige Leben in Trümmer gelegt hat, ist das trotz allem auch eine Gelegenheit, aus dem Trümmerfeld eine Baustelle zu machen. Wenn das Grundvertrauen ins Leben sich nach dem Schock wieder zu regen beginnt, muss das Leben sich so verändern, so differenzieren, dass das

Erlebte darin Platz findet. Wer aus den Tiefen der Verzweiflung zur Versöhnung mit dem Gegebenen emporgestiegen ist, hat einen horizonterweiternden Weg hinter sich.

Das Leben ist unfair. Den einen beschert es ein fröhliches Herz, liebevolle Eltern, Gesundheit und körperliche Attraktivität und serviert ihnen auf dem Silbertablett gute Gelegenheiten für Ausbildung und Karriere. Andere müssen sich mit Hindernissen und Schwierigkeiten auseinander setzen, denen sie nicht gewachsen sind. Sie werden behindert geboren oder erleiden Krankheiten, geraten in die Hände von gefühlskalten Erziehern, haben Pech mit ihren Partnern und Kindern und finden keine ersprießliche Arbeit. Die einen fallen in den Honigtopf, die anderen auf den Steinboden. Hart für die Letzteren, denn ob die Götter sich umstimmen lassen, liegt in ihrem unerforschlichen Ratschluss. Die Veränderungsmöglichkeiten haben ihre Grenzen. Die Aufgabe, mit dem eigenen Schicksalsweg Frieden zu schließen, übersteigt manchmal die Kräfte. »Es hört nicht mehr auf«, sagt eine Frau. »Zuerst starben meine beiden Eltern, dann kam die Trennung von meinem langjährigen Partner und schließlich verlor ich auch noch meine Stelle. Ich bin wie in einem Steinhagel und kann nur noch den Kopf einziehen. Ich kann mir nicht vorstellen, jemals wieder zu lachen.« Hier ist die Kraft, sich selbst zu tragen, aufgebraucht, und es bleibt nur zu hoffen, dass die Lebensgeister wieder erwachen und sich neue Möglichkeiten erschließen. Sicher ist das nicht. Die Versöhnung mit dem Erlittenen gelingt durchaus nicht immer. Das Mindeste, was die Glücklichen dieser Welt in einem solchen Fall tun können, ist, ihre guten Ratschläge zu vergessen und das Leiden der Niedergedrückten auszuhalten.

Letztlich geht es auch um die Versöhnung unserer Ansprüche an das Leben mit dem, was wir bekommen. Die Erwartungen sind gewaltig gestiegen. Glück scheint uns zuzustehen. Wer leidet, hat etwas falsch gemacht. Die Konsumgesellschaft suggeriert die Illusion vom käuflichen Glück. Mit starken Bildern zeigt uns jeder Werbespot, dass der Kauf des richtigen Wagens, des richtigen Haarpflegemittels oder der richtigen Kleidermarke die Erfüllung bringen. Die Medien lassen Horden von strahlenden Erfolgspaaren auf uns los, die uns aus ihren sorgfältig arrangierten Polstergruppen entgegenlächeln. Die Fun-Mentalität, die jede Wolke am Himmel als grobe Verletzung eines selbstverständlichen Anspruchs auf Happyness empört ablehnt, trägt mitnichten zu unserer Zufriedenheit bei, ebenso wenig die Idee der Machbarkeit der Beziehungsharmonie, die suggeriert, dass alle, die in der Partnerschaft nicht das immerwährende Paradies gefunden haben, den falschen Partner oder die falsche Paartherapeutin gewählt haben. Die Versöhnung mit dem Leben beginnt mit der Erkenntnis, das wir nichts zu gut haben. Wir können beim Schicksal nicht durch gutes Verhalten Bonuspunkte sammeln und sie dann später einlösen. Wir erwarten von uns, unser Leben im Griff zu haben, und sind empört, wenn es anders kommt, als wir geplant haben. Diese Vorstellung ist eine historisch junge Errungenschaft. Es ist heilsam, sich andere Betrachtungsweisen zu vergegenwärtigen. Als die Welt in früheren Zeiten als Jammertal und der Tod als Erlösung gesehen wurde, galt leiden nicht als persönliches Ungenügen, sondern als zu akzeptierendes Schicksal. Nicht, dass die Jammertalversion erstrebenswert wäre, aber sie relativiert unsere selbstverständlichen Glücksansprüche. Was ist zu erwarten? Der Anspruch, das Glück zu erreichen, erschwert eine versöhnliche Haltung dem Schicksal gegenüber. Das, was wir bekommen, hat oft mit dem, was wir uns wünschen, wenig zu tun. Die Überzeugung, dass uns die Erfüllung unserer Wünsche zusteht, hindert uns, Schicksalsschläge zu akzeptieren. Genau das aber wäre die Voraussetzung dafür, sie als Chance zu nutzen.

Wo Unzufriedenheit mit dem Gegebenen zur Suche nach

neuen Lösungen führt, zur mutigen Entscheidung, die Dinge zu verändern, kann sie sich sehr positiv auswirken. »Wähntest du etwa, ich solle das Leben hassen, in Wüsten fliehen, weil nicht alle Blütenträume reiften?«, fragt Goethes Prometheus und fährt triumphierend fort: »Hier sitz ich, forme Menschen nach meinem Bilde...« Die Versöhnung mit den nicht gereiften Blütenträumen befreit die Schöpfungskraft. Im Gegensatz dazu blockiert die Unversöhnlichkeit den Weg zu einer Lösung. Wenn es Misserfolge schneit und Rückfälle hagelt, wenn die Hoffnung versickert und die Liebe verschwindet, wenn die große Anstrengung nichts bewegt und die Geduld als Schwäche missverstanden wird, dann ist irgendwann genug. Der Entschluss zu sagen: »Unter diesen Bedingungen spiele ich nicht mehr mit«, ist eine Folgerung, die die Dinge in Bewegung bringen kann. Gefährlich hingegen wird Unzufriedenheit dann, wenn sie in eine unproduktive Auflehnung gegen das Gegebene mündet, in einen hintergründigen Trotz gegen das Leben, wie es nun einmal ist. Eine lebensfeindliche, passive Verweigerung verstellt den Blick auf die inneren und äußeren Realitäten.

Eine Frau reflektiert ihre schlechten Phasen: »Wenn ich gegen das Leben trotze, weil es mir nicht das gibt, wozu ich mich berechtigt fühle, komme ich mir kindisch und klein vor. Ich hole damit ein Gefühl der Leere und des Übergangenwerdens hervor, und wenn ich aus dem Tunnel herauskomme, merke ich mit Schrecken, was für eine infantile Veranstaltung ich inszeniert habe. Ich versuche mir das Ganze nicht übel zu nehmen, weil ich es andererseits richtig finde, nicht alles zu schlucken. Aber es ist mir bewusst, dass uns das Leben nichts schuldet. Es braucht viel Anstrengung, das eigene Leben nicht mit anderen zu vergleichen, sondern die Einmaligkeit des eigenen Lebenslaufs zu respektieren.«[16]

Verluste können nicht umgangen werden. Eine Liebe stirbt. Eine gesundheitliche Beeinträchtigung macht uns immobil. Wenn wir uns gegen das Unabänderliche auflehnen, kommen wir nicht weiter. Das Gegebene, das nicht sein darf und verdrängt wird, bindet die Energien. Nur der bewusst druchlittene, durchlittene Verzicht öffnet den Weg zur Versöhnung. Verzichten auf Ersehntes, trauern und akzeptieren, dass es nicht sein wird, befreit die Energie von der Bindung an das Unerreichbare und stellt sie wieder der Gestaltung der Gegenwart zur Verfügung.

MEIN KIND

Ich habe mein Kind
begraben
das ich nicht gebar

Es war
vollkommen
Rose Ausländer

Der Rückblick auf Jahre des Ausweichens, der inneren Einsamkeit und des Leidens ist letztlich nur auszuhalten, wenn es gelingt, sie als zu unserem einmaligen Lebensweg zugehörig zu bejahen. Ein Mann sagt: »Wenn ich mir vorstelle, wie viel Zeit, wie viel kostbare Zeit meines Lebens ich mit Wegschauen verbracht habe, mit Leben im Unbereinigten, im Tun als ob, in der großen Anstrengung, das Gebröckel unter meinen Füßen als festen Boden zu inszenieren, Liebe zu sehen, wo keine war, liebevoll zu handeln, um mich selbst vom Wert dieser Frau zu überzeugen, kann ich nur noch verzweifeln. Ich habe endlos geliebt, gekämpft, verzichtet, erzogen, Selbstdisziplin geübt und mich um eine optimistische Haltung bemüht und bin dabei doch keinen einzigen Schritt weitergekommen, im Gegenteil: Meine Spontaneität und meine Lebenslust gingen immer mehr verloren. Die dunkle Leere dieser Phase, in der ich krampfhaft zu erzwingen suchte, was einfach nicht da war, schleicht sich als Selbstvorwurf in meine Gegenwart – und ich kann nur wieder wegschauen, verzweifeln – oder mit mir ins Reine kommen, meinem blinden Hunger nach Geborgenheit Verständnis entgegenbringen und diese Phase meines Lebens als unausweichlichen Teil davon akzeptieren.« Nicht weinerliches Selbstmitleid, sondern konstruktive Selbstempathie, die den eigenen Schwächen nüchtern und verständnisvoll begegnet und sie als Teil der Identität akzeptiert, lädt die Versöhnung mit dem Gewesenen ein.

Erstaunlicherweise befreit unter Umständen eine zusätzliche Belastung zu einer versöhnlicheren Einstellung. Es ist, als wenn der Schlaghammer des Schicksals bis auf das gewachsene Urgestein hinunterdringen müsste, um den Lebenswillen zu wecken. Eine Frau erzählt von ihrer Prüfung durch eine Doppelattacke von Trennung und Krankheit: »Über fünf Jahre lebte ich nur für unsere geheimen Treffen und gab alle meine Freundschaften auf, um immer bereit zu sein, wenn er einmal aus seinem vollgepackten Berufs- und Familienleben eine Stunde für uns abzweigen konnte. Offenbar wurde ich ihm zu viel, und er hat seine Versetzung ins Ausland dazu benutzt, sich aus dem Staub zu machen. Er ist einfach verschwunden und hat mir nicht einmal Gelegenheit gegeben, Abschied zu nehmen. Als mir klar wurde, was geschehen war, fiel ich in eine tiefe Depression. Ich war mehr tot als lebendig und funktionierte kaum noch. Ich überlebte die Tage mit Prozac und die Nächte mit Alkohol. Die wüstesten Racheszenarien schoben sich penetrant und unablässig vor mein inneres Auge. Seine Frau über unsere geheime Beziehung zu informieren, war noch die mildeste der Vorstellungen. Es war, als wenn nur der Hass, den ich in diesen Phantasien auslebte, den unerträglichen Schmerz über sein Verhalten und meine Sehnsucht nach ihm übertönen könnte. Das ging so über anderthalb Jahre, die sich in meiner Erinnerung wie ein einziger grauer Klumpen anfühlen. Und dann kam der zweite Schlag: Ein Knoten in meiner Brust musste untersucht werden. Das hat mich schlagartig wachgerüttelt. Ich wollte leben. Mit jeder Faser wollte ich leben. Um eine lange Geschichte kurz zu machen: Ich kam ohne Brustamputation davon und habe die Bestrahlungen relativ gut hinter mich gebracht. Ich bin zutiefst dankbar. Dankbar, dass ich am Leben bin, dankbar für meine Familie und meine Freunde, die mich besuchten, ermutigten und stützten, dankbar für meine Arbeit, die mir wieder wichtig wurde und dankbar für jeden neuen Tag. Nichts ist mehr selbstverständlich. Ich entschied mich, keine Rachebilder mehr aufkommen zu lassen. Nie mehr. Das habe ich im Großen und Ganzen durchgehalten. Meine innere Distanz zu dem Mann, den ich geliebt hatte, wuchs. Schließlich konnte ich unsere Beziehung als Ganzes überblicken. Sein Glorienschein war verschwunden, aber ich entdeckte in meiner Erinnerung einen charmanten, phantasievollen, egozentrischen Mann, mit dem ich auch schöne, zärtliche und lichte Momente geteilt hatte. Die fünf Jahre mit ihm waren nicht mehr Betrug und Lebensverschwendung, sondern ein Stück gelebtes Leben, das zu mir gehört und das ich nicht missen möchte. Vor zwei Wochen war er wieder einmal im Land und hat sich zu meiner Überraschung bei mir gemeldet, zum ersten Mal, seit er so plötzlich verschwunden war. Er sagte, ich fehle ihm. Gut so. Ich habe mich nicht mit ihm getroffen. Sicher ist sicher.«

Die Kunst des Lebens besteht darin, dem Gegebenen mit der richtigen Mischung aus Akzeptanz und Veränderungswillen zu begegnen, aber diese Kunst setzt bereits ein Stück Hoffnung voraus. Wie hieß es doch? Ungefähr so:

»Gib mir den Mut, zu ändern, was sich ändern lässt,
 die Geduld zu ertragen, was nicht geändert werden kann,
 und die Weisheit, beides zu erkennen.«

Zufriedenheit und Glück, die Fähigkeit, sich für die Fülle des Lebens zu öffnen und für die Liebe durchlässig zu bleiben, hängen nur bedingt mit Veranlagungen, frühkindlichen Konstellationen oder äußeren Umständen zusammen. Eine Frau im Rollstuhl ist der Kraftquell ihrer ganzen Familie. Die unscheinbare graue Maus, die in der Grundschule mit dem Rechnen solche Mühe hatte, steht mit sechzig als umsichtige, allseits geliebte Sippenmutter zufrieden da. Der erfolgreiche athletische Star mit seinem schönen Körper schafft nach dem Erlöschen der Scheinwerfer den Übergang in den unglamourösen Alltag nicht und wird zum Alkoholiker. Es ist immer wieder die innere Einstellung zu den Ereignissen, die mitbestimmt, welche Auswirkung sie haben. Die Versöhnlichkeit der Realität gegenüber kann nicht einfach mit Einsicht und Willen hergestellt werden, aber die Wahrscheinlichkeit ihres Gelingens steigt mit der Bemühung darum. Die Lebensverwöhnung ist ein Dauerprozess, zu dem wir täglich aufgerufen sind.

Die Erweiterung der Perspektive über das Menschliche hinaus schafft Raum für Versöhnlichkeit. Die Geborgenheit in einem übergreifenden Zusammenhang erleichtert die Versöhnung mit dem eigenen kleinen Schicksal.

Die Versöhnung zwischen Eltern und Kindern

Eltern und Kinder teilen seelisch den gleichen Raum. Das Kind ist von der Atmosphäre umfangen, die die Eltern um sich verbreiten, und es atmet gleichsam ihre Befindlichkeit ein. Es schwingt mit den elterlichen Vibrationen mit, sei es Harmonie, sei es Spannung. Das Kind nimmt das tatsächliche Beziehungsgeschehen auf, auch ohne es bewusst zu verstehen. Die Geheimnisse der Eltern, ihre Liebe füreinander, ihr Leiden aneinander, ihre Ängste und Konflikte schlagen sich in der Psyche der Kinder nieder, obschon sich die Eltern meist Mühe geben, sie zu schützen. Viele Eltern schaden ihren Kindern, auch wenn sie bewusst nur das Beste für sie im Sinn haben. Und natürlich gibt es Eltern, die an ihren Kindern – auch bewusst – schuldig werden. Aber auch Kinder sind nicht einfach unschuldige Wesen. Je enger und vitaler eine Beziehung, desto gewaltiger ist ihr destruktives Potenzial. Das psychische Erbe der Eltern vergiftet manchem Kind den Brunnen der Lebenslust, und der Schmerz um entfremdete, feindselige Kinder überschattet das Leben der Eltern. Nirgends ist der Versöhnungsbedarf größer als in dieser fundamentalsten aller Beziehungen.

Gerade Familien drängen oft auf falsche Versöhnlichkeit. In gestörten Familien werden die Opfer der Grausamkeit eines Familienmitgliedes gern dazu ermahnt, über der Sache zu stehen und Reife zu zeigen, indem sie verzeihen. Im Namen der Familiensolidarität spricht man dem Opfer das Recht auf seine Gefühle ab und drängt es zur Versöhnlichkeit. Der Täter hat freie Bahn, weil niemand ihn zur Verantwortung zieht. Im Gegenteil: verharmlosende Entschuldigungen ebnen ihm den Weg. Eine Frau, die als Kind von ihrem gestörten Halbbruder immer wieder angefallen und bis an die Grenze des Erstickens gewürgt wurde, sagt: »Das Schlimmste war, dass meine Mutter fand, ich müsse ihn auch verstehen. Sie hat ihn nie in die Schranken gewiesen, sondern schaute einfach weg.« Der Terror des Vaters, der seine Tochter vergewaltigt, bringt die anderen Familienmitglieder dazu, das Geschehene zu verleugnen oder mindestens zu ignorieren. Die Forderung nach Schweigen schädigt das Opfer zusätzlich. Das Verbrechen des Inzests muss aufgedeckt, beendet und verurteilt werden. Der Schutz des Opfers hat Priorität. Es gibt Mütter, die ihre Kinder zutiefst ablehnen. Doch niemand will ein so verstörendes Phänomen wie Mutterhass wahr haben, und so ist der Druck auf das Opfer groß, das Erlebte zu verleugnen und der Mutter zu verzeihen. Irgendwann steht das Opfer vor der harten Wahl zwischen Selbstverlust und Verlust der Familienzugehörigkeit. Die Entscheidung gegen destruktive Familienmitglieder kann aber oft erst im Erwachsenenalter getroffen werden. Bei einer schädlichen Eltern-Kind-Beziehung braucht es in erster Linie eine Unterstützung, damit der betroffene Mensch psychisch Abstand nehmen kann. Verfrühte Versöhnlichkeit schneidet in solchen Fällen einen notwendigen Fluchtweg ab. Manchmal braucht es bis zum Verzeihen ein ganzes Leben. Ein Mann sagt:»Meine Mutter war gefühllos und kalt. Ich sage mit meinem Verzeihen nicht, es sei gar nicht so schlimm gewesen. Doch, es war schlimm. Es hat mich jahrelang gequält. Es hat mein Leben geprägt. Ich konnte so lange nicht wirklich verzeihen, als ich selbst die Verletzung verdrängte, leugnete, beschönigte oder rechtfertigte. Indem ich die Verletzung bagatellisierte, verriet ich mich selbst. Erst nachdem ich meinen Schmerz wirklich realisiert und Wut und Trauer zugelassen hatte, erst nachdem das geschehen war, ging es mir besser. Viel später begann sich mein Bild von meiner Mutter zu verändern, und eine einsame, unsichere Frau ersetzte die kalte Verfolgerin. Ich habe Frieden geschlossen mit ihr, fünf Jahre nach ihrem Tod.«

HANDICAP

Er füllte das Herz seiner Mutter,
und ihre Augen leuchteten ihm.
Das Herz meiner Mutter war auf der Suche,
und ihre Augen schweiften über mich hinweg.

Er war die Welt seiner Mutter,
und sie freute sich über jeden seiner Atemzüge.
Ich habe meiner Mutter ihre Welt gestohlen,
und mein Kommen vernichtete ihre Träume.

Ihm steht alles zu: Sonne, Mond und Sterne,
und die Liebe sucht ihn.
Ich bin nie ganz da
und immer hungrig.

Die Verantwortung der Eltern für ihre Kinder nimmt mit deren zunehmender Selbstständigkeit ab. Kinder können sich dann auch gegen ihre Eltern stellen. Die Tochter einer außergewöhnlich begabten und erfolgreichen Mutter erträgt ihr eigenes Mittelmaß nicht und macht die Mutter für ihr glanzloses Leben verantwortlich. Sie verliert immer wieder ihre Stelle, gerät in finanzielle Engpässe und bedroht so die Alterssicherung der inzwischen pensionierten Mutter. Bummelstudenten leben unbeschwert auf Kosten ihrer finanziell nicht besonders gut gestellten Eltern. Die Polizei, Lehrer und Sozialarbeiter werden in der Auseinandersetzung mit gewalttätigen Jugendlichen von den Eltern um Hilfe gebeten. Dass die profunde gegenseitige Enttäuschung irgendwann durch eine Versöhnung aufgelöst werden könnte, ist eine ferne Hoffnung, und doch bleibt sie wünschenswert, denn die Feindschaft zwischen Eltern und Kind geht an die Wurzeln.

Auch unter guten Voraussetzungen verlangt die Transformation der Beziehung zu den Eltern von der abhängigen zur partnerschaftlichen Position oft von allen Beteiligten einen nicht zu unterschätzenden psychischen Einsatz. Der Kreis ist erst geschlossen, wenn Eltern und Kinder einander in Liebe und Dankbarkeit für den gemeinsamen Weg gegenüberstehen können. Die wünschenswerte Ablösung von Jugendlichen mündet in eine versöhnliche Erwachsenenbeziehung zu den Eltern. In der Durchgangsphase der gegenseitigen Ablösung geraten die alten Beziehungsregeln aus dem Gleichgewicht. Die Teens probieren ihre frischgewachsenen Erkenntnismuskelchen aus und betreiben oft radikalen Idealisierungsabbau. Vielleicht versetzen sie ihre Eltern mit Risikoverhalten in Angst und Schrecken. Plötzlich sind die Eltern nicht mehr gefragt, und das einzige, was zählt, sind die Gleichaltrigen. Für die Eltern geht die Verankerung in einer wichtigen Aufgabe langsam verloren, und ihre Bedeutung für ihre Kinder schwindet. In der Ablösungsphase sind gegenseitige Enttäuschungen und Verletzungen an der Tagesordnung. Konfrontationen, aber auch Phasen des Rückzugs, des Schweigens und der Trennung treiben die Veränderung voran. Die gegenseitige Ablösung ist ein erster Schritt, der eine Beziehung auf einer neuen Ebene ermöglicht.

In der Regel besteht zwischen Eltern und Kindern eine fundierte Vertrauensbasis, die von den unweigerlich auftretenden Unstimmigkeiten nicht erschüttert wird. Nach den Stürmen der Ablösung wächst bei den nun erwachsenen Kindern meist das Verständnis für die Eltern. Eltern könnten sich während der schwierigen Zeit der Ablösung viel Kummer ersparen, wenn sie realisierten, dass bei allen oberflächlichen Veränderungen und Spannungen das starke Band der Zugehörigkeit meistens bestehen bleibt. Das Unbewusste speichert alle Begegnungen von Eltern und Kind, Tausende und Abertausende. Sie alle sind in uns vorhanden, wenn auch dem Bewusstsein nur in kleinen Bruchstücken zugänglich. Der Inhalt dieses Reservoirs färbt unsere Ausstrahlung und äußert sich in unseren Träumen und Partnerwahlen.

Kinder kommen zurück. Spätestens, wenn die Kinder selbst Eltern werden, erlaubt ihnen dieser neue Bezugsrahmen ein besseres Verständnis der Eltern. Elternschaft weitet den Blick. Erwachsene Kinder lernen, ihre Eltern auch als Kinder von

Eltern zu verstehen und sie und sich in die große Kette der Generationenverbindungen und -beeinflussungen einzuordnen. Die Versöhnung mit den Eltern, das Begreifen ihrer Handlungen aufgrund einer Einfühlung, die durch eine auf Selbstständigkeit fußende Abgrenzung möglich wird, ist ein wesentlicher Schritt im Prozess des Erwachsenwerdens. Eine Voraussetzung dazu ist, dass die Eltern die Kinder wirklich freigeben und nicht durch Schuldgefühle an sich binden. Kinder sind keine emotionale Altersversicherung.

Wenn die Eltern alt sind, wird uns bewusst, dass das Leben vergänglich ist – auch das eigene. Alternde Eltern, vergängliche Eltern, die wir in absehbarer Zeit verlieren werden, sind kostbar. »Ich darf nicht daran denken, wie es sein wird, wenn meine Mutter einmal nicht mehr da ist. Sie ist zwar schwach, aber sie strahlt so viel Heiterkeit und Leben aus. Ich kann nicht so viel bei ihr sein, wie ich möchte, aber wir beide genießen unsere gemeinsame Zeit sehr bewusst. Ich bin einfach froh, eine solche Mutter zu haben«, sagt eine Frau. Die Freundschaft zwischen erwachsenen Kindern und ihren Eltern ist eines der ganz großen Lebensgeschenke und bereichert mit dem weiten Resonanzraum einer geteilten Geschichte das Leben aller Beteiligten. Versöhnung ist dann kein Thema mehr. Wir leben sie in Dankbarkeit für den Reichtum der familiären Verbundenheit.

Die kollektive Versöhnung

Wo immer sich ein Graben öffnet, braucht es Brücken. Versöhnung findet nicht nur zwischen einzelnen Menschen statt, sondern auch zwischen Einzelnen und der Gesellschaft, zwischen Vertretern unterschiedlicher Überzeugungen, zwischen Anhängern verschiedener Religionen, zwischen Völkern, zwischen Rassen und zwischen den Geschlechtern. Versöhnung bezieht sich nicht nur auf Individuen, sondern ist auch ein Gemeinschaftsanliegen. Bei Versöhnungen von Gruppen muss der Versöhnungsprozess bei möglichst vielen Gruppenmitgliedern ablaufen, um wirklich zu greifen. Die Versöhnung zwischen einzelnen bereitet den Boden für die kollektive Versöhnung und umgekehrt. Die kollektive Versöhnung, wie sie beispielsweise durch das Unterzeichnen eines Friedensvertrags fixiert wird, gibt jedem Mitglied des Kollektivs einen Impuls zur Einstellungsänderung. Es ist richtig, ein derartiges Signal mit möglichst eindrucksvollen, zeremoniellen Inszenierungen medienwirksam zu verstärken. Dass sich Täter versöhnliche Opfer wünschen, muss gerade auch bei Gruppenversöhnungen im Auge behalten werden. Versöhnung als Deckmantel für den Mangel an Einsicht, Reue und Wiedergutmachung verdient diesen Namen nicht. Eine ungeöffnete Eiterbeule ist keine Basis für den Völkerfrieden. Manchmal wird Versöhnlichkeit dem Opfer aufgezwungen. Der Stereotyp des kindlichen, naiven Schwarzen, der heiter durchs Leben tanzt, sollte über die Skrupellosigkeit der Sklavenhalter hinwegtäuschen. Der Missbrauch des Begriffs der Versöhnung liegt auch bei Gruppenversöhnungen nahe. Wenn angenommen wird, »dass Versöhnung von außen und oben kommen wird, ohne die notwendige Erinnerungsarbeit an all die Ungerechtigkeit und das Unversöhnte im Leben unserer Völker und in unserem persönlichen Leben«, wird Versöhnung zur Ausrede für Seelenträgheit. »Eine solche Sicht der Versöhnung verschleiert irdische Machtverhältnisse und die Sühne, die von jenen zu leisten ist, die Gewalt, Ungerechtigkeit und Leiden mit verursachen.«[17] Gleichgültigkeit und mangelndes Schuldbewusstsein dürfen auch kollektiv nicht mit falscher Versöhnlichkeit zugedeckt werden: Wir müssen wissen, »dass das Vergessen und Verdrängen bestehender und vergangener Ungerechtigkeit Teil jenes Prozesses ist, der Unrecht produziert. Das Vergessen des Verbrechens ist das Verbrechen.«[18]

Nach großen kollektiven Verletzungen wie Kriegen oder Zeiten der Diktatur gibt es drei Möglichkeiten, das Zusammenleben von Tätern und Opfern zu gestalten: die Amnestie, das heißt die Begnadigung der Täter, die Bestrafung der Täter und die Versöhnung. Eine Generalamnestie, bei der die Täter pauschal aus der Strafe entlassen werden, umgeht den mühsamen Prozess der Wahrheitsfindung, gibt den Tätern eine Chance und schafft schnell eine neue Ausgangslage, verletzt aber das Gerechtigkeitsgefühl der Opfer. Die Bestrafung der Täter, wie sie im Nürnberger Prozess nach dem Zweiten Weltkrieg erfolgte, erlaubt ein Stück weit eine Aufarbeitung des Vergangenen. »In der Bevölkerung der DDR gab es ein ausgeprägtes, weitverbreitetes Gerechtigkeitsbedürfnis. Den Opfern war es nicht zumutbar, die Täter verantwortungsfrei zu sehen. Eine Rücksichtnahme auf die Täter zur Stabilisierung der demokratischen Verhältnisse in Deutschland war rechts- und innenpolitisch nicht erforderlich. Deshalb [...] hat sich die Bundesregierung für eine justizielle Aufarbeitung des [...] Unrechts ohne zeitliche und thematische Einengung und ohne Beschränkung auf eine bestimmte Tätergruppe entschieden«,[19] hieß es nach der deutschen Wiedervereinigung. Das Nebenprodukt der Aufarbeitung alter Regelverletzungen sind unweigerlich neue Ungerechtigkeiten. Nicht alle Schuldigen können angemessen bestraft werden.

Der interessanteste, anspruchsvollste und potenziell heilsamste Weg der Verarbeitung eines kollektiven Traumas ist der der Versöhnung, wie er in Südafrika in den neunziger Jahren des letzten Jahrhunderts eingeschlagen wurde. Dieser eindrucksvolle und exemplarische Prozess soll in der Folge kurz skizziert werden.

Der Übergang vom Apartheidregime zur Demokratie war grausam und hinterließ tiefe Wunden. Ralf Würstenberg berichtet: »Der Weg zur Heilung der Nation wurde in der Übergangsverfassung durch die Einsetzung der ›Wahrheits- und Versöhnungskommission‹ (Truth and reconciliation commity, kurz: TRC) eingeschlagen. Durch Nachforschungen und Anhörungen sollte ein möglichst vollständiges Bild der von 1960 bis 1994 begangenen Menschenrechtsverletzungen gewonnen werden, einschließlich der Vorgeschichte, der Umstände und der Motive der Täter. Die TRC machte das Schicksal und das Verbleiben der Opfer bekannt und stellte ihre menschliche und gesellschaftliche Würde wieder her. Die Opfer wurden entschädigt und die Täter, die sich dem Prozess stellten, erhielten Amnestie. Die Heilung des Landes hatte Vorrang vor der Verfolgung von Schuld. Die Arbeit der TRC war auf 18 Monate beschränkt. Täter fanden die TRC hilfreich, weil mit ihr ein neutraler Ort gegeben war, wo sie ihre Geschichte erzählen und ihre Schuld vermindern konnten, ohne auf dem Rechtsweg für ihre Taten belangt zu werden. Die Opfer begrüßten die Kommission ebenfalls, weil sie so von ihren schmerzhaften Erinnerungen vor einem Gremium sprechen konnten, das ihnen zuhörte und die Realität ihrer Erfahrungen bestätigte. Die Opfer konnten die Täter konfrontieren, damit ist die Symmetrie zwischen Opfer und Täter wiederhergestellt worden. Dass dieses großartige Versöhnungsprojekt weitgehend erfolgreich war, ist nicht zuletzt dem Einsatz von Bischof Desmond Tutu, dem Leiter der TRC, zu verdanken, der es verstand, den Versöhnungsprozess in den kulturellen Werten der Betroffenen zu verankern. Nicht nur das Christentum mahnt zur Versöhnlichkeit. Das religiöse Erbe der schwarzen Südafrikaner kennt den Begriff Ubuntu. Er bezeichnet die Verbundenheit aller Menschen, die zur Versöhnung führen muss. Ubuntu bedeutet: ›Meine Persönlichkeit ist in der deinen gefangen, und wenn ich deine Persönlichkeit zerstöre, dann wird die meine auch allmählich zerstört.‹«[20]

Verzeihen löscht Schuld. Simon Wiesenthal stellt in seinem Buch »Die Sonnenblume« die Frage, ob Versöhnlichkeit in jedem Fall ethisch vertretbar sei. Er schildert folgende Situation: Ein 21-jähriger SS-Mann liegt im Sterben. Er gesteht einem Juden seine Mordtaten an jüdischen Menschen und bittet ihn um Vergebung. Zwischen Abscheu und Mitleid hin- und hergerissen, verlässt der Jude das Zimmer des Sterbenden, das Wort der Vergebung bringt er nicht über die Lippen.[21] Kann ein einzelner Mensch einem anderen im Namen seiner Gemeinschaft verzeihen? Ist es möglich, dass die Monstrosität eines Verbrechens eine Versöhnung zu einer Respektlosigkeit gegenüber seinen Opfern macht? Die ethischen Implikationen der von Wiesenthal geschilderten Situation füllen ein gewichtiges Buch.

Auch bei der kollektiven Versöhnung geht es darum, dass die verfeindeten Parteien ihre Vorurteile ablegen und einander wieder als Menschen wahrnehmen können. Auch hier bildet die Begegnung das Kernstück des Transformationsprozesses. Es braucht Begegnungsorte für Menschen aus feindlichen Lagern, damit der Versöhnungsdialog stattfinden kann. Sie entstehen dank der Initiative einsichtiger Individuen, aber auch durch die Bemühung von Institutionen wie Staat und Kirche.

Versöhnung zwischen Völkern, zwischen Religionen und zwischen den Geschlechtern tut Not. Versöhnungsbereitschaft gibt dem Frieden eine Chance. Die jüngsten politischen Ereignisse haben uns einmal mehr gezeigt, wie fragil unsere Sicherheit ist und wie schnell selbstverständliche Grundannahmen ins Wanken kommen können. Wir bangen um den Frieden und wissen, dass Versöhnlichkeit seine Basis ist. Friedensarbeit beginnt mit dem Engagement jedes Einzelnen, der eigenen Versöhnlichkeit mehr Raum zu geben.

Versöhnung und Spiritualität

Seit Urzeiten erfahren Menschen die Launen des Schicksals, die sie dem Einfluss höherer Mächte zuschreiben. Götter müssen mit Opfergaben besänftigt und günstig gestimmt werden, denn Menschen sündigen, und das heißt, sie verstoßen gegen den göttlichen Willen. Sühnehandlungen tilgen diese Schuld, und der reuige Sünder wird von Gott wieder in Gnade aufgenommen. Die Versöhnung zwischen Gott und Mensch stand früher im Vordergrund. Heute wird dem zwischenmenschlichen Aspekt der Versöhnung größeres Gewicht gegeben. Aber Gottes Versöhnung mit den Menschen und die Versöhnung zwischen den Menschen hängen zusammen. Jürg Willi bezieht sich auf Martin Buber, wenn er schreibt: »Die Beziehung zum Menschen ist das eigentliche Gleichnis der Beziehung zu Gott, in dem wahrhafter Ansprache wahrhafte Antwort zuteil wird. Es braucht die Verbundenheit zum Mitmenschen, um für die Verbundenheit mit Gott bereit zu sein.«[22] Bis vor kurzem war das Thema der Versöhnung die Domäne der Theologie. Die rein psychologische Betrachtungsweise der Versöhnung ist jüngeren Datums. Sie allein wird der vollen Realität des Versöhnungsgeschehens nicht gerecht.

Die Versöhnung zwischen Gott und Mensch wird in sakrale Handlungen eingebunden. So kennt der Katholizismus die Beichte. Die Sünde wird einem Priester, einem Stellvertreter Gottes gestanden. Der definiert die angemessene Sühnehandlung, die die Schuld der Sünde aufhebt. Die psychische Dynamik der Beichte mit dem Schuldgeständnis, der Sühnehandlung und der Wiederaufnahme in die Gnade ist eine überaus heilsame. Schade, dass sie von einer machthungrigen Kirche missbraucht worden ist. Die Psychotherapie wird oft als säkulare Anlaufstelle für die »Beichte« benutzt. Die Wertabstinenz vieler Psychotherapeuten erschwert ihnen einen angemessenen Umgang mit dieser Aufgabe.

In der jüdischen Religion wird der Versöhnung die Talio, das Gesetz der Vergeltung, gegenübergestellt. Dieses Gesetz dämmt die Rache ein und bedeutet einen großen Fortschritt in der Menschheitsgeschichte, weil es die die Vergeltung auf das Ausmaß des Vergehens beschränkt. Leben soll mit Leben abgegolten werden, Auge um Auge, Zahn um Zahn, Hand um Hand, Brandmal für Brandmal, Wunde für Wunde und Schlag für Schlag. Die Versöhnung mit Gott ist gläubigen Juden ein großes Anliegen. Jom Kippur, der alljährlich wiederkehrende Tag der Versöhnung mit Gott, ist der höchste jüdische Feiertag. Der Versöhnung mit Gott geht die Beziehungsbereinigung mit den Menschen voraus, und so bereiten sich die Gläubigen auf Jom Kippur vor durch eine innere Auseinandersetzung mit all den Menschen, mit denen ein Versöhnungsbedarf besteht; jeder bemüht sich um eine versöhnliche Einstellung. Die Gebete und Rituale des Jom Kippur unterstützen diese Transformation und öffnen die Seele zur Versöhnung mit Gott. Gott nimmt diese Bemühungen entgegen, verzeiht den Menschen und schenkt ihnen einmal im Jahr einen Neuanfang.[23]

Auch im Christentum ist der Versöhnungsgedanke zentral. Ein versöhnlich gedachter Gott steht den Menschen hilfreich zur Seite. Christoph Klein schreibt: »Versöhnung ist nicht nur ein rückwärts gerichteter Akt, durch den Schuld vergeben und Feindschaft überwunden wird. Durch das, was in der Versöhnung geschieht, eröffnet Gott der Welt eine neue Zukunft. Darum ist Versöhnung nicht nur Wiederherstellung der alten Schöpfung, Reparatur des Alten, Fehlerhaften und Verdorbenen, das durch Menschen in die Welt gebracht wurde. Die Versöhnung zielt auf eine neue Schöpfung.«[24] Der christliche Gott ist ein versöhnlicher Gott, der dem Menschen entgegenkommt. Er opfert seinen Sohn, der die Sünden der Menschen auf sich genommen hat und befreit so die Menschen ein für alle Mal von ihrer Schuld. Dieses Angebot Gottes verpflichtet den Menschen. Er ist aufgefordert, durch eine versöhnliche Haltung die Nachfolge dieses Gottes auf menschlicher Ebene anzutreten.

Versöhnung statt Gerechtigkeit ist ein ethischer Paradigmenwechsel, ein Sprung vom System der Gerechtigkeit in das der Gnade. Wir finden im Neuen Testament eine Dynamik der Gnade, die tiefer reicht als moralische Forderungen. Gnade bedeutet eine Ermächtigung, die uns von außen zufließt, eine Kraft der unverdienten Liebe. Konrad Baumgartner, ein gläubiger Christ, formuliert: »Im Christusereignis wird unüberbietbar deutlich: Versöhnung ist nicht eine Leistung des Menschen, der – etwa durch ein Sühneopfer – Gott versöhnen muss, sondern ganz und gar unverdientes Geschenk Gottes selbst. Alles versöhnende Tun des glaubenden Menschen ist somit als Antwort auf die von Gott geschenkte Versöhnung zu qualifizieren.«[25] Für Kurt Backhaus ist die Versöhnlichkeit Gottes der eigentliche Lebensgrund: »Gottes Vergeben trägt alles menschliche Leben. Angesichts der Grunderfahrung, immer wieder in Schuld verstrickt zu werden, wäre menschliche Existenz ohne dieses göttliche Verzeihen aussichtslos. Andererseits gewinnt das Leben der Menschen gerade durch Vergebung eine neue Dimension: Das Glück, trotz Schuld dennoch angenommen zu werden und leben zu dürfen, reicht tiefer als eine oberflächliche Selbstgerechtigkeit.«[26] Dass sowohl die christliche Kirche wie auch die Christen gegen das Gebot der Versöhnung immer wieder verstoßen, ändert nichts an der zentralen Stellung des Versöhnungsgedankens im Christentum.

Ein Blick auf den Umgang mit Schuld und Sühne in einem anderen kulturellen Kontext erweitert unsere Vorstellungen von Versöhnung. Auf der Basis des Buddhismus entwickelt der Amerikaner Colin Tipping eine ganz andere Versöhnungslehre, in die auch Gedanken der Psychoanalyse Sigmund Freuds einfließen. Der Buddhismus geht von der Vorstellung der Wiedergeburt aus. Eine Seele kommt nicht einmal, sondern viele Male zur Welt. Die Seele stirbt nicht, sondern inkarniert sich wieder, das heißt, sie kleidet sich gleichsam in einen neuen Körper ein. Der Sinn dieser Kette von Erdenleben besteht in einer seelischen Entwicklung, einer Reinigung unserer Seele von allem Negativen, bis wir so vollkommen sind, dass wir uns nicht mehr inkarnieren, sondern ins Nirwana eingehen. Unser Karma, das heißt die Summe all unserer in den Erdenleben realisierten Gedanken und Handlungen, ist mit unserer Seele verbunden und steuert unsere Wahlen dahin, dass wir uns eine Chance geben, Unbereinigtes anzugehen. Wir lernen und wachsen durch Beziehungen. Wir haben für unser jeweiliges menschliches Leben den Auftrag, ein bestimmtes Energiemuster so vollständig zu durchdringen, dass wir die damit verbundenen Gefühle erleben können, um sie durch Liebe zu transformieren. Wir brauchen die anderen, weil sie uns unsere Fehlwahrnehmungen und Projektionen vor Augen halten und unterdrücktes Wissen ins Bewusstsein bringen. Durch das Gesetz der Resonanz ziehen wir Leute an, die sich für unseren Auftrag eignen. Wenn beispielsweise Verlassenwerden unser Thema ist, ziehen wir Menschen an, die uns verlassen und uns so helfen, an diesem Punkt weiterzukommen. Auf diese Art werden sie zu unseren Lehrern. In diesem Denkrahmen sind Menschen, die uns verletzen, unsere Heiler. Unser Karma hat die Begegnung mit ihnen gewählt, weil sie uns auf Unerledigtes aufmerksam machen und uns so die Gelegenheit geben, uns zu verändern. Die Versöhnung mit ihnen besteht in der Erkenntnis, dass sie uns weitergebracht haben.

Versöhnung ist zugleich vernünftig und unbegreiflich: Vernünftig ist die Versöhnung in ihrer Dimension der Gerechtigkeit – mit Schuld und Sühne, Verfehlung und Wiedergutmachung, der Bereinigung der Bilanz gegenseitiger Verpflichtungen und in Form der psychologischen Gesetzmäßigkeiten der Beziehungsdynamik wie Übertragungen, Delegationen, Projektionen und Verdrängungen. Wenn das Gleichgewicht gegenseitiger Ansprüche gestört wird, kann es mit einem Versöhnungsprozess wieder ins Lot gebracht werden. Neben dieser vernünftigen, willens- und einsichtgesteuerten Versöhnung wirkt ihre andere, ihre unbegreifliche Dimension. Wie Stephanie Dowrick schreibt, verletzt Versöhnung die Vernunft. Auf der rationalen Ebene besteht kein Grund dafür, einen Schurken, der den inneren Frieden oder die Sicherheit geraubt hat, einfach laufen zu lassen. Weshalb sollte man sich in einen derartigen Menschen einfühlen?[27] Um sich an die Versöhnung heranzutasten, ist es manchmal nötig, die Vernunft auf die Seite zu schieben. Es geht darum, die eigene Perspektive so zu erweitern, dass hinter dem Täter der Mensch sichtbar wird. Der Täter ist mehr als seine Tat. Es ist möglich, die Tat abzulehnen und gleichzeitig den Täter zu respektieren für das, was an Gutem in ihm verborgen sein mag. Der versöhnliche Blick erfasst den Wesenskern des Täters und sieht unter allen Verzerrungen das Gottesgeschöpf, das eigentlich mit ihm gemeinte. Das Wissen darum, gemeinsam einem größeren Ganzen anzugehören, erlaubt es, über die Grenzen des Begreiflichen hinauszugehen und sich für das, was höher ist als die Vernunft, zu öffnen.

Vielleicht muss und kann der schwere Weg zur Vergebung nicht allein gegangen werden. Kurt Backhaus zeigt die religiöse Dimension der Selbstversöhnung auf: »Nur wer sich von einem absoluten Du bedingungslos angenommen und bis zuletzt geliebt, also in all seinen Daseinsängsten versöhnt weiß, hat jenen Frieden mit sich selbst, der ihn befreit, monoman um sich selbst zu kreisen.«[28] Versöhnung muss und kann vom Menschen nicht allein »gemacht« werden, sondern darf auch als Gnade, als Gottesgeschenk empfangen werden. Versöhnung hat mit Glauben zu tun, mit einem generös gefassten Glauben, wie ihn Carola Meier-Seethaler beschreibt: »Und das unbedingte Einstehen für etwas, das weder abwägbar noch verhandelbar ist, können wir Glauben nennen: Glauben nicht an ein transzendentes Absolutes, sondern an die unverzichtbaren menschlichen Werte der Wahrhaftigkeit und Verlässlichkeit, der Güte und Gerechtigkeit, ohne die es sich nicht lohnt, einer menschlichen Gemeinschaft anzugehören.«[29] Diese Form des Glaubens setzt keine konfessionelle Bindung voraus und lässt sich auch bei Atheisten finden. Meier-Seethaler spricht von einer a-theistischen Religiosität, »in der Überzeugung, dass ein Funke mystischer Erfahrung auch außerhalb jeder Konfession und frei von jedem elitären Anspruch zur menschlichen Existenz gehört. Er entspringt zu gleichen Teilen der Erfahrung allseitiger Abhängigkeit und Verbundenheit und dem unabweisbaren Gefühl, als Mensch eine Mitverantwortung für den Lauf der Dinge zu tragen.«[30] Obschon Versöhnung auch Gnade ist, verlangt das Streben nach ihr keine Religiosität im engeren Sinn.

6. Ethik als tanzender Wegweiser

Verrat und Versöhnung sind wertlastige Begriffe, das heißt, sie haben mit Ethik oder, einfacher gesagt, mit gut und böse zu tun. Es kommt nicht von ungefähr, dass ethische Themen immer aktueller werden. In Wirtschaft und Wissenschaft schießen gegenwärtig Ethikkommissionen aus dem Boden wie Pilze nach dem Regen. Auch in der Psychologie und damit bei den Überlegungen zur Paarbeziehung rückt die ethische Dimension zunehmend ins Blickfeld. Die Sensibilisierung für ethische Fragen in allen Bereichen erweist sich als überlebenswichtig.

Ethik und der Kurs auf den Eisberg

Ethische Fragestellungen beschäftigen die Öffentlichkeit, weil das Vertrauen in eine menschenfreundliche Selbstregulierung von Wissenschaft und Wirtschaft geschwunden ist. Das Ideal der »wertfreien Forschung« hat ausgedient. Es ist höchste Zeit. Nukleare Waffen ermöglichen die Vernichtung der Menschheit. Die Folgen der Verbrennung der fossilen Energiereserven und andere schädliche Nebenprodukte der modernen Technik drohen, unsere Lebensgrundlagen zu zerstören. Unabsehbare Prozesse, deren Auswirkungen nicht bekannt sind, wurden in Gang gesetzt. Das macht Angst. Die Apokalypse ist nicht mehr ein ferner Mythos, sondern erscheint als Konsequenz handfester Kausalketten, deren Glieder sich bereits bedrohlich aneinander reihen. Das Schiff Erde nimmt Kurs auf den Eisberg. Tschernobyl, das Ozonloch und die globale Erwärmung sind Warnlichter. Die moderne Technologie entwickelt sich allerdings unaufhaltsam. Vielleicht ist es für eine Umkehr bereits zu spät. Bedrohlich ist vor allem das Tempo der Entwicklung. Die Evolution des Lebens auf der Erde erfolgte über lange Zeiträume, in denen Veränderungen langsam von der Umwelt absorbiert und aufgefangen werden konnten. So konnte immer wieder ein Gleichgewicht entstehen. Heute jagen sich die Entdeckungen und der Wissenschaft fehlt die Zeit zur Selbstkorrektur. Der Zauberlehrling greift sich an den Kopf und versucht erschrocken, den Besen in den Griff zu bekommen.

Inzwischen ist die Fortschrittseuphorie abgeklungen. Die Öffentlichkeit ist kritisch und lässt sich nicht mehr so leicht Sand in die Augen streuen. So zeigt beispielsweise die Auseinandersetzung um die Gentechnologie, dass die Zeiten, in denen die Interessenvertreter dem staunenden Volk ihre Version der Dinge diktieren konnten, vorbei sind. Es ist vielen klar, dass es in der Forschung nicht mehr nur darum gehen kann, den nächstmöglichen Schritt zu tun, sondern vielmehr auch darum, die Forschung in den Dienst des Überlebens der Menschheit zu stellen. Die Gratwanderung zwischen zaghafter Angst vor dem Unbekannten und begründeten ethischen Bedenken fordert ein gutes Gleichgewicht. Wenn man sich die kompetitiven Rahmenbedingungen der Spitzenforschung vorstellt, wird einem angst und bange. Alle Forschungslabore der Welt sind im Rennen um die nächste Entdeckung. Alle haben den gleichen Wissensstand, und es geht um die Sekunde Vorsprung, die über Glanz und Gloria und Finanzierung entscheidet. Wer hat da noch Zeit, ethische Überlegungen anzustellen über die allfälligen Folgen einer Entdeckung? Das Ende der Menschheit als greifbare Möglichkeit rüttelt uns auf, und ihr Überleben wird erstmals als grundlegender ethischer Wert begriffen. Die Sicherung des menschlichen Lebens in Harmonie mit der Umwelt ist der ethische Imperativ der Gegenwart. Solidarität, Kooperation, Verantwortlichkeit, Fairness und Versöhnlichkeit sichern unser Überleben. Lieben ist schöner als siegen.

Von der wertfreien zur verantwortungsvollen Wissenschaft

Der Mensch weiß, trotz aller wissenschaftlichen Leistungen, wenig. Für C. G. Jung ist ein Leben nur dann ganz, wenn die Ahnung darin Platz hat, dass wir nicht alles wissen können. Diese Ahnung »erfüllt das Leben mit etwas Unpersönlichem, einem Numinosum. Wer das nie erfahren hat, hat Wichtiges verpasst. Der Mensch muss spüren, dass er in einer Welt lebt, die in einer gewissen Hinsicht geheimnisvoll ist, dass in ihr Dinge geschehen und erfahren werden können, die unerklärbar bleiben, und nicht nur solche, die sich innerhalb der Erwartung ereignen.«[1] Dass wir nicht alles wissen können, soll uns nicht daran hindern, das Erforschbare zu erforschen, aber es soll uns helfen, die Grenzen des Wissbaren zu respektieren und keine voreiligen Schlüsse zu ziehen.

Wissen ist wie Wasser: Es muss immer neu auf die Felder kommen, um die Saat zu nähren. Es verdunstet, steigt in den Himmel, wird zu Regen und weckt die Pflanzen. Wissen banalisiert sich, gerät in Vergessenheit und kommt zurück, wenn es gebraucht wird. Das Wissen der Menschheit um gut und böse ist uralt, und doch muss es in der Sprache der Gegenwart neu formuliert werden.

Wir schwimmen in einem Ozean von Realitäten, von denen uns nur ein kleiner Bruchteil zugänglich ist. Und doch hängt unser Überleben von der richtigen Einordnung des Wahrgenommenen ab. Damit wir uns in der Welt aufgehoben fühlen, müssen wir an unsere eigenen Wahrnehmungen glauben. Es fällt uns deshalb so schwer, unser Nichtwissen zu tolerieren, weil wir in der unkomfortablen Lage sind, mit einem mickrigen Kerzlein durch die windige Nacht zu wandern und nur hoffen können, einen allfälligen Abgrund rechtzeitig zu bemerken. Wer kann forschen, ohne an die Grenzen des Erklärbaren zu stoßen – und wer hält diese Tätigkeit aus ohne die Informationen, welche die Forschung liefert? Und trotzdem: Wissen ist nicht nur Macht, sondern vor allem auch Sicherheit. Der unermessliche Raum des nicht Erhellten und vielleicht nicht Erhellbaren ist schwer auszuhalten und macht uns für griffige Erklärungen anfällig, die den Wissensraum nicht erweitern, sondern wie Mauern die tastenden Fühler ins Unbekannte entmutigen.

Neben der Suche nach Wissen begleitet die Suche nach Wahrheit unser Leben. Carola Meier-Seethaler sagt dazu: »Wahrheit hingegen ist ein Sinnbegriff, und was als sinnvoll gilt, ist eine Frage der Sinnfindung und der gegenseitigen Sinnstiftung. Im Unterschied zur Wissenschaft geht es in Religion, Philosophie und Kunst immer um die gleichen existentiellen Probleme, die sich unter veränderten äußeren Verhältnissen stets neu stellen, deren Beantwortung diese Verhältnisse aber auch mitbestimmt.«[2] Die Psychologie hat die Auseinandersetzung mit diesen existentiellen Problemen vernachlässigt, weil sie sich zu legitimieren versuchte, indem sie sich auf die empirische Forschung einengte und sich möglichst naturwissenschaftlich gebärdete. Nur Mess- und Berechenbares und kausal Herleitbares wurde ernst genommen. Die empirischen Forschungsmethoden greifen aber oft an psychologischen Fragestellungen vorbei. Auf diese Weise wurden zentrale Phänomene wie Liebe, Verantwortung oder Destruktivität vernachlässigt. Der Themenbereich der Ethik wurde der Theologie und der Philosophie überlassen. Diese Einengung auf Quantifizierbarkeit, Falsifizierbarkeit und lineare Kausalität führte zu einer Verarmung der Psychologie. Denn die Herrschaft der wissenschaftlichen Objektivität verlangte andererseits die Unterdrückung der Wertproblematik. Der reine Laserstrahl wissenschaftlicher Aufmerksamkeit durfte nicht durch ethische Überlegungen getrübt werden. Die Verankerung der Ethik auch im Gefühlshaften disqualifizierte sie als Faktor bei der Beurteilung von Forschungsresultaten. Ivan Boszomenyi-Nagy schreibt: »Zu einer pragmatischen, positivistischen Überbewertung der Wissenschaft erzogen, sind wir geneigt, daran zu zweifeln, dass es zwischen Heuchelei auf der einen und neurotischen Schuldgefühlen auf der anderen Seite überhaupt noch vertretbare ethische Werte gebe.«[3] Die drängende Notwendigkeit eines ethischen Umgangs mit den Ressourcen unserer Erde hat diese Zweifel aufgelöst. Die Konsequenzen der wertfreien Forschung zeigen, dass wir uns gerade in der Forschung keine wertblinden Kopffüßler mehr leisten können. Ethik verlangt nach einer übergeordneten Einordnung von Fakten über das rein rational Erfassbare hinaus. Heute müssen auch klar und unwiderlegbar hergeleitete Forschungsresultate sich nach ihren Konsequenzen befragen lassen und ihre praktische Umsetzung wird häufiger vor dem Hintergrund ethischer Überlegungen diskutiert. Das Ideal des wertneutralen wissenschaftlichen Fortschritts und das ethische Ideal der Förderung einer menschenfreundlichen Welt liegen nicht immer auf derselben Linie. Letzteres wird aber zunehmend als das einzig vertretbare Forschungsziel erkannt.

Das Ideal einer objektiven, rein vernunftgelenkten Haltung versperrte den Blick auf die vielen Werturteile, die unser Verhalten beeinflussen. Viele Psychotherapeuten vertreten immer noch die Zielvorstellung einer wertneutralen Psychotherapie und glauben allen Ernstes, bei der Arbeit von ihren Werten abstrahieren zu können. Sie sind deshalb nicht imstande, die Auswirkungen ihrer ethischen Überzeugungen auf ihre Arbeit zu sehen. Wenn beispielsweise das Reifeideal des Therapeuten möglichst große Unabhängigkeit von der Herkunftsfamilie beinhaltet, nimmt die Arbeit einen anderen Verlauf, als wenn das Ideal des größtmöglichen Sippenzusammenhalts im Vordergrund steht.

Auch in anderen Bereichen führt die Wertblindheit zu unreflektierten Be- und Verurteilungen. So hat beispielsweise das junge Wissen um psychosomatische Zusammenhänge bereits sehr virulente, aber kaum erkannte Verurteilungen zur Folge: In einer maßlosen Überschätzung der Selbstbeeinflussungsmöglichkeiten werden Kranke für ihren Zustand verantwortlich gemacht. Wer seine psychische Entwicklung nicht flott in die Finger genommen, sich gewissenhaft auf den neuesten Stand des Selbstmanagements gebracht und die positive Eigensteuerung im Griff hat, ist selbst schuld, wenn er krank wird. Eine krebskranke Frau, deren Schwester bereits an Krebs gestorben ist, sagt: »Es ist unglaublich, was ich an mehr oder weniger subtil verpackten Zweifeln an meiner Haltung und meiner Lebensführung zu hören bekomme. Ich habe die Pseudoweisheiten und die selbstgerechten Ratschläge gründlich satt. Ich bin lebensgefährlich krank und kann niemanden brauchen, der mir das auch noch zum Vorwurf macht.«

Die Mär vom objektiven, gefühlsfreien Denken wurde von der modernen Hirnforschung widerlegt. Nicht die kognitive Sicht steht den Emotionen gegenüber, sondern Emotion und Kognition durchdringen sich gegenseitig. Nach

Meier-Seethaler muss die Grenze zwischen Rationalität und Irrationalität neu gezogen werden. »Vernunft und Rationalität in einem nicht verengten Sinn zeichnet sich vor allem durch Bewusstheit aus: durch die bewusste Konfrontation mit den eigenen Gefühlen, Beweggründen und Wertungen ebenso wie durch die bewusste Kontrolle logischer Denkschritte.«[4] Ein erweitertes Wissenschaftsverständnis stellt mit Herz und Verstand begabte Forschende in eine Wechselwirkung zu ihrem Gegenstand. Im Hinblick auf die Moral führt Carola Meier-Seethaler aus: »Erst das Zusammenspiel von Empathie und Achtung, Scham, Schuld und Reue, Empörung, Verachtung und Verzeihung bildet ein moralisches Evaluationsgeflecht, das der Komplexität ethischer Fragen angemessen ist.«[5] Nach Boszomenyi-Nagy hängen ethische Entscheidungen vom Mut und der moralischen Empfindsamkeit ab, mit der man sich dem Gebot der Integrität stellt.

In Anlehnung an die Naturwissenschaften und an das Modell der klassischen Medizin wurde früher der psychische Heilungsprozess als vollständig objektiv definierbares, nach bestimmten Gesetzmäßigkeiten ablaufendes Geschehen verstanden. In der Paarpsychologie standen psychokausale und systemische Erwägungen im Mittelpunkt. Unterdessen hat sich gezeigt, dass eine derartige Auffassung das Heilungsgeschehen nicht vollständig fassen kann. Die Sensibilisierung für ethische Fragestellungen in der Paarpsychologie ist der Ausdruck eines erweiterten Verständnisses psychischer Veränderungsprozesse.

Der Begriff »Seele« breitet sich gegenwärtig aus. Ursprünglich in der Theologie angesiedelt, taucht er nun auch in der Psychologie auf, was auf einen Wandel des psychologischen Menschenbildes hinweist. Der Begriff der Seele wird vor allem im angelsächsischen Sprachraum neu entdeckt und auch im psychologischen Kontext immer häufiger gebraucht. Individuelles und Überindividuelles spiegeln sich im Menschen. Die beiden Begriffe »Ich« und »Selbst« entsprechen diesen beiden Dimensionen. Während das Ich ganz im Einzelnen eingeschlossen bleibt, übersteigt das Selbst die Grenzen des Individuums. Der Begriff »Seele« ist noch weiter gefasst als der des »Selbst« und weist auf die Zugehörigkeit des Menschen zu einem umfassenden Ganzen hin. Die Seele ist nicht etwas, worüber wir verfügen, sondern etwas, das uns mit einem Umfassenden verbindet.

Ethik als tanzender Wegweiser

Wie steht es nun um die ethischen Gesetzmäßigkeiten? Basieren sie auf einem sozialen Lernverhalten und einem zwischenmenschlichen Konsens oder sind sie in einer menschenübergreifenden Realität verankert? Wir sind frei zu wählen zwischen der Hypothese der von Menschen gemachten ethischen Übereinkunft und der Hypothese der umfassenden ethischen Gesetzmäßigkeiten, an denen der Mensch Anteil hat. Wie meine Großmutter schmunzelnd zu zitieren pflegte: »Wahrheit ist der gegenwärtige Stand des Irrtums.«

Ich glaube, dass ethischen Fragestellungen nur gerecht werden kann, wer anerkennt, dass sie letztlich alle Kategorien hinter sich lassen. Trotzdem sind Klärungen und rationale Annäherungen sinnvoll und notwendig. Aber die Essenz dieser Phänomene entzieht sich dem rein intellektuellen Zugriff. Auch mit der Gesamtheit aller Theorien werden wir das Leben nie vollständig erfassen. An Begriffe wie Liebe, Gleichgültigkeit, Verantwortung oder Destruktivität kann man sich annähern. Bei einer ganzheitlichen Begriffsklärung, einer Begriffsklärung mit Herz und Verstand, geht es nicht mehr um eine Definition, also um eine Eingrenzung, sondern vielmehr um einen Dialog zwischen Begriff und Betrachter. Ein Begriff mit seinem ganzen schillernden Reichtum an Bezügen trifft auf einen menschlichen Resonanzraum. Begriff und Betrachter verändern sich durch die Begegnung. Jede neue Kontaktaufnahme mit dem Begriff ergibt eine andere Begegnung. Begriffe leben auch von der Beziehung, die wir zu ihnen schaffen. Begriffe wie Vertrauen, Versöhnlichkeit und Liebe sind keine begrenzten Territorien, sondern tanzende Wegweiser. Sie wollen nicht nur begriffen, sondern auch bebildert, besungen und mit Geschichten umsponnen sein. Es gilt, diese Ideen zu umkreisen, zu befragen und das Unbeantwortete auszuhalten. Wie Meier-Seethaler sagt, besteht das »Ideal wissenschaftlicher Erkenntnis nicht in der Formulierung möglichst einfacher, reduktionistischer und zugleich allumfassender Erklärungsmuster, sondern [es] respektiert die Komplexität der Wirklichkeit und die Variabilität ihrer Einzelerscheinungen«.[6] Begriffsdefinitionen geben manchmal eine falsche Sicherheit. Wir müssen bei ethischen Fragestellungen auf die Pseudosicherheit von vorschnellen Definitionen verzichten, ohne die Bemühung um Klärung aufzugeben.

Ethik weist über den Menschen hinaus. Sie hat einen spirituellen Kern. »Schon in der Lebensbejahung, der Liebe zur Mitwelt und in der Sorge um ihre Existenz schwingt die Wahrnehmung des Heiligen mit, wie sie sich in der Rede von der Menschenwürde und von der Ehrfurcht vor dem Leben äußert. Der gemeinsame Bezugspunkt ist die mitgeschöpfliche Verantwortung, die letztlich auf einer mystischen Erfahrung der Allverbundenheit beruht.«[7] Der Mensch ist keineswegs der Nabel der Welt, sondern er kommt in der Welt vor und hat an ihren Gesetzmäßigkeiten teil.

Selbstverwirklichung und Zugehörigkeit

Lange Zeit galt Autonomie in prägender, unreflektierter Selbstverständlichkeit als Ziel menschlicher Reifungsprozesse. Der Marlboro-Held, der in glorioser Einsamkeit in den Sonnenuntergang reitet, war die Ikone der Selbstverwirklichung. Es galt, sich aus Beziehungsabhängigkeiten zu befreien und zu einem selbstbestimmten Leben zu gelangen. Interdependenz, das heißt die Zugehörigkeit zu einem sozialen Gefüge, ist idealerweise der ergänzende Gegenpol der Autonomie. Die ausgereifte Interdependenz zeichnet sich aus durch Empathie, Konfliktfähigkeit, Solidarität und das Honorieren von Verpflichtungen. Interdependenz geriet auf der Wertskala gegenüber der Autonomie ins Hintertreffen, nicht zuletzt deshalb, weil Interdependenz mit Weiblichkeit und Autonomie mit Männlichkeit verbunden wurde. Die Sozialisierung zum Mann förderte die Autonomie, die zur Frau die Interdependenz. Die Geschlechter ergänzten sich, indem die Frau Autonomie an den Mann delegierte, während er sich darauf verließ, dass sie die Gemeinschaft zusammenhielt. Diese Arbeitsteilung der Geschlechter engte in ihrer Einseitigkeit sowohl Männer wie Frauen ein. Deshalb vermischen sich heute die verschiedenen Zuständigkeitsbereiche der Geschlechter mehr und mehr. Während früher die Entwicklungslinie des Autonomwerdens als Zielvorstellung vorherrschte, wird ihr heute die Entwicklungslinie der Beziehungsfähigkeit beigesellt, so dass die reife Interdependenz neben der Autonomie als Entwicklungsideal einen gleichwertigen Platz einnimmt. Autonomie, vormals dem Mann zugeordnet, und Beziehungsverantwortlichkeit als Domäne der Frau werden dank einer veränderten Wahrnehmung als gleichwertige, wünschenswerte Eigenschaften beider Geschlechter gesehen.

Der Feminismus legte den Finger auf die ungleiche Lastenverteilung der Geschlechter bei der reproduktiven Arbeit. Frauen als Idealistinnen vom Dienst wurden früher durch ihr größeres Familienengagement finanziell und gefühlsmäßig von den Männern abhängig. Das hat sich geändert. In der Folge verloren Paarbeziehungen für Frauen ihre existenz- und identitätssichernde Dimension. Selbstverwirklichung als individuelle Selbstfindung war insbesondere auch für Frauen als Befreiung von den Verpflichtungen einer zu eng gefassten Frauenrolle ein notwendiger Fortschritt. Sie erkämpften sich mehr Autonomie und forderten von den Männern eine faire Beteiligung auch bei der Familienarbeit und bei der Gestaltung des Zusammenlebens: Frauen nahmen nun ihre Ausbildung ernst, und ihre Chancen in der Berufswelt stiegen. Das Engagement gegen außen vermindert verständlicherweise das Engagement gegen innen. Die Frauen haben sich heute, was die Autonomie angeht, den Männern angeglichen, die Männer hingegen übernehmen den frei werdenden Teil des Beziehungs- und Familienengagements zu wenig. Der Beziehungsidealismus der Frauen nimmt ab, wird aber nicht von einer Zunahme bei den Männern kompensiert. Wer ist nun zuständig für den Kitt, der die Familien zusammenhält? Sicher muss die rapide sinkende Geburtenrate in allen westlichen Nationen auch mit dieser ungeklärten Frage in Zusammenhang gebracht werden. Die Bereitschaft, Eigeninteressen zugunsten der Gemeinschaft zurückzustellen und Durststrecken durchzustehen, geriet im Zeitalter der Selbstverwirklichung in ein schiefes Licht. Wo indessen in einer Gemeinschaft die Selbstverwirklichung wuchert, erstickt sie ihren Nährboden.

Zwischen Emanzipation und Integration, zwischen Autonomie und Zugehörigkeit und zwischen Selbstverwirklichung und Beziehungsverantwortlichkeit schwingt das Pendel gegenwärtig in Richtung Schutz von Zusammenhalt. Die zentrifugalen Kräfte zerren am sozialen Gewebe, und das hat eine Gegenbewegung ausgelöst. Der Wandel ethischer Normen zeigt sich am veränderten Stellenwert der Selbstverwirklichung. Von der Selbstverwirklichung – in den 60er und 70er Jahren des letzten Jahrhunderts ein Schlagwort – ist heute kaum noch die Rede. Der Selbstverwirklichungsschub löste die Fesseln überholter Normen. Damals galt es, das Diktat verstaubter Autoritäten loszuwerden. Erstickende Familienstrukturen wurden gelockert und die Hierarchien in rigiden Institutionen kamen ins Schussfeld. Es wurde versucht, die Verantwortung für die Gemeinschaft zwischen den Geschlechtern neu aufzuteilen. Der Angriff auf die Strukturen erfolgte damals auf dem Hintergrund des Vertrauens darauf, dass eine neue Wertordnung geschaffen werden würde. Heute geht es generell eher darum, die Zugehörigkeit zu stärken. Funktionierende Gemeinschaften sind nicht mehr so selbstverständlich, und wir überlegen es uns zweimal, bevor wir sie schwächen. Rücksichtslose Selbstverwirklichung strapaziert das soziale Gewebe. Wegwerfbeziehungen hungern uns aus. Zugehörigkeit ist angesichts der raschen Wandlung der Normen zu einem raren Gut geworden und zeigt erst bei ihrem Verlust ihre volle Bedeutung als Basis psychischer Gesundheit.

Gefühle von Heimatlosigkeit und Mangel an Zugehörigkeit und Geborgenheit rufen nach veränderten Beziehungszielen. Es ist der Zusammenhalt, der schwindet, und der ist nur zum Preis einer ethischen Verpflichtung auf Beziehungen und das Beziehungsnetz zu haben. Ein erweitertes Verständnis der Selbstverwirklichung berücksichtigt, dass der Mensch auch seine Bedürfnisse nach Zugehörigkeit, Sorglichkeit und Kooperation leben möchte. So gesehen sind Beziehungsverpflichtungen keine Behinderung der Selbstverwirklichung, sondern ihre Erfüllung in einem umfassenden Sinn.

Von der Triebverdrängung über die Moralverdrängung zur Verantwortung

Die Bedeutung der ethischen Dimension in der Psychologie hat eine bewegte Geschichte. Die Psychiatrie musste sich am Ende des 19. Jahrhunderst vorerst von falschen Moralvorstellungen befreien. Daniel Hell schreibt:»Die Gründergeneration vertrat [...] eine ›moralische Behandlung‹. Psychiatrische Problemstellungen wurden als Ausdruck eines geistigen Durcheinanders interpretiert. Demgegenüber zeichnete sich psychische Gesundheit durch ›sittliche Einsicht und sittliches Handeln‹ aus. Das aufklärerische Verständnis psychiatrischer Krankheit bestand nicht mehr in einer ›Sünde gegen den heiligen Geist‹, sondern in einer ›Sünde gegen die Ratio‹.«[8] Man versuchte, die Patienten wieder zur Vernunft zu bringen,»im Kopf der Kranken wieder eine geistige Ordnung zu schaffen: Dazu diente die streng hierarchische Organisation der neu geschaffenen Heil- und Pflegeanstalten sowie ein durchdachtes Betreuungs- und Überwachungssystem, aber auch – falls nötig – gezielt eingesetzte Strafen, samt Überraschungsmomenten wie kalte Dusche, Überraschungsbad und Rutenstreiche.«[9] Patienten, die nicht parierten, wurden misshandelt, um sie für ihr verwirrtes Denken zu bestrafen und der rationalen Selbsterkenntnis zum Durchbruch zu verhelfen. Diese rationale Ordnung konstellierte ihre Gegenbewegung. Die Lehre von der Gewalt der anarchistischen Triebe brach in diese brutal wohlgeordnete Welt ein und fegte all die Annahmen der sittlichen Programmierbarkeit hinweg. Freud entlarvte die viktorianische Heuchelei. Die Stoßrichtung einer gesunden Entwicklung musste nun in Richtung Befreiung von falschen Hemmungen gehen, die in der Gesellschaftsschicht, aus der Freud stammte und die er behandelte, die Sexualität einengten. Die unterdrückte Sexualität verursachte neurotische Symptome wie zum Beispiel hysterische Anfälle. Das Verdrängte brach durch die inneren Abschrankungen. Die Unterdrückung der Triebe, so lautete nun die These, ist ungesund. Daran hat Freud keinen Zweifel gelassen. Die Forderung nach Abbau des als Über-Ich bezeichneten Gewissens kam in der Ära viktorianischer Prüderie nicht von ungefähr. Es ging dabei nicht nur um die Befreiung der Sexualität, sondern im weitesten Sinne um die Aufhebung der durch eine rigide Autoritätsgläubigkeit hervorgerufenen Selbstunterdrückung – um einen im Kern revolutionären Impuls gegen alle Herrschaftsstrukturen.

In der Folge hat die Psychologie die ethische Dimension lange Zeit ausgeklammert. Die rigiden sittlichen Forderungen an psychisch Kranke wurden immer mehr durch ein wachsendes Verständnis für nicht rationale Faktoren der Verhaltenssteuerung ersetzt. Das Unbewusste und seine Auswirkungen und der Einfluss frühkindlicher Prägungen kamen ins Blickfeld. Man hörte auf, Patienten für ihr Verhalten verantwortlich zu machen. Verständnis ersetzte die Verurteilung.

In diesem Zusammenhang lohnt es sich, einen Blick auf den Bedeutungswandel zu werfen, den der Begriff des Gewissens durchmachte. Solange sich der Mensch als Gottesgeschöpf verstand, war das Gewissen die Instanz, die einen Verstoß gegen göttliche Gebote meldete. Aber auch der nicht mehr religiös eingebundene Mensch kann sich nach ethischen Gesichtspunkten ausrichten. Wer gegen die eigenen ethischen Ansprüche verstößt, hat ein schlechtes Gewissen. In den letzten hundert Jahren verschob sich die Bedeutung des Gewissens unter dem Einfluss der Freud'schen Lehre. Freud sah im Gewissen vor allem das Agens der Triebunterdrückung. Der Weg zur Triebbefreiung führte über die Relativierung des Gewissens. Das behindernde Gewissen musste unschädlich gemacht werden, damit das Lustprinzip zum Zuge kommen konnte. Die Bedeutung des Gewissens verschob sich von einer zu respektierenden inneren Stimme zu einem Spielverderber, den man möglichst loswerden musste. Ethische Überlegungen stören die Triebbefriedigung, die als die zentrale Grundmotivation aller Handlungen angesehen wurde. Freud ging davon aus, dass alle Kultur aus der Sublimierung dieses Grundbedürfnisses entsteht. Nicht nur die Triebhaftigkeit, sondern auch eine Psychokausalität stellt sich gegen eine ethische Mündigkeit. Solange der Mensch als rein prägungsgesteuertes Wesen gesehen wird, ist die Annahme einer ethischen Dimension absurd. Es gibt kein Recht und Unrecht, kein gut und böse, sondern nur Handlungen als Folgen von Kausalketten, die in die frühe Kindheit zurückreichen und deren Herleitung die Frage nach Recht und Unrecht erübrigt. Eine geistige Sphäre existiert nicht. »Unsere beharrlichen Versuche, im Elend Sinn zu finden, sind von Kindheitsphantasien und Verlusterlebnissen gespeist. Da diese Erlebnisse mindestens so allgemein und beharrlich sind wie der Vorsehungsglaube selbst, sind sie durchaus erklärungskräftig.«[10] Wenn die Vorsehung auf eine Projektion unserer infantilen Geborgenheitswünsche reduziert wird, müssen wir nicht mehr weiter fragen – falls wir uns damit abspeisen lassen.

Freud sei's gedankt: Er hat uns ein Instrument zum Verständnis der Dynamik der Triebunterdrückung zur Verfügung gestellt, das auch bei der Betrachtung der Unterdrückung anderer Kräfte seine Gültigkeit hat. Sowohl die Herrschaft der wissenschaftlichen Objektivität wie auch das psychokausale Erklärungsmuster hatten eine Unterdrückung der Wertproblematik zur Folge. Nicht nur für unterdrückte Triebe, sondern auch für unterdrückte Werte gilt das Gesetz der Wiederkehr des Verdrängten. Verdrängtes wirkt, aber es entzieht sich dem Bewusstsein. Auch Idealismus kann verdrängt werden. Der Mensch als sinnsuchendes und sinnstiftendes Wesen leidet, wenn er seinen eigenen ethischen Ansprüchen nicht genügt oder wenn er Ungerechtigkeit oder Entwertung erfährt. Dieses Leiden belastet mehr, wenn es verdrängt wird. Das Leiden am Unrecht hat sich dadurch, dass es eigentlich gar kein Unrecht ist, weil wir ja alles erklären und verstehen können, keineswegs vermindert, sondern im Gegenteil um die Dimension des Nicht-sein-Sollenden verstärkt. Wer am Unrecht leidet, ist selbst schuld, da dieser Mensch es nicht geschafft hat, die Situation aus wertneutraler Distanz zu analysieren und damit zu entschärfen.

Das Leiden am Unrecht ist da, aber es wurde durch den Anspruch, es durch psychokausale Einordnungen auflösen zu können, auf die Anklagebank gesetzt.

Heute verbietet uns die drängende Notwendigkeit eines ethischen Umgangs mit unseren Ressourcen, Ethik als Produkt der Sublimierung einer missglückten Triebbefriedigung einzuordnen. Freuds Theorie war ein wichtiger Entwicklungsschritt. Aber wir haben das Kind mit dem Bade ausgeschüttet. Heute tritt die Bedeutung der Triebbefriedigung hinter der der Sinnstiftung zurück. Sinnvoll ist ein Leben im Einklang mit eigenen Werten. In diesem Rahmen gewinnt das Gewissen seine alte Bedeutung zurück. Es meldet sich als Hüter ethischer Werte, wenn sie bedroht oder verletzt worden sind. Schuldgefühle sind nicht a priori therapiebedürftig. Sie weisen auf eine Verletzung ethischer Ansprüche hin, und ihre Heilung besteht in der angemessenen Wiedergutmachung des verursachten Schadens.

Unterdrückte Triebbefriedigung ist heute kein Thema mehr. Orgasmen sind zu einem Plansoll geworden, das gewissenhaft angestrebt wird. Heute fallen Gefühle der Sinnlosigkeit und Leere als psychische Störfaktoren wesentlich mehr ins Gewicht. Eine soziale Einbindung ist immer weniger gewährleistet, und die Stützung eines Verhaltens, das den zwischenmenschlichen Zusammenhalt fördert, wird auch in

Psychotherapien häufig notwendig. Natürlich ist in der Paarberatung Sexualität weiterhin aktuell, doch rückt die Diskussion um Themen wie Respekt oder Menschenverachtung, Zuverlässigkeit oder Unzuverlässigkeit, Fairness oder Egoismus mehr und mehr ins Blickfeld.

Im Wertechaos der Gegenwart hungern wir nach ethischer Klarheit.»Den weltweiten Anstieg des religiösen Fundamentalismus damit zu erklären, dass die Menschen einfache Antworten auf die Probleme einer verwickelten Welt wollen, ist so kurzsichtig wie herablassend. Gewiss, manchmal ist dem so. Doch sie wünschen sich ebenso sehr Weltanschauungen, die moralische Standpunkte ausdrücken: dass Menschenwürde unantastbar ist und einige Handlungen unentschuldbar sind. Niemals sollte man Klarheit mit Einfachheit verwechseln – und in der Moral erst recht nicht.«[11] In jedem Menschen findet sich das Streben nach einem wertorientierten Leben, wenn auch in unterschiedlicher Ausprägung. Es kann beinahe völlig verschüttet sein oder aber in inspirierenden Gestalten wie Martin Luther King oder Dag Hammarskjöld ein Leben ganz erfüllen. Diesem Streben Form und Inhalt zu geben, die individuelle Form des Beitrags an die Welt zu finden und umzusetzen ist die eigentliche Bestimmung des Menschen. Glückliche Menschen sind immer Menschen, die ihren Werten genügen. Eine ethisch vertretbare Lebensführung bietet sich als ein lohnendes Ziel des menschlichen Reifungsprozesses an, und der verantwortungsvolle, zuverlässige und vertrauensfördernde Umgang miteinander erweist sich als die Grundbedingung einer menschenwürdigen Zweierbeziehung.

7. Die sieben Paradoxa der Liebe

Es ist, was es ist: die Liebe

WAS ES IST

Es ist Unsinn
sagt die Vernunft
Es ist was es ist
sagt die Liebe

Es ist Unglück
sagt die Berechnung
Es ist nichts als Schmerz
sagt die Angst
Es ist aussichtslos
sagt die Einsicht
Es ist was es ist
sagt die Liebe

Es ist lächerlich
sagt der Stolz
Es ist leichtsinnig
sagt die Vorsicht
Es ist unmöglich
sagt die Erfahrung
Es ist was es ist
sagt die Liebe
    Erich Fried

Liebe weist über den Menschen hinaus. Wir sind in eine umfassende Realität eingebunden und von ihr durchwirkt. Nicht Subjekt von kosmischen Gesetzmäßigkeiten, sondern Objekt, schwingt der Mensch im Rhythmus des umfangenden Größeren mit, im Guten wie im Bösen. Ideen wie Vertrauen, Liebe, Gerechtigkeit umgeben den Menschen, der sich für sie öffnen kann. Peter von Matt schreibt: »Die Liebenden haben an der Liebe nur Anteil, sie verfügen nicht über sie. Weit eher sind sie deren Medium. Sie sind der Ort, an dem dieses Umfassendere durchbricht, Ereignis wird, in Erscheinung tritt, so wie es die Gottheit in der stammelnden Sibylle oder im schreienden Propheten tut.«[1] Wir müssen das Gute nicht im Alleingang erschaffen, sondern dürfen es empfangen, indem wir uns durchlässig machen dafür. Das gilt für das Böse ebenso. Nach Goethe ist Liebe die »innerste Bewegung des Kosmos, nicht metaphorisch, sondern ganz real ... wer liebt, fügt sich in diese Weltbewegung ein ...«[2] Liebe, Vertrauen und Gerechtigkeit, aber auch Gleichgültigkeit, Misstrauen und Destruktivität manifestieren sich in uns, doch sind wir nicht ihr Ursprung.

LIEBE

Wir werden uns wiederfinden
im See
du als Wasser
ich als Lotusblume

Du wirst mich tragen
ich werde dich trinken

Wir werden uns angehören
vor aller Augen

Sogar die Sterne
werden sich wundern:
hier haben sich zwei
zurückverwandelt
in ihren Traum
der sie erwählte
Rose Ausländer

Die schicksalsmäßige Verbundenheit der Liebenden: Ist sie eine Fantasie? Ein Wunschtraum? Ganz früher, als alles noch so war, wie es sein sollte, ruhte – so heißt es bei Platon – ein vollkommenes Frau-Mann-Wesen in sich selbst. Zeus teilte eines Tages dieses gottähnliche Wesen mit einem Schwertschlag in zwei Hälften, in Frau und Mann. Seither suchen Mann und Frau einander in Sehnsucht nach der verlorenen Vollkommenheit, um sich wieder zum ursprünglichen Ganzen zu vereinen. Vielleicht wird die Sache dadurch kompliziert, dass es nicht um zwei beliebige Hälften geht, sondern um genau diese beiden. Könnten wir das nicht etwas einfacher haben? Wenn Papageno sich ein Mädchen oder Weibchen wünscht, könnten dann nicht verschiedene liebe Mädchen die Ersehnte sein, und nicht nur einzig Papagena?

Jedes liebende Paar möchte die Liebe zum Verweilen einladen. Die Liebe leuchtet auf und alles wird hell. Aber genauso kommt es vor, dass die Liebe versickert, erkaltet und erlöscht, und irgendwann erweisen sich alle Wiederbelebungsversuche als aussichtslos. Wir werden von der Liebe emporgehoben, beglückt, erwärmt, genährt, gebeutelt, verletzt und verlassen – bis eine neue Liebe uns erfasst. Flut und Ebbe, Ebbe und Flut. Daneben gibt es die dauernde Liebe, die wie eine unter dem Boden verlaufende, unsichtbare Wasserader zwei über lange Zeit zusammengewachsene Menschen verbindet und nährt. Und es gibt das Gegenteil: Die Hoffnungslosigkeit, die fruchtlosen Kämpfe, die nicht wieder gutzumachenden Enttäuschungen, die Resignation, die die Liebe definitiv aussperren.

Ein Paar, das auf dem Nährboden der Liebe steht, steht Belastungen gemeinsam durch, während ein liebloses Paar an Schwierigkeiten auseinander bricht. Wir möchten in der Liebe bleiben, die das Gute in uns hervorholt und uns beglückt. Aber wie man die Liebe erhält, bleibt eine Kunst und letztlich ein Geheimnis. Alle eindimensionalen Ratschläge sind von vornherein falsch. Es geht immer um die Kunst des Sowohl-als-auch, aber auch darum, sich ergreifen zu lassen. Jung schreibt: »Der antike Eros ist sinnvollerweise ein Gott, dessen Göttlichkeit die Grenzen des Menschlichen überschreitet und deshalb weder begriffen noch dargestellt werden kann. Ich könnte mich […] an diesen Daimon wagen, dessen Wirksamkeit sich von den endlosen Räumen des Himmels bis in die finsteren Abgründe der Hölle erstreckt, aber es entfällt mir der Mut, jene Sprache zu suchen, welche die unabsehbaren Paradoxien der Liebe adäquat auszudrücken vermöchte […] Es geht hier um Größtes und Kleinstes, Fernstes und Nahestes, Höchstes und Tiefstes, und nie kann das eine ohne das andere gesagt werden. Keine Sprache ist dieser Paradoxie gewachsen.«[3] Die Liebe ist in sich selbst widersprüchlich und paradoxerweise gleichzeitig die Vereinigung dieser Widersprüche. Sie fordert und ermöglicht die Überbrückung des Unüberbrückbaren. Die Liebe ist das Band, das Unvereinbares zu einem unbegreiflichen Ganzen bindet.

*Die Liebe ist eine Geschenk –
für die Liebe muss man etwas tun*

Wer jemals versucht hat, Liebe zu erzwingen, hat erfahren müssen, dass sich die Liebe der willentlichen Beeinflussung entzieht. Keine noch so intensiven Bemühungen zaubern sie herbei. Die originellste SMS und das raffinierteste Abendessen bringen nichts. Umsonst stellt man sich auf den Kopf, wartet geduldig oder überschwemmt den Begehrten oder die Ersehnte mit Liebesbeweisen: Eine nicht vorhandene Liebe kann nicht geweckt werden. Sie stellt sich ein oder nicht. Das Göttergeschenk der Liebe lässt sich nicht herbeimanipulieren. Unberechenbar überfällt es den Ahnungslosen und erfüllt ihn mit Sehnsucht. Amors Pfeile fliegen ihre eigene, vorbestimmte Bahn und treffen, wen sie wollen.

Paradoxerweise ist das Gegenteil ebenso wahr: Die Liebe, dieses bewegliche, lichte Wunder, will auf tausend Arten umworben sein. Damit die Liebe auf die Länge eine Chance hat, muss sie aufmerksam umsorgt werden. Es braucht eine bewusste Entscheidung, Rahmenbedingungen zu schaffen, die die Liebe begünstigen. Zeit und Aufmerksamkeit sind der Sauerstoff der Liebe. »Wir haben Glück«, sagt eine Frau: »jedes zweite Wochenende übernachten unsere beiden Kinder bei meiner Mutter. Manchmal unternehmen mein Mann und ich etwas miteinander, manchmal sind wir einfach daheim. Es ist wunderbar, auch mal Zeit nur zu zweit zu haben.« Sich im Alltag Zeit füreinander zu schaffen, ist nicht immer einfach. Zeit für die Liebe fällt nicht vom Himmel, sondern muss geplant und verteidigt werden. Wo alles andere vor der Liebe Vorrang hat, verschwindet sie. Sich bewusst gemeinsame Zeit einräumen, Abmachungen einhalten und pünktlich sein, ist manchmal mühsam und verlangt eine Willensanstrengung, und doch verwelkt die

Liebe, wenn wir diese Mühe nicht auf uns nehmen. Die Liebe blüht, wo sie will, aber sie kann nicht einfach sich selbst überlassen werden, sondern verlangt umsichtige und konsequente Pflege.

Die Liebe braucht das Gespräch – die Liebe kann zu Tode geredet werden

Schweigen im Walde. Die Luft ist zum Schneiden dick und das Gewitter steht unmittelbar bevor. Dann kommt die erlösende Provokation und es beginnt zu hageln: »Immer sagst du ...«, »Nie tust du ...«, »Hör auf mit deinen Belehrungen ...« und der Sturzbach der Vorwürfe ergießt sich durch den Raum und spült den aufgestauten Ärger weg. Zuerst steigern sich Wut und Irritation, aber allmählich kehrt die Vernunft wieder ein. Man kann wieder miteinander reden. Das Gespräch stellt die Verbindung her, besänftigt und ordnet. »Der schönste Moment des Tages ist für mich das Abendessen. Sie erzählt, was bei ihr los war, und ich berichte von meinem Tag. Im Erzählen, Zuhören, Austauschen werden die Dinge, die man erlebt hat, noch mal durchgekaut, und dann ist Feierabend«, sagt ein Mann. Das Gespräch verankert die Erfahrungen, die man gemacht hat, und verleiht ihnen Bedeutung. Es tut gut, gehört zu werden. Das Reden macht die Befindlichkeit des anderen fassbar. Man ist nicht mehr auf Vermutungen angewiesen, sondern kann sich orientieren. Ein ausgesprochenes Problem kann man viel besser lösen als ein unausgesprochenes. Mit Gesprächen fühlen Liebende einander den Puls. Es genügt nicht, die Liebste schweigend zu schätzen. Generös und häufig ausgesprochene Wertschätzung lockt die Liebe an.

Indessen sind Worte zur Verständigung nicht immer notwendig. Die Körpersprache macht Worte oft überflüssig. Ein aufmerksamer Blick, eine leichte Berührung oder ein Lächeln erhellen den Tag. Alles geht plötzlich leichter und fühlt sich richtig an. Worte können den Körper wecken und in ein Körpergespräch übergehen, umgekehrt ermöglicht die Nähe und die Geborgenheit der körperlichen Begegnung ein Gespräch über heikle Themen. Oft wird Liebe zwischen den Zeilen mitgeliefert, und wer sie nicht erkennt, ist wie ein Blinder, der neben dem vollen Büfett verhungert.

Die Liebe ist ein zartes Pflänzchen, das am besten dort gedeiht, wo man nicht hinschaut. Wo jede Regung kritisch betrachtet und besprochen wird, zieht sich die Liebe zurück. Der ängstliche Versuch, sie ständig zu bereden und damit festzunageln, wird der Liebe nicht gerecht. Liebe kann nicht mit Worten eingefangen und festgehalten werden. »Lasst es nicht zu, dass in eure Küsse hineinredet das Gemaule der Befindlichkeit. Die Sprache der Aussprache. Liebe ist kein Befreiungskampf. Auch kein Durchzugsgebiet marodierender Selbstsuche. Sie straft ihre Ungläubigen mit verworrenem Disput, mit teuflischem Vernunftgelüst, das nie Erfüllung findet, jedes Wort ein falsches Argument, bis sie eingemauert sind in die Grüfte ihrer Probleme, unterste Verdammnis der Liebe, wo schon die Seelen zu riechen beginnen.«[4] Die Ungläubigen zerreden ihre Liebe. Liebe will nicht in erster Linie verstanden, sondern gelebt sein, und der Versuch, sie mit Analysen und Kategorien restlos in den Griff zu bekommen, respektiert ihr Geheimnis nicht. Die Liebe ist größer als Worte und sollte mit Worten nicht zugedeckt, sondern behutsam geöffnet werden.

Die Liebe verändert –
Menschen sind letztlich nicht veränderbar

STUR

Wasser ist nur Wasser,
wenn es aus der Röhre kommt.
Regen ist kein Wasser,
und Ozean schon gar nicht.

Liebe ist nur Liebe,
wenn sie ausgesprochen wird.
Wärme ist keine Liebe,
und Aufmerksamkeit schon gar nicht.

Du bist nur du,
wenn du meinem Bild entsprichst.
Ich sitze neben der trockenen Röhre
und verdurste im Regen

Die Liebe macht den Frosch zum Prinzen. Das muss nicht einfach die Illusion einer blinden Verliebtheit sein. Durch die Liebe inspiriert, wächst der Geliebte über sich selbst hinaus. Liebe heilt alte Verletzungen und lässt uns einem Menschen wieder vertrauen. Die Transformationskraft der Liebe holt das Gute aus uns. Wir werden großzügiger, geduldiger, einfühlsamer – die Liebe verschönert die Seele.

Mit der Zeit fordert die Liebe allerdings gegenseitige Anpassungen. Beide Partner müssen sich verändern, damit ein neues Ganzes entstehen kann. Schon äußerlich muss ein Konsens gefunden werden – zum Beispiel bei der Zeiteinteilung oder was einzelne Gewohnheiten oder Vorlieben angeht. Eigene Interessen werden zugunsten gemeinsamer Unternehmungen zurückgestellt. Verhaltensweisen, die regelmäßig zu Spannungen führen, verlangen nach Modifikationen. Wenn der Unpünktliche die Zuverlässige zur Weißglut treibt, braucht es entweder mehr Toleranz ihrerseits oder mehr Disziplin seinerseits, damit eine unfruchtbare Reibungsfläche aus der Welt geschafft wird. Bis zu einem bestimmten Punkt ist die Risikofreudige für den Sicherheitsbedürftigen Anregung und Herausforderung, aber wo die Toleranzgrenze zu häufig überschritten wird, drohen Überforderung und Enttäuschung, und eine Veränderung ist notwendig.

Die menschliche Veränderungsfähigkeit ist begrenzt. Die besten Vorsätze machen aus einer Tulpe keine Rose. Der eine Partner mag noch so innig wünschen, der andere möge sich ändern – jeder stößt irgendwann an die Grenzen seiner Veranlagung. Wer den Brunnen der Liebe vergiften will, muss vom anderen nur verlangen, das zu sein, was er nicht ist.» Ich werde ihn schon noch ändern«, heißt es hoffnungsvoll. Viel Glück; günstigstenfalls trägt die Veränderung zu seiner Entwicklung bei. Aber die Wahrscheinlichkeit, durch solche Forderungen in unfruchtbare Kampfsituationen zu geraten, ist groß. Es ist weise, davon auszugehen, dass man sich höchstens selbst ändern kann. Die schönstmögliche Veränderung geschieht durch die liebende Bestätigung dessen, was uns am anderen gefällt. Anstatt die fauchende Katze ins Wasser zu werfen, damit sie endlich schwimmt, bewundern wir die elegante Nonchalance, mit der sie das Mäuerchen überquert.

Die Liebe verlangt Opfer –
wer sich selbst aufgibt, hat nichts zu geben

Vom Partner das Glück zu erwarten, ist zu viel verlangt. Die Verantwortung für unser Leben tragen wir selbst. Deshalb empfiehlt es sich, sorgfältig abzuwägen, welche Eigeninteressen und Eigenaktivitäten man für die Partnerschaft zurückstellen will. Alles aufzugeben in der Erwartung, dass der andere uns das große Glück zu Füßen legen wird, hat sich schon oft als Fehler erwiesen.

Und doch geht es meist auch nicht ohne tiefgreifende Opfer. Der Spielraum für die Integration unterschiedlicher Bedürfnisse verkleinert sich zum Beispiel durch äußere Umstände. »Der Job, den man ihm in den USA anbot, war super. Für mich war die Situation anders – ich bin Lektorin in einem Buchverlag und arbeite ausschließlich mit der Sprache. In einem anderssprachigen Land kann ich meinen Beruf nicht ausüben. Ich habe schweren Herzens meine Stelle geopfert und ging mit meinem Mann in die Staaten. Unsere beiden Kinder kamen in Amerika auf die Welt, und ich fand eine Teilzeitstelle in der Lizenzabteilung eines amerikanischen Verlages. Es ist okay, ich komme mit der Situation ganz gut klar.«

Manchmal hat man gar keine Wahl: Ein Mann wird arbeitslos und findet keine neue Stelle mehr; seine Frau nimmt wohl oder übel ihren wenig geliebten Job als Lehrerin wieder auf. Ein Kind wird schwer krank; die Situation nimmt den Eltern jeden persönlichen Freiraum.

Unterschiedliche Bedürfnisse können nur durch Verzichtleistungen unter einen Hut gebracht werden. Er ist ein Langschläfer, sie eine Frühaufsteherin. Sie würde so gern am Sonntag gemeinsam frühstücken. Sie liebt Gesell001keit, er braucht seine Ruhe. Gäste empfindet er schnell als Eindringlinge. Er reist gern in den Ferien von Ort zu Ort. Sie erholt sich am besten in einem abgeschiedenen Refugium mitten in der Natur. Sie möchte Kinder, er nicht. Wie viele Kompromisse kann ein Mensch schließen, ohne sich selbst zu verlieren? Wo es um gegenseitige Anpassungen geht, stellt sich immer die Frage, ob ein Opfer wirklich notwendig ist oder aber im Gegenteil eine Fehlhaltung des Partners bestärkt. Ist es richtig, der Auseinandersetzung mit einem jähzornigen Partner auszuweichen und die eigene Meinung zu verschweigen, um ihn nicht zu provozieren? Muss der Eifersucht des Mannes der eigene freie Abend pro Woche geopfert werden? Es ist nicht immer einfach, zwischen einem sinnvollen und einem schädlichen Opfer zu unterscheiden. Opfer, die von beiden Partnern als solche angesehen werden, belasten die Gemeinschaft weniger als solche, die der Nutznießer des Opfers verleugnet. Eine Frau sagt: »Er will einfach nicht wissen, was es für mich bedeutet, dass ich meinen Beruf nicht ausüben kann. Dafür hält er mir immer wieder vor, wie viele Vorteile es mir bringt, in seiner Firma zu arbeiten. Es bringt Vorteile für die Familie, ja, aber eigentlich bin ich Lehrerin, und ich vermisse meinen alten Beruf. Die Büroarbeit langweilt mich, und ich mache es wirklich nur für die Familie.« Solche »Opfersituationen« müssen immer wieder überprüft werden, ob sie noch taugen oder mehr zerstören als nutzen. Zwischen einem unvermeidbaren Opfer im Interesse der Gemeinschaft und einem Zurückweichen vor einer fälligen Neuverteilung von Pflichten in der Partnerschaft liegen Welten.

Die Liebe ist wichtiger als die Wahrheit –
ohne Wahrheit keine Liebe

Die optimale Dosierung der Wahrheit in einer Beziehung verlangt Klugheit und Weitsicht. Rücksichtslose Offenheit kann unnötig verletzen. Für eine schwierige Aussprache will der Zeitpunkt gut überlegt sein, und manchmal muss man eine unbereinigte Situation ein Stück weit aushalten. Es kann durchaus im Interesse der Partnerschaft liegen, be-

stimmte Wahrheiten zu verschweigen. Partner begreifen einander nie vollständig, auch wenn sie sich lieben. Bei allen Erklärungsbemühungen bleibt ein unübersetzbarer Rest.
»Es ist halt passiert«, sagt ein Mann. »Meine Frau war mit den Kindern schon in die Ferienwohnung vorgefahren, ich hatte noch in der Stadt zu tun. Wirklich zufällig traf ich eine Frau, in die ich einmal sehr verliebt war. Wir tranken ein Glas zusammen, und nach ein paar weiteren Gläsern landeten wir im Bett. Irgendwie wärmten wir die Vergangenheit noch mal auf. Nostalgisch. Aber ohne Absicht, es wieder neu aufleben zu lassen mit uns. Ich habe meiner Frau nichts davon erzählt. Es würde sie nur kränken, und sie würde es nicht verstehen.« Vielleicht unterschätzt der Mann seine Frau und sie wäre durchaus imstande, den Vorfall richtig zu gewichten. In diesem Fall hätte die Wahrheit die Beziehung gestärkt. Er wäre froh, dass sie sein Verhalten richtig einschätzen kann und dass ihre Beziehung den Zwischenfall verkraftet. Sie hätte die Sicherheit, dass er auch die Wahrheit sagt, wenn es für ihn nicht angenehm ist. Vielleicht hat die Frau aber auch wenig Boden unter den Füßen und kann keine Geständnisse dieser Art brauchen. Die Liebe ist wichtiger als die Wahrheit: Geständnisse sind nur dann sinnvoll, wenn sie der Beziehung und dem anderen dienen. Natürlich ist eine doppelte Buchhaltung einer Beziehung auf die Dauer nicht zuträglich, aber gelegentlich ist Verschweigen respektvoller als Offenheit.

Allerdings: Die Wahrheit hat eine Tendenz, ans Licht zu kommen. Miteinander verbundene Menschen nehmen auch Unausgesprochenes aneinander wahr. Oft spürt der andere, dass etwas nicht in Ordnung ist, und wenn er die Wahrheit herausfindet, fühlt er sich erst recht hintergangen. Wenn die Vertrauensbasis in einer Partnerschaft gut ist, könnte sich ein Geständnis von Fehlhandlungen günstig auswirken. Die Wahrheit wäre dann der Ausgangspunkt für einen Versöhnungsprozess, bei dem beiden deutlicher wird, was sie aneinander haben.

Wahrheit gehört zu den wichtigsten Voraussetzungen der Liebe. Je besser sich ein Paar kennt, je offener die beiden miteinander sein können, desto größer werden die Berührungsflächen und desto besser können sie sich aufeinander abstimmen. Geborgen sein heißt, bei einem Menschen zu sein, vor dem man sich nicht verbergen muss, der die ganze Wahrheit über uns nicht nur erträgt, sondern versteht und akzeptiert. Menschen entwickeln sich nie parallel und es entstehen immer wieder Spannungen, die ausbalanciert werden müssen. Eine Entwicklungsdiskrepanz zeigt sich zuerst als unangenehme Wahrheit. Die Lebendigkeit eines Paares hängt von der Bereitschaft ab, sich mit solchen schmerzhaften Wahrheiten auseinander zu setzen, denn nur so können sie integriert werden. Die Liebe verwandelt das Sandkorn der unangenehmen Wahrheit. Vielleicht wird eine Perle daraus, weil beide im Umgang mit dieser Wahrheit neues Vertrauen ineinander gewinnen.

Die Liebe schafft Nähe – die Liebe stößt an die Grenzen der existentiellen Einsamkeit

Wunderbar: Endlich ist das auf der stürmischen See unverbindlicher Beziehungen herumgewirbelte Schiff in den Hafen der Liebe eingelaufen. Welche Wohltat, rückhaltlos offen sprechen zu können. Es ist wie früher das heimliche Tuscheln mit der Schwester unter der Bettdecke: Jedes Geheimnis wird vertrauensvoll mitgeteilt – im sicheren Bündnis gegen den Rest der Welt. Mit dem längeren Zusammenleben wächst die Vertrautheit zwischen zwei Menschen. Die Art, wie er heute die Türklinke herunterdrückt, ja, schon der

Klang seiner Schritte zuvor, verraten ihr seine Laune, bevor sie auch nur sein Gesicht angeschaut hat. Ihr Einatmen am Telefon, bevor sie ihren Namen sagt, vermittelt ihm bereits ihre innere Wetterlage. An der Modulation der vertrauten Stimme lässt sich die Befindlichkeit genau ablesen, und manchmal scheint zwischen Liebenden geradezu Telepathie am Werk zu sein: Sie denkt plötzlich ganz intensiv an ihn und zwei Sekunden später läutet das Telefon und er meldet sich. Vieles muss nicht mehr besprochen werden, weil man die Position des anderen kennt. Es ist auch klar, wo eine Diskussion sinnvoll ist und wo sie den anderen überfordert. Eine solche Nähe setzt Energien frei.

Und doch: Bei aller Nähe begegnen sich auch in der Liebe immer zwei Fremde, die bei allem guten Willen ihr Innerstes nur beschränkt mitteilen können und wollen. Je besser man sich kennt, umso klarer sind auch die Grenzen der Gemeinsamkeit. Einsamkeit hat nichts mit der An- oder Abwesenheit des anderen zu tun, sondern damit, dass er für bestimmte Realitäten kein Ohr hat und bestimmte Gefühle, Ängste, Hoffnungen nicht begreifen kann. Einsamkeit ist eine existentielle Grundbefindlichkeit, die individuell ausgehalten werden muss. Kein Partner kann diese Grundeinsamkeit, die zum menschlichen Leben gehört, aufheben oder uns davon erlösen. Einsamkeit und Gemeinschaft sind keine Gegensätze, im Gegenteil: Zwei Menschen, die um die letzte, unaufhebbare Einsamkeit wissen, gelingt die Gemeinschaft besser. Rainer Maria Rilke sagt dazu: »Es handelt sich in der Ehe für mein Gefühl nicht darum, durch die Niederreißung und Umstürzung aller Grenzen eine rasche Gemeinsamkeit zu schaffen. Vielmehr ist die gute Ehe die, in welcher jeder den anderen zum Wächter seiner Einsamkeit bestellt und ihm dadurch das größte Vertrauen beweist, das er zu verleihen hat [...] das Bewusstsein vorausgesetzt, dass auch zwischen nächsten Menschen unendliche Fernen bestehen bleiben. Daraus kann ihnen ein wundervolles Nebeneinander erwachsen, wenn es ihnen gelingt, die Weite zwischen sich zu leben. Dieses gibt ihnen die Möglichkeit, einander immer wieder in ganzer Gestalt und vor einem weiten Himmel zu sehen.«[5] Wer zu große Nähe erzwingt, verliert den anderen aus den Augen. Die Liebe pendelt zwischen Nähe und Distanz, zwischen Intensität und Entspannung und zwischen Zuwendung und Rückzug. Sie braucht Zwischenräume und Verschnaufpausen.

In der Liebe begegnen sich zwei essentiell einsame Menschen. Je respektvoller das akzeptiert wird, desto wahrscheinlicher stellt sich Nähe ein.

Die Liebe macht blind – die Liebe macht sehend

Beides nennt sich Liebe, und doch ist die Liebe, die blind macht, Lichtjahre entfernt von der Liebe, die sehend macht. Die Liebe, die blendet, die den Verstand raubt und das Urteil vernebelt, hat mit der Bedürftigkeit des Menschen zu tun. Plötzlich scheint sich die ewige Sehnsucht nach Verschmelzung, nach Geborgenheit, nach Einssein zu erfüllen. Wer möchte nicht zurück in den warmen Mutterleib, um dort sanft geschaukelt und geschützt vor allen Anforderungen in der Wärme vor sich hinzudämmern? Gleichzeitig will man den anderen verschlingen und ihn vollständig besitzen. Die entfesselten Triebe beherrschen das Feld. Sexuelle Besessenheit hilft sicher nicht, einen Menschen richtig einzuschätzen, ebenso wenig wie die Projektion aller Geborgenheitssehnsüchte auf den Geliebten, der dann als verklärter Übervater letztlich nur noch versagen kann. Der Strudel der Gefühle zieht den Kopf manchmal unter Wasser und macht eine nüchterne Einschätzung der Situation unmöglich.

Im Gegensatz zur hungrigen Liebe gibt es aber auch eine ganz andere Liebe, die uns so erweitert, dass wir für einen anderen Menschen in all seinen Möglichkeiten offen werden. Max Frisch schreibt: »Es ist bemerkenswert, dass wir gerade von dem Menschen, den wir lieben, am mindesten aussagen können, wie er sei. Eben darin besteht ja die Liebe, dass sie uns in der Schwebe des Lebendigen hält, in der Bereitschaft, einem Menschen zu folgen in all seinen möglichen Entfaltungen. Wir wissen, dass jeder Mensch, wenn man ihn liebt, sich wie verwandelt fühlt, wie entfaltet, und dass auch dem Liebenden sich alles entfaltet, das Nächste, das lange Bekannte. Vieles sieht er wie zum ersten Male. Die Liebe befreit es aus jeglichem Bildnis. Das ist das Erregende, das Abenteuerliche, das eigentlich Spannende, dass wir mit den Menschen, die wir lieben, nicht fertig werden: weil wir sie lieben; solang wir sie lieben [...] So wie das All, wie Gottes unerschöpfliche Geräumigkeit, schrankenlos, alles Möglichen voll, aller Geheimnisse voll, unfassbar ist der Mensch, den man liebt – nur die Liebe erträgt ihn so.«[6]

Und – möchte man hinzufügen – nur die Liebe erschafft ihn so. Die Liebe ist mehr als das Offenlassen des Entwicklungsraums, das Respektieren des Geheimnisses und das Ertragen des Unfassbaren: Sie bewirkt etwas. Das liebende Auge durchdringt alle Verkleidungen: den Schutzpanzer der Arroganz, die Verdüsterung durch Erlittenes und die Ermattung durch Hoffnungslosigkeit. Die Liebe sieht das Gute. Wer mit dem Herzen schaut, entdeckt Schätze, die dem nüchternen Auge verborgen bleiben, und dieser liebende Blick bringt sie zum Funkeln.

Anmerkungen

Kapitel 1

1 Jung, C. G.: *Erinnerungen, Träume, Gedanken*. Zürich 1962, S. 332
2 von Matt, Peter: *Liebesverrat*. München 1997, S. 393
3 Willi, Jürg: *Psychologie der Liebe*. Stuttgart 2002, S. 92
4 Vanderbeke, Birgit: *Das Muschelessen*. Frankfurt a. M. 1997, S. 89 ff
5 von Matt, Peter: ebd., S. 390
6 Mann, Thomas: *Buddenbrooks*. Zürich 1985, S. 678 ff
7 von Matt: ebd., S. 308 ff
8 Frisch, Max: *Tagebuch 1946–1949*. Frankfurt a. M. 1950, S. 26
9 Flanigan, Beverly: *Forgiviney the unforgivable*. New York 1992, S. 27
10 Herdieckerhoff, E. (Hrsg.): *Hassen und Versöhnen*. Göttingen 1990, S. 15
11 Rinne, Olga: *Medea*. Stuttgart 1986, S. 134
12 Fromm, Erich: *Gesamtausgabe*. München 1999, Bd. 9, S. 467

Kapitel 2

1 Goethe, J. W., in: *Deutsche Lyriker*. Zürich 1962, S. 103
2 Neiman, Susan: *Das Böse denken*. Frankfurt a. M. 2004, S. 15
3 Arendt, Hannah: *Eichmann in Jerusalem*. New York 1963, in: Neiman, Susan: ebd., S. 399
4 Neiman, Susan: ebd., S. 404

5 dies.: ebd., S. 418
6 Boszomenyi-Nagy, Ivan: *Unsichtbare Bindungen*. Stuttgart 1981, S. 230
7 Neiman, Susan: ebd., S. 35
8 Meier-Seethaler, Carola: *Jenseits von Gott und Göttin*. München 2001, S. 178
9 dies.: *Gefühl und Urteilskraft*. München 1997, S. 395
10 Jung, C. G.: *Erinnerungen, Träume, Gedanken*. Zürich 1962, S. 334
11 ders.: ebd., S. 334
12 ders.: ebd., S. 332
13 ders.: ebd., S. 332
14 ders.: ebd., S. 333
15 Jaspers, Karl: aus einem privaten Notizbuch
16 Müller-Fahrenholz, Geiko: *Vergebung macht frei*. Frankfurt a. M., S. 936
17 Guggenbühl-Craig, Adolf: *Vom Guten des Bösen*. Zürich 1992, S. 49
18 Rinne, Olga: *Medea*. Stuttgart 1993, S. 397
19 dies.: ebd., S. 399
20 Neiman, Susan: ebd., S. 409

Kapitel 3

1 Trömel-Plötz, Senta: *Gewalt durch Sprache*. Frankfurt a. M. 1997
2 Meier-Seethaler, Carola: *Gefühl und Urteilskraft*. München 1997, S. 163
3 dies.: ebd., S. 163
4 Eisler, Riane: *Der Kelch und das Schwert*. München 1989, S. XVII
5 von Matt, Peter: *Liebesverrat*. München 1989, S. 73
6 ders.: ebd., S. 144
7 Meier-Seethaler, Carola: ebd., S. 303
8 Gilligan, Carol: *The birth of pleasure*. London 2002, S. 7
9 dies.: ebd., S. 32
10 Klein, Christoph: *Wenn Rache der Vergebung weicht*. Göttingen 1999, S. 126

11 ders.: ebd., S. 145
12 Kast, Bas: *Die Liebe und wie sich Leidenschaft erklärt*. Frankfurt a. M. 2004, S. 168
13 ders.: ebd., S. 169
14 Meier-Seethaler, Carola: *Jenseits von Gott und Göttin*. München 2001, S. 164
15 dies.: ebd., S. 166
16 dies.: ebd., S. 18
17 Sölle, Dorothee: *Mystik des Todes*. Stuttgart 2003, S. 113
18 dies.: ebd., S. 116 ff

Kapitel 4

1 Boszomenyi-Nagy, Ivan: *Unsichtbare Bindungen*. Stuttgart 1981, S. 74
2 Willi, Jürg: *Psychologie der Liebe*. Stuttgart 2002, S. 285
3 ders.: ebd., S. 62
4 ders.: ebd., S. 283
5 von Matt, Peter: *Liebesverrat*. München 1989, S. 27
6 Willi, Jürg: ebd., S. 84

Kapitel 5

1 Dowrick, Stephanie: *Forgiveness and other acts of love*. New York 1997, S. 299
2 Traitler, Reinhild: *Widerstehen und Befreien*. Luzern 1998, S. 43
3 Safer, Jeanne: *Forgiving and not forgiving*. New York 1999, S. 145
4 Backhaus, Kurt und Fischer, Georg: *Sühne und Versöhnung*. Würzburg 2000, S. 67
5 Herdieckerhoff, E. (Hrsg.): *Hassen und Versöhnen*. Göttingen 1990, S. 74

6 Müller-Fahrenholz, Geiko: *Vergebung macht frei*. Frankfurt a. M. 1996, S. 10
7 Safer, Jeanne: ebd., S. 205
8 Morgenstern, Christian: *Gesammelte Werke in einem Band*. München 1965, S. 363
9 Hell, Daniel: *Seelenhunger*. Bern 2003, S. 235 ff
10 Dowrick, Stefanie: ebd., S. 290
11 Lesser, Elisabeth: *The seekers guide*. New York 1999, S. 366
12 Dowrick, Stephanie: ebd., S. 320
13 Jung, Mathias: *Versöhnung: Töchter-Söhne-Eltern*. Kempten 2000, S. 254 ff
14 Enright, Robert und North, Joanna: *Exploring forgiveness*. Wisconsin USA 1998, S. 21
15 Safer, Jeanne: ebd., S. 3
16 Dowrick, Stefanie: ebd., S. 325
17 Traitler, Reinhild: ebd., S. 41
18 dies.: ebd., S. 52
19 Würstenberg, Ralf K.: *Wahrheit, Recht und Versöhnung*. Frankfurt a. M., S. 53
20 ders.: ebd., S. 144
21 Müller-Fahrenholz, Geiko: ebd., S. 11
22 Willi, Jürg: *Psychologie der Liebe*. Stuttgart 2002, S. 110
23 Backhaus, Kurt: ebd., S. 54 ff
24 Klein, Christoph: *Wenn Rache der Vergebung weicht*. Göttingen 1999, S. 187
25 Baumgartner, Konrad, in: Karl Schlemmer (Hrsg.): *Krise der Beichte, Krise des Menschen*. Würzburg 1998, S. 34
26 Backhaus, Kurt: ebd., S. 11
27 Dowrick, Stefanie: ebd., S. 292
28 Backhaus, Kurt, und Fischer, Georg: ebd., S. 99
29 Meier-Seethaler, Carola: *Jenseits von Gott und Göttin*. München 2001, S. 174
30 dies.: ebd., S. 19

Kapitel 6

1. Jung, C. G.: *Erinnerungen, Träume, Gedanken.* Zürich 1962, S. 358
2. Meier-Seethaler, Carola: *Jenseits von Gott und Göttin.* München 2001, S. 239
3. Boszomenyi-Nagy, Ivan: *Unsichtbare Bindungen.* Stuttgart 1981, S. 75
4. Meier-Seethaler, Carola: *Gefühl und Urteilskraft.* München 1997, S. 395
5. dies.: ebd., S. 174
6. dies.: ebd., S. 313
7. dies.: *Jenseits von Gott und Göttin.* München 2001, S. 163
8. Hell, Daniel: *Seelenhunger.* Bern 2003, S. 81ff
9. ders.: ebd., S. 82
10. Neiman, Susan: *Das Böse denken.* Frankfurt a. M. 2004, S. 337
11. dies.: ebd., S. 18

Kapitel 7

1. von Matt, Peter: *Liebesverrat.* München 1989, S. 11
2. ders.: ebd., S. 422
3. Jung, C. G.: *Erinnerungen, Träume, Gedanken.* Zürich 1962, S. 356 ff
4. Strauss, Botho: *Über die Liebe.* Stuttgart 1989, S. 130
5. Rilke, Rainer Maria: *Brief an Emanuel von Bodman.* Westerwed bei Bremen 1901
6. Frisch, Max: *Tagebuch 1946–1949.* Frankfurt a. M., S. 26 ff

Literatur

Albee, Edward: *Wer hat Angst vor Virginia Woolf...?* Frankfurt a. M. 1963

Ausländer, Rose: »Mein Kind«. Aus: dies., *Ich höre das Herz des Oleanders. Gedichte 1977-1979.* © S. Fischer Verlag GmbH, Frankfurt a. M. 1984

Ausländer, Rose: »Liebe«. Aus: dies., *Wieder ein Tag aus Glut und Wind. Gedichte 1980-1982.* © S. Fischer Verlag GmbH, Frankfurt a. M. 1986

Backhaus, Kurt und Fischer, Georg: Sühne und Versöhnung. Würzburg 2000

Benatovich, Beth: *What we know so far.* New York 1995

Bepko, Claudia and Krestan, Jo-Ann: *Singing at the top of our lungs.* New York 1993

Boszormenyi-Nagy, Ivan: *Unsichtbare Bindungen.* Stuttgart 1981

Buber, Martin: *Ich und Du.* Zürich 1962

Casarjian, Robin: *Forgiveness: A Bold choice for a peaceful heart.* New York 1992

Domin, Hilde: »Es gibt dich«, »Zärtliche Nacht« und »Bitte«. Aus: dies. *Gesammelte Gedichte.* © S. Fischer Verlag GmbH, Frankfurt a. M. 1987

Dowrick, Stephanie: *Forgiveness and other acts of Love.* New York 1997

Eisler, Riane: *Der Kelch und das Schwert.* München 1989

Enright, Robert and North, Joanna: *Exploring forgiveness.* Wisconsin USA 1998

Enright, Robert and Fizzigibbons, Richard: *Helping clients forgive.* Washington USA 2000

Finsterbusch, Karin und Müller, Helmut: *Das kann ich Dir nie verzeihen.* Göttingen 1999

Flanigan, Beverly: *Forgiving the unforgivable.* New York 1992

Flanagan, Owen: *Varieties of moral personality.* Cambridge 1991

Frisch, Max: *Tagebuch 1946-1949.* © Suhrkamp Verlag, Frankfurt a. M. 1950

Fromm, Erich: *Gesamtausgabe.* München 1999

Fried, Erich: »Was es ist«. Aus: ders., *Es ist was es ist.* © 1983, NA 1996 Verlag Klaus Wagenbach Berlin

Gilligan, Carol: *The birth of pleasure.* London 2002

Goethe, Johann Wolfgang: *Faust.* Basel 1984

Goethe, Johann Wolfgang: in: *Deutsche Lyriker.* Zürich 1962

Gottman, J. M, zitiert nach Kast, Bas: *Die Liebe und wie sich die Leidenschaft erklärt.* Frankfurt 2004, S.168

Guggenbühl-Craig, A.: *Vom Guten des Bösen.* Zürich 1992

Hargrave, Terry: *Families and Forgiveness.* New York 1994

Hell, Daniel: *Seelenhunger.* Bern 2003

Herdieckerhoff, E. (Hrsg.): *Hassen und Versöhnen.* Göttingen 1990

Herr, Theodor: *Versöhnung statt Konflikt.* Paderborn 1991

Jung, C. G.: *Erinnerungen, Träume, Gedanken.* Zürich 1962

Jung, Mathias: *Versöhnung: Töchter-Söhne-Eltern.* © emu Verlag 2000

Kast, Bas: *Die Liebe und wie sich die Leidenschaft erklärt.* Frankfurt a. M. 2004

Klein, Christoph: *Wenn Rache der Vergebung weicht.* Göttingen 1999

Lesser, Elizabeth: *The seekers guide.* New York 1999

Mc Cullough, Michael and Pargamen, Kenneth: *Forgiveness: Theory, Research, Practice.* New York 2000

Mann, Thomas: *Buddenbrooks.* Zürich 1985

Maslow, Abraham: *Toward a Psychology of Being.* New York 1968

von Matt, Peter: *Liebesverrat.* München 1989

Meier-Seethaler, Carola: *Gefühl und Urteilskraft.* München 1997

Meier-Seethaler, Carola: *Jenseits von Gott und Göttin.* München 2001

Morgenstern, Christian: *Gesammelte Werke in einem Band.* München 1965

Müller-Fahrenholz, Geiko: *Vergebung macht frei*. Frankfurt a. M. 1996
Müller, Stephan E.: *Krisen-Ethik der Ehe*. Würzburg 1997
Murphy, Jeffrie and Hampton, Jean: *Forgiveness*. Cambridge 1988
Neiman, Susan: *Das Böse denken*. Frankfurt a. M. 2004
Rilke, Rainer Maria: *Brief an Emanuel von Bodman*. Westerwed bei Bremen 1901
Rinne, Olga: *Medea*. Stuttgart 1988
Rogers, Carl: *Entwicklung der Persönlichkeit*. Stuttgart 1961
Rubin, Theodore: *Reconciliations*. New York 1980
Safer, Jeanne: *Forgiving and not forgiving*. New York 1999
Safranski, Rüdiger: *Das Böse oder das Drama der Freiheit*. München 1997
Schlemmer, Karl (Hrsg.) *Krise der Beichte, Krise des Menschen*. Würzburg 1998
Smedes, Lewis B.: *The art of forgiving*. Nashville USA 1996
Sölle, Doprothee: *Mystik des Todes*. Stuttgart 2003
Strauß, Botho: *Über die Liebe*. Stuttgart 1989
Tipping, Colin: *Radical Forgiveness*. Georgia USA 1997
Traitler, Reinhild: in: *Widerstehen und Befreien*. Luzern 1998
Trömel-Plötz, Senta: *Gewalt durch Sprache*. Frankfurt a. M. 1997
Vanderbeke, Birgit: *Das Muschelessen*. © Rotbuch Verlag, Berlin 1990
Wiesenthal, Simon: *Die Sonnenblume*. Hamburg 1970
Willi, Jürg: *Psychologie der Liebe*. Stuttgart 2002
Worthington, Everett: *Dimensions of Forgiveness*. Michigan 1997
Würstenberg, Ralf K.: *Wahrheit, Recht und Versöhnung*. Frankfurt a. M. 1998

Copyright © Pendo Verlag GmbH & Co. KG
München und Zürich 2005
Umschlaggestaltung: HildenDesign, München
Gesetzt aus der Bembo
Satz: Fuldaer Verlagsanstalt, Fulda
Druck und Bindung: Druckerei Pustet, Regensburg
Printed in Germany
ISBN 3-86612-062-1

Maja Storch

Das Geheimnis kluger Entscheidungen
Von somatischen Markern,
Bauchgefühl und Überzeugungskraft

128 Seiten. Gebunden.
sFr 29,90 | € 14,90
ISBN 3-86612-033-8

Wer gut Entscheidungen trifft, hat mehr vom Leben.
Und das wichtigste Hilfsmittel dazu ist der eigene Körper.
Denn um kluge Entscheidungen im Alltag und im Beruf
zu fällen, braucht es mehr als einen klaren Kopf. Auch unsere
Erfahrungen und Emotionen sprechen ein wichtiges Wort mit.

Die Erfolgsautorin Maja Storch zeigt auf leicht verständliche
und humorvolle Art, wie man diese Einsichten umsetzen
kann. Ein unverzichtbares Buch für alle, die im Beruf und
im Privatleben mit ihren Entscheidungen gut leben wollen.

»Das Lesen macht Lust auf Entscheidungen.«
Psychologie heute

Pendo Verlag GmbH & Co. KG
Postfach 401540 | D-80715 München
Fon +49 (0)89 - 7 00 76 88-0
Fax +49 (0)89 - 7 00 76 88-9
www.pendo.de | www.pendo.ch